现代库存管理：
模型、算法与 Python 实现

主　编　杨超林　葛冬冬
副主编　黄帝媛
参　编　于钧瑶　郭思辰　汪　潇　毕　晟

机械工业出版社
CHINA MACHINE PRESS

本书介绍了库存管理的基本理论和方法，以及企业中应用比较广泛的库存管理的基础模型与策略，并配以实现的 Python 代码。本书还介绍了一系列实战案例，案例贯穿业务问题、数据、模型、代码实施、结果分析的完整流程，以帮助读者更好地了解现代企业库存管理面临的问题，以及分析问题、解决问题的思路和方法。

本书可作为管理科学、工程管理、工业工程、工商管理等专业本科生与硕士生相关课程的教材，也可供数字化转型中的零售、制造、物流等行业企业的算法工程师等专业读者学习参考。

图书在版编目（CIP）数据

现代库存管理：模型、算法与 Python 实现 / 杨超林，葛冬冬主编. —北京：机械工业出版社，2023.11

ISBN 978-7-111-74614-0

Ⅰ.①现… Ⅱ.①杨… ②葛… Ⅲ.①仓库管理 Ⅳ.① F253.4

中国国家版本馆 CIP 数据核字（2024）第 032621 号

机械工业出版社（北京市百万庄大街 22 号　邮政编码 100037）

策划编辑：裴　泱　　　　　　责任编辑：裴　泱　张翠翠
责任校对：李可意　李　婷　　　封面设计：鞠　杨
责任印制：任维东
三河市骏杰印刷有限公司印刷
2024 年 4 月第 1 版第 1 次印刷
184mm×260mm・17.75 印张・374 千字
标准书号：ISBN 978-7-111-74614-0
定价：59.80 元

电话服务　　　　　　　　　　网络服务
客服电话：010-88361066　　　机　工　官　网：www.cmpbook.com
　　　　　010-88379833　　　机　工　官　博：weibo.com/cmp1952
　　　　　010-68326294　　　金　书　网：www.golden-book.com
封底无防伪标均为盗版　　　　机工教育服务网：www.cmpedu.com

前　言

随着新零售线上及线下同步运营的全渠道模式的兴起,以及直播带货、社区团购等新兴消费场景的不断涌现,传统的由生产商到分销商,再到商超、零售门店等零售终端的层层分销体系受到了巨大冲击。如今,人们通过电商平台足不出户就可以购买到生活和工作需要的几乎所有物品。在一、二线城市,很多物品在购买后的次日(甚至当日)就可以送达。这些背后都需要强大的供应链网络的支持。库存管理是供应链解决方案中最重要的模块之一,它在促进企业降本增效、供需匹配中发挥着关键作用。

随着大数据、物联网技术的发展,企业数字化转型已成为发展趋势。企业每日产生的数据越来越多,包括客户信息、订单数据、库存数据及其他运营数据等。如何从海量的多源、多维、结构与非结构数据中获取有价值的信息,实现业务增长,成为企业普遍关注的问题。企业纷纷构建数据与业务中台,将业务场景进行数字化重构。中国中小商业企业协会的数据显示,在突发情况冲击下,数字化成熟度高的企业在3个月内恢复正常业务运营的比例可达到60%,而数字化成熟度相对较低的企业该比例仅为48%。更多的企业认识到供应链数字化建设的重要性。供应链的数字化建设为库存管理的理论模型、策略与算法在企业的落地应用提供了更好的基础与平台。如何基于大数据、人工智能等新技术提升商品需求的预测准确率,同时运用库存理论、优化算法等实现库存管理的自动化以及更加科学化的决策,是企业库存管理面临的重要课题。

库存管理是管理科学领域的经典研究方向。自1950年以来,经过半个多世纪的积累,库存管理领域积累了丰富的研究成果,也有诸如保罗·齐普金(Paul H. Zipkin)[1]和斯文·阿克塞特(Sven Axsater)[2]等编写的经典教材。已有教材侧重于介绍库存理论,应用层面的内容较少。编者自2016年以来,担任上海网络科技有限公司的专家顾问,指导了该公司的多项库存管理项目。可喜的是,编者看到国内越来越多的公司在尝试运用库存管理的理论与模型来提升库存决策的效率。但是,从理论到实践应用往往存在一定距离。要完成一个理论模型的落地应用,必须打通从业务数据到理论模型,再到工程化实施的完整链条。首先,模型需要以业务数据为驱动,最终的库存策略是数据与模型共融的结果;其次,需要将模型转换为现代化的代码语言,例如,Python是目前企业运用最为广泛的语言之一;最后,模型的工程化过程需要充分考虑业务、人、模型的协同,提供合适的参数接口、结果可视化以及人机交互功能等。

本书介绍了编者在企业中应用比较广泛的库存管理的基础模型与策略,并配以实现的 Python 代码和一系列实战案例，以帮助读者更好地了解现代企业库存管理面临的问题，以及如何结合数据分析、库存理论、优化理论及其代码实施，来解决问题。本书侧重于基于数据的量化分析与决策，以及库存模型与策略的实施和应用。需要说明的是，本书介绍的模型与策略，仅仅是库存管理领域较为基础的内容。

第 1 章对现代库存管理进行了概述。

第 2~4 章介绍了通用的需求预测基础知识与预测数据的预处理，基于时间序列和机器学习的需求预测方法、流程及其实现。

第 5 章提供了基于 W 公司脱敏后的真实业务数据的需求预测案例，供读者进行预测算法的实战练习。本书没有过多地关注这些方法的详细推导和求解，而是更多地介绍每一种方法的模型设定、直观理解、适用场景、代码实现以及优劣分析，方便读者在实际场景中灵活使用。

第 6~11 章介绍了库存策略优化。第 6 章介绍了库存策略优化的基本概念，包括库存成本和两类库存策略等。第 7 章从经典的经济批量订货模型出发，在给定未来需求的情况下权衡成本、优化周期库存与补货频次，并探讨了多产品联合补货的问题。第 8 章利用联合补货模型测算了物流企业 B 在某地仓库内进行联合补货的价值。第 9 章介绍了安全库存的基本知识，分析了 (ROP, Q) 策略和 (OUT, T) 策略，并介绍了如何刻画补货覆盖时间内的需求分布，以及计算给定服务水平或满足率情况下的安全库存。第 10 章为食品企业 W 的多种产品库存策略优化，并通过模拟仿真比较不同需求拟合方案的效果。第 11 章讨论了以最小化平均成本为目标的周期服务水平优化问题。

第 12~17 章介绍了网络库存管理。第 12 章讨论了库存共享的价值及共享节点的需求分布刻画。第 13 章介绍了帮助一家食品企业进行库存共享决策的实战。第 14 章介绍了一些网络库存管理的基础知识，包括如何使用 Python 存储和表示常见的库存网络，以及几个常用的网络分析算法，并讨论了随机服务模型与承诺服务模型两类网络库存管理方法。第 15 章重点讨论了承诺服务模型及其两种适用于不同网络结构的求解算法。在第 16、17 章的实战中，对某食品企业 Z 的分销网络和某家电企业 H 的生产网络进行建模，对网络的安全库存进行全局优化。

本书由杨超林和葛冬冬担任主编，黄帝媛担任副主编，参加编写的还有于钧瑶、郭思辰、汪潇和毕晟。在此要感谢刘文洁、徐谨南、徐嘉宇在书稿整理及文字处理过程中给予的支持，还要感谢杉数科技的胡诗曦、苏广俊、林甜甜、王谦及祝铭嘉等几位同事在本书实战案例打造过程中给予的支持。另外，还要感谢我的硕士导师沈厚才教授和博士导师周翔教授，自 2009 年开始，先后在两位老师的指导下开展库存管理相关研究，所取得的成绩离不开两位老师一直以来的指导。本书的撰写与出版是在国家自然科学基金优秀青年基金项目（项目号：72122012）和上海财经大学校创新团队项目的支持下完成的，在此一并感谢。最后，感谢我的家人对我工作的支持。

杨超林

目 录

前言

第 1 章 现代库存管理概述 ………………………………………………… 1
1.1 什么是库存 ………………………………………………………… 1
1.2 库存管理解决的问题 ……………………………………………… 2
1.3 现代库存管理的挑战 ……………………………………………… 3
1.4 现代库存管理的发展趋势 ………………………………………… 4
1.5 现代库存管理优化案例 …………………………………………… 6

第 2 章 需求预测基础 ……………………………………………………… 9
2.1 需求预测的基本结构 ……………………………………………… 9
2.2 需求预测方法的分类 ……………………………………………… 12
2.3 数据预处理 ………………………………………………………… 16
2.4 评价预测模型的方法 ……………………………………………… 27

第 3 章 时间序列方法 ……………………………………………………… 32
3.1 指数平滑法 ………………………………………………………… 33
3.2 ARIMA 模型 ……………………………………………………… 40
3.3 Prophet 模型 ……………………………………………………… 47
3.4 考虑相互作用的 VARMA 模型 …………………………………… 50
3.5 考虑层级结构的时间序列预测 …………………………………… 51

第 4 章 机器学习方法 ……………………………………………………… 53
4.1 特征工程 …………………………………………………………… 54

    4.2 正则化和学习目标 ··· 59
    4.3 超参数选择 ··· 59
    4.4 单一模型 ·· 61
    4.5 集成学习 ·· 68

第 5 章 某饮料企业 W 的需求预测实战 ······························ 74
    5.1 案例概览 ·· 75
    5.2 拓展思考 ·· 75
    5.3 实战建议 ·· 75

第 6 章 库存策略优化基础 ·· 78
    6.1 库存成本 ·· 78
    6.2 库存策略 ·· 79
    6.3 库存分类方法 ··· 84
    6.4 企业库存管理的几个阶段 ··· 85

第 7 章 周期库存优化 ··· 87
    7.1 经济订货批量模型 ··· 87
    7.2 时变需求下的经济订货批量模型 ································ 93
    7.3 联合补货模型 ··· 99

第 8 章 物流企业 B 仓内拣货区联合补货优化实战 ················ 105
    8.1 数据导入及预处理 ··· 106
    8.2 拣货区商品布局 ·· 107
    8.3 联合补货策略优化 ··· 109

第 9 章 安全库存优化 ··· 114
    9.1 安全库存概述 ··· 114
    9.2 (ROP,Q) 策略分析 ·· 115
    9.3 (OUL,T) 策略分析 ·· 123
    9.4 需求分布的刻画 ·· 126
    9.5 给定需求满足率下安全库存的计算 ····························· 144
    9.6 供应的不确定性：随机提前期 ··································· 147

第 10 章　某食品企业 W 库存策略优化实战 · · · · · · 151

10.1　数据导入及预处理 · · · · · · 151
10.2　使用多种方法进行需求拟合并计算目标库存水平 · · · · · · 153
10.3　库存策略模拟仿真 · · · · · · 157
10.4　拓展思考 · · · · · · 161
10.5　实战建议 · · · · · · 161

第 11 章　周期服务水平优化 · · · · · · 163

11.1　报童模型 · · · · · · 163
11.2　(ROP, Q) 策略下的最优服务水平 · · · · · · 165
11.3　(OUL, T) 策略下的最优服务水平 · · · · · · 170
11.4　基于 SAA 的有限周期库存系统优化 · · · · · · 172

第 12 章　库存共享 · · · · · · 181

12.1　库存共享效应 · · · · · · 183
12.2　分散节点间需求独立情况下集中化安全库存计算 · · · · · · 183
12.3　分散节点间需求相关情况下的联合分布样本生成 · · · · · · 189
12.4　库存共享效应之外的关于库存共享的更多讨论 · · · · · · 200

第 13 章　某休闲食品企业 Y 库存共享决策实战 · · · · · · 202

13.1　分散式管理和集中式管理模式下安全库存量的介绍 · · · · · · 203
13.2　综合库存成本与运输成本，决策存货布局 · · · · · · 209
13.3　拓展思考 · · · · · · 211

第 14 章　网络库存管理基础 · · · · · · 212

14.1　网络分析基础 · · · · · · 212
14.2　随机服务模型与承诺服务模型 · · · · · · 223

第 15 章　承诺服务模型 · · · · · · 228

15.1　承诺服务模型的数学规划问题 · · · · · · 228
15.2　需求上界的构造与计算 · · · · · · 229
15.3　承诺服务模型的优化算法 · · · · · · 234

第 16 章　某食品企业 Z 的分销网络库存优化实战　240
16.1　数据导入及预处理　241
16.2　应用动态规划算法求解最优策略　245
16.3　拓展思考　251

第 17 章　某家电企业 H 的制造网络库存优化实战　252
17.1　数据导入及预处理　253
17.2　应用分段线性函数近似算法求解近似最优的策略　255
17.3　比较不同承诺服务时间和不同服务水平下的安全库存成本　260
17.4　拓展思考　261
17.5　实战建议　261

附　录　263
附录 A　符号表　263
附录 B　数学规划与概率论基础知识　264
附录 C　Python 基础　268

参考文献　272

第 1 章　现代库存管理概述

本章 1.1 节介绍库存的基本含义与功能，1.2 节介绍库存管理要解决的关键问题，1.3 节和 1.4 节讨论现代库存管理的挑战和发展趋势，1.5 节介绍两个现代库存管理的实际案例。

1.1　什么是库存

库存是指为了使生产正常且不间断地开展或为了更好地满足顾客的需求，在各个生产阶段或分销环节之间设置的物品储备。对生产企业而言，为了保证生产流程的顺利进行以及对终端客户订单的按时履约，需要在生产中的一些重要阶段储备一定量的原材料、半成品等。对分销商、零售商、电商平台而言，为了能及时满足客户需求，必须持有一定量的商品库存。更广义地讲，库存表示用于将来的暂时处于闲置状态的资源。资源停滞的位置可以是生产线上或车间里，可以是区域仓、前置仓、商超和门店等分销流通节点，也可以是汽车站、火车站、机场、码头及物流中转场等运输节点，还可以是在运输途中。

库存是供应链的核心功能模块之一，它在促进企业降本增效、供需匹配中发挥着关键作用。对于企业来说，库存是一项流动资产，会给投资带来相应的回报。企业对库存的投资能够给销售带来边际利润。库存有如下 4 方面功能：

1）供需匹配：为了应对需求超出预测值、供应发生中断，或者订单接收和订单处理过程中出现延迟等不确定性，通过持有一定的安全库存以更好地平衡供给与需求。

2）规模效应：企业在制造、采购、运输、配送等过程中往往具有规模效应，这促使企业进行批量补货来降低补货的成本，在这个过程中，企业将持有一定的库存。

3）快速履约：对于电商来说，通过持有更多的库存并将库存分散前置到与顾客更近的位置，实现顾客需求的快速履约。

4）库存分离：通过在供应网络的不同区域、不同阶段持有一定库存，实现管理上一定程度的解耦。任何一个区域和阶段都能够以自身最高效率进行运转，不必受到其他区域和阶段的约束。

1.2 库存管理解决的问题

一方面，企业的存货不足可能会造成供货不及时，供应链断裂，丧失交易机会或市场占有率；另一方面，商品库存会产生一定的持货成本，同时存在由于商品挤压或者损坏而产生的库存风险。因此在库存管理中既要保持合理的库存数量，防止缺货，实现一定的规模效应，同时又要避免库存过量，以免发生不必要的库存费用。因此，通过适量的库存实现超储与缺货之间的最佳或最经济合理的平衡，是库存管理的核心目标。

库存管理看似简单，但要做好却并非易事。实际中的库存网络的结构往往比较复杂。例如，京东在全国建有8个区域仓，每个区域仓以一个一线城市为核心辐射一个区域的需求，同时支援下属的多个前置仓，以保证对二、三线城市需求的快速履约。又如，像华为这样的大型制造商，其生产的产品品类众多，物料清单结构复杂，同时具有很多通用组件，其生产制造网络构成了一个庞大的多级库存网络。要实现库存网络的高效运作，发挥库存网络的最大作用，需要科学的库存管理策略的支持。

以图1-1所示的分销网络为例，中央仓从供应商补货，然后为下游的区域仓供应库存，每个区域仓都对相应区域的顾客需求进行履约。这样一个分销网络的库存管理一般涉及两个层面的决策：中长期的库存网络布局和日常的补货管理。

1）中长期的库存网络布局决策包括仓之间的库存供应关系，仓之间的库存是否可以共享，哪些商品的库存应该后置在中央仓，哪些商品的库存应该前置到区域仓以及前置的比例等问题。

2）当库存网络布局确定后，需要进行日常的补货管理，决定每一天中每个商品补不补、补多少。而库存决策的前提是需要对市场需求有一定的刻画，也就是进行需求预测。

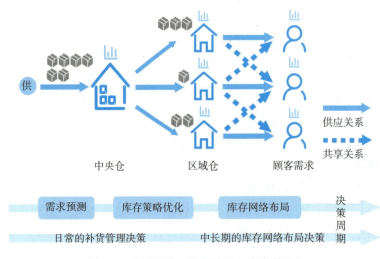

图1-1 分销网络（补货管理→库存策略）

1.3 现代库存管理的挑战

企业的库存管理面临着多方面的挑战,包括库存管理场景的多样化、需求来源的多样化与库存网络的复杂性、需求与供应不确定性高以及消费者对缺货的容忍度降低等。

1)库存管理场景的多样化。在实际的企业供应链场景中,不同行业关注库存与补货问题的视角往往具有差异。例如,啤酒作为重量大、体积大、货值低的重泡货,其运输成本高,每一次远距离的运输都存在玻璃瓶破碎的潜在风险。因此,频繁补货不仅浪费运输和仓储资源,还可能给企业带来损失。又如,对于售卖鲜食的零售商超、餐饮门店而言,因为鲜食保质期较短,过度堆货将会带来新鲜度受损、食材浪费的情况,因此企业需要在门店的有货率与库存积压中进行权衡。而对于消费电子行业的代工厂来说,库存管理考虑的因素又完全不同。大多数的代工厂采用按订单生产的模式,接到订单之后再安排生产、发货的流程。因此,代工厂考虑更多的是如何把手中的库存高效地投入对应的生产当中。在危险化学品的补货过程中,企业不仅需要考虑罐装容积、车辆数量等补货过程中的运输限制,而且还要考虑诸如"不同危险化学品不能混装"的特殊运输策略,在保障安全运输的前提下保证运输与送达。

2)需求来源的多样化与库存网络的复杂性。随着零售企业线上及线下全渠道的融合,企业面临的订单来源越来越多样化。例如,企业不仅仅需要面对地区层级的经销商、大型采购商等2B(to Business,面向企业)渠道,随着线上销售渠道的发展,还需要直接面对终端消费者需求。与此同时,不同的终端销售渠道(如不同的线上销售平台)往往也会呈现出不同的客群特征及差异性的消费习惯,这使得终端需求更加多样、复杂。为了快速满足全渠道的需求,企业库存网络的结构越来越复杂。如何集中化管理复杂供应网络的库存资源,将订单池和库存池进行统一管理,实现库存资源充分共享,同时保证多渠道及交付方式的多样化,是企业当前面临的重要挑战。

3)需求与供应不确定性高。零售企业之间的竞争变得日益激烈,企业的各种促销手段层出不穷,这使得企业面临的需求具有很大的不确定性。此外,零售企业管理的SKU(Stock Keeping Unit,最小存货单位)种类越来越多,商品的生命周期变短。例如,京东平台在售的SKU有数十个一级品类,每个一级品类下又有数十个二级品类,具体在售的SKU数量更是超过了百万级。但其中很大一部分是长尾品(零零星星在售的慢流品)。长尾品的需求预测一直是困扰企业的难题。

4)消费者对缺货的容忍度降低。消费者的转移成本降低,黏性变弱,并且缺乏耐心,对缺货容忍度降低。一个商家或者平台如果出现缺货,那么消费者很可能就转移到其他商家或者平台进行消费。此外,由于电商和物流行业的激烈竞争,线上购物的履约时效不断提升,消费者对于订单配送时效的预期越来越高。这对企业精准化的库存管理提出了更高要求。

1.4 现代库存管理的发展趋势

近年来,在消费升级、产业升级和技术变革的作用之下,库存网络逐步发展为依赖人工智能、大数据、云计算等新兴信息技术的数字化矩阵式库存网络。在互联互通的现代供应链网络内,企业能够与网络中的任何节点展开数据和信息的传送与接收,从而以实时动态的灵活性应对多变的市场环境。

现代化库存网络呈现出以下几点发展趋势。

1. 库存网络扁平化

在当前环境瞬息万变的时代,供应链的快速响应显得尤为重要。显然,沟通合作的层级越少,就越有利于快速响应。同时,企业的服务越来越考虑终端消费者,企业的驱动从生产者主导变为消费者主导,导致了企业的销售渠道变得多元化和扁平化。为适应这种趋势,当前库存网络也趋向于短链、扁平化,使网络中的各个环节能够离消费者更近。人们常听到的"去掉中间经销商环节""直连消费者"等说法,都反映了这一趋势。

销售渠道的扁平化体现在代理商的去中间化,现在很多品牌商采用一仓发全国的模式,产地建立总仓,经过一次经销商仓或者城市中转环节到达全国终端门店,大大简化了原有的供应环节。例如,以米其林为代表的汽车后市场制造商,过去通常以代理商分销的模式销售其商品,与京东达成了战略合作之后,实现了分销网络的扁平化,能够高效满足高频次、小批量的订单需求。同时,扁平化的库存网络还可以实现业务的随意搭配,满足客户的不同需求,各参与方直接高效对接,以应对需求的不确定性和风险,全面提高经营效率和顾客满意度。

2. 库存设置点前移

随着企业经营模式和销售渠道的变化,供应网络中的库存设置点也在悄悄改变。供应链的基本原理是对于高需求的产品,可以在离顾客近的地方多放置库存。当前,电商之所以能在很短的时间内将货物送达顾客,就是因为将热销产品的库存放置在离顾客很近的地方。

当前,为适应新零售的大趋势,各大电商纷纷布局前置仓,试图通过最大限度地提升用户体验来争夺已经趋于固化的线上流量。前置仓是在企业的仓储物流系统中距离门店最近、最前置的仓储物流基地,是在中央仓、区域仓之下的第三级仓储物流,也是实施仓配一体化的关键环节,其后就涉及"最后一公里"配送。通过大数据对需求的预测可以提前将热销商品、常销商品库存前置于仓库内,当用户下单时,就可以快速满足用户的需求,改善用户体验。前置仓的形式可以灵活变化,可以是独立的仓,也可以是门店。当线下门店承担前置仓的职能时,会成为商品的发货地。如此一来,商品运输距离大大缩短,从而可以达到快速配送的目的。近几年,传统的物流配送格局已经由"电商平台+快递企业+消费者"逐渐转变为"电商平台+前置仓+即时物流(或消费者)"。

例如，京东打造的仓配一体化系统，在区域仓下设置了前置仓，把商品放在距离消费者很近的地方，就近发货。数据表明，约90%的京东自营线上订单已经实现当日达或次日达。图1-2所示为网络快递模式和京东仓配一体化的服务流程。

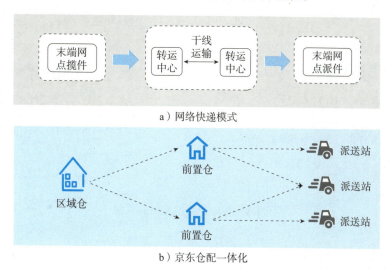

图1-2 网络快递模式和京东仓配一体化的服务流程

3. 数字化建设

为了应对数字技术给传统工业带来的挑战，各国纷纷推出制造业现代化战略，如德国于2011年提出"工业4.0"概念，美国于2012年提出"工业互联网"，我国于2015年发布《中国制造2025》等。非数字原生的企业要想在数字时代生存下来，亟须进行数字化转型，成为数字企业。

数字化供应链是基于互联网、物联网、大数据、人工智能等新一代信息技术和现代化管理理念方法，以价值创造为导向、以数据为驱动，对供应链活动进行整体规划设计与运作的新型供应链。其中，数据是供应链数字化转型的中心——将数据的收集、连接和解读转换为可操作的运营决策。与库存管理相关的数据主要包括四大部分：基本数据、运营数据、需求数据和采购生产数据，具体内容如图1-3所示。这些数据可以广泛应用于需求预测、库存补货和采购策略的制定、供应商的管理、产能分配等各个方面。

对于企业的库存管理来说，数据驱动的决策是数字化应用和与客户互动的关键。进行库存网络的数字化建设，对用户行为和需求的把握将越来越精准，产能过剩将逐步降低，库存管理的效率将会提高。对数据进行深入分析，有助于企业发现运营中的问题，并通过数据挖掘来找出原因，体现企业的真实运营水平，站在决策和管理的角度进行合理规划，有助于提高企业供应链的流动性、响应性和可靠性。例如华为"灵鲲"数智云脑利用组合优化、统计预测、模拟仿真等技术，构建了核心算法模型，并应用到资源准备、供应履行、供应网络和智能运营四大核心场景中，负责全局性的数据分析、模拟仿真、预案生成和决策指挥，应用智能模型与需求实时联动，自动调节库存水位和结构，提升库存周转速度，有效支撑了业务增长，持续提升服务水平与客户体验。

图 1-3 与库存管理相关的数据

1.5 现代库存管理优化案例

近年来，国内涌现出了像杉数科技（北京）有限公司（简称杉数科技）这样为数字化转型的企业提供智慧供应链解决方案的公司。下面介绍杉数科技的两个库存管理优化案例。

1.5.1 零售企业全渠道库存优化案例

B 公司是目前全球顶级的食品制造商，产品包括婴儿食品、咖啡、奶制品、糖果等。近年来，为了适应我国市场的飞速发展，除了线下门店外，B 公司还布局了多个线上渠道、供应中心和工厂。庞大的供应网络为更及时的产品供应与履约奠定了基础，但这也对供应链管理提出了更高的要求。早前，B 公司已开始探索"全渠道一盘货"库存管理模式，即全渠道需求统一收集，部分渠道共享仓网库存。然而，针对需求特性不一的渠道，如何实现智能预测并提高履约能力，是 B 公司面临的管理挑战。不同的销售渠道在订单场景、需求模式等方面各不相同，由于缺乏针对不同渠道特性的预测手段，因此导致需求预测准确率低。并且随着每年产品数量的增加，以及各类产品繁复的市场特征，库存缺货和冗余现象频繁发生，导致库存成本持续增加。这促成了 B 公司和杉数科技的合作，旨在通过智能决策技术来构建一套需求计划系统，以解决全渠道模式下的库存管理难题。图 1-4 所示为该零售企业的全渠道履约网络。

针对 B 公司的业务需求，杉数科技根据渠道特性定制需求预测算法模型，为 B 公司量身打造了新一代电商智能计划系统。系统可视化展示系统储存的数据信息，可实现数据的精细化管理，为市场部门提供可靠的市场份额分析工具。更重要的是，系统帮助

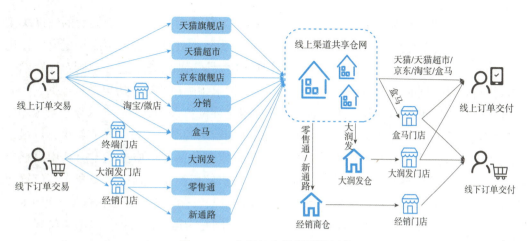

图 1-4　B 公司的全渠道履约网络

B 公司实现全渠道需求的预测和计划制订，通过需求预测算法提升需求计划的质量和效率。预测算法考虑了各线上渠道的共性和特性，并加入了下游客户的库存水平、补货原则、销售指标等影响因素，以提升预测的稳定性。客户在使用辅助预测功能时，系统通过自定义计划参数自动初始化计划所需数据，提供算法输出参考以及批量编辑功能以帮助客户提高计划效率，让市场、销售、供应链等部门的信息互通以实现高效协同。该系统采用插件式的设计架构，可以基于场景定制更新算法包，不断升级提升系统的适用范围。方案落地后，测试商品的月需求预测准确率提升了约 6%。上线的智能计划系统将帮助 B 公司实现需求管理的精细化、自动化和智能化，助力 B 公司供应链智能化转型升级。

1.5.2　复杂制造网络安全库存优化案例

H 公司是全球领先的信息与通信基础设施和智能终端提供商，主营运营商业务、消费者业务和企业业务三大业务。其生产制造网络中包含数十万个节点、数百万条边，存在大量共享组件及可替代原材料。安全库存是库存管理中应对需求不确定性的有效工具，如何在规模如此之大的复杂制造网络上设置安全库存，在提升终端产品服务水平的同时最小化系统总安全库存成本是企业一直以来所面临的管理难题。过去的安全库存策略由各业务线业务员独立地对单个节点设置，将各个节点的加工周期和采购周期分开考虑，不仅流程烦琐，存在成品交付满足率较低等问题，而且也没有深度挖掘全网络安全库存共享的价值。因此，H 公司亟须一套工具对整个制造网络上的安全库存进行全局优化。由于涉及数十万个节点，因此对优化算法的效率也提出了很高的要求。如何有效地在刻画需求不确定性、全局优化安全库存布局、平衡成本与满足率的情况下优化安全库存量、同时保证求解效率，是大规模生产制造网络中安全库存优化的四大痛点。

杉数科技针对 H 公司的生产场景，打造了一套自动化、智能化的网络安全库存优化解决方案。杉数科技提出的解决方案能够在提升需求满足率、提高库存周转率的同时降低库存总成本,增强供应链柔性。杉数科技也为H公司提供了一套灵活的辅助决策仿真工具以便于运营人员局部调优。解决方案分为数据处理、需求预测、安全库存优化、仿真四大模块,如图1-5所示。数据处理模块根据运营数据与业务规则对库存网络结构进行处理,同时给出网络关键节点的分析。需求预测模块综合历史销量数据、产品特征等信息对需求的不确定性进行刻画,给出指定分位数水平下的需求函数。安全库存优化模块以前两个模块输入的数据为基础,以达到给定的服务水平为核心约束,以最小化总安全库存成本为目标,结合业务场景,建立定制化的承诺服务模型。利用由杉数科技数学规划求解器COPT支持的一阶近似算法求解模型得到相应的安全库存位置与具体策略量。仿真模块对需求满足率、订单延误金额、存货周转等运营核心KPI(Key Performance Indicator,关键绩效指标)进行模拟,同时为运营人员提供策略可解释性分析工具和灵敏度分析工具。

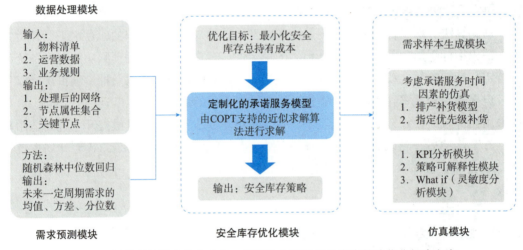

图1-5 杉数科技提出的自动化、智能化的网络安全库存策略优化解决方案

第 2 章 需求预测基础

需求预测是基于产品历史的销售情况，结合对未来一段时间内影响市场需求的因素，如促销、市场竞争、政策环境等，对产品在未来一段时间、一定区域的平均需求量，或者是需求量不同取值的可能性的推测。需求预测是供应链管理的关键输入。库存计划、生产计划、采购计划等运营决策，以及供应链网络规划、产能建设、供应商布局等战略决策都离不开需求预测。就一个公司的各职能部门而言，需求预测可以为财务部门制定预算提供依据。销售部门需要基于需求预测来判断是否需要增减销售门店，补充销售人员。对于生产部门而言，需求预测是库存计划、生产计划、产能计划等决策的基础。如果能够对未来需求做出较为准确的预测，则企业便可以按照预测的需求量安排生产、运输和销售，从而合理备货、加快生产和库存周转速度，在减少库存成本和浪费的情况下保证较高的服务水平，避免因为缺货带来的机会损失。过去，由于缺乏便捷准确的统计手段和规模化、体系化的管理结构，需求预测往往由专家和业务人员依据少量数据和实践经验完成。在信息化时代，随着数字化信息支持平台的广泛使用，销售和库存变动等信息变得易于统计和保存。如何有效且高效地利用这些数据进行需求预测、支持未来决策，是大数据时代下企业供应链管理的重要课题。

本章介绍需求预测的基础知识与数据准备。2.1 节介绍需求预测的基本结构；2.2 节介绍时间序列和机器学习两类需求预测方法；2.3 节介绍一般的数据预处理的知识；2.4 节介绍评价预测模型的方法。

2.1 需求预测的基本结构

一般认为需求的实现值由两部分构成：一部分是可预测的需求模式，由产品特征、经济规律等客观规律决定；另一部分是不可预测的随机因素，由一些难以刻画的顾客购买行为和随机影响导致[3]。可以将其表达为一个简单的等式：

$$\text{需求实现值} = \underbrace{\text{需求模式}}_{\text{可预测部分}} + \underbrace{\text{随机因素}}_{\text{不可预测部分}}$$

上述等式表明，人们无法预测随机因素在每一时刻的准确实现值，需求预测的准确度是存在上限的，这一上限受到随机因素波动性的影响。因此，需求预测的主要目标是尽可能准确地刻画可预测的需求模式，使得模型无法刻画的预测误差不包含有价值的信息。

$$\text{需求实现值} = \underbrace{\text{需求预测值}}_{\text{模型刻画部分}} + \underbrace{\text{误差}}_{\text{模型未刻画部分}}$$

需求预测追求的是尽可能地识别需求模式、减少误差，而不是百分之百精准的预测结果，因为这往往表明模型过度刻画了随机因素，从而导致未来预测中存在噪声。如何在预测不准确和过度刻画之间找到一个适宜的平衡点，是需求预测中的重要课题。目前常用的方法有交叉验证和正则化方法。

虽然人们认为需求模式由一定的客观规律决定，但需求预测并不通过刻画这些内在规律进行，而是通过观察、处理和运用历史数据得到。这是因为产生需求的内在规律往往无法被直接观察并量化，而过去的销售数据正是在遵循相同规律的同时叠加上随机因素产生的。历史数据中包含了产品遵循的内在规律，例如季节性产品的周期变动规律、新兴产品的上升趋势、必需品较为稳定的需求总量等。因此，历史数据可以被视为客观规律的替代或具体表现。需求预测的任务便是通过历史数据间接利用需求规律预测未来的需求。需要注意的是，需求有时会受到外在因素的影响，例如经济发展和人口总量提升带来的需求上升、促销活动带来的暂时性需求上升、消费模式和社会文化转变带来的需求变动等。这些外在因素的相关信息往往不包含在历史数据中，遗漏这些信息可能导致对需求规律的错误判断，从而影响需求预测的效果。

产品的需求模式同时受到内在规律和外在因素的影响。内在规律可以进一步分解为趋势性、季节性这两种共通的需求变动规律和产品本身决定的需求特性。外在影响的来源则非常广泛，往往需要针对具体的产品进行具体分析和刻画。

$$\text{需求模式} = \underbrace{\text{水平项} + \text{趋势项} + \text{季节项}}_{\text{内在规律}} + \underbrace{\text{经济因素} + \text{活动影响} + \text{社会因素} + \cdots}_{\text{外在影响}}$$

内在规律由产品本身的性质决定。按照产品生命周期理论和产品需求的可预测性，产品可分为新产品、小众产品、成长期产品和成熟期产品。前两类产品的历史数据较少，可预测性较低；后两类产品的历史数据丰富，具有较高的可预测性。4类产品的价值也存在高低差异，产品价值可以分为已经实现的销售收入和未来可能实现的销售收入，即现有价值和潜在价值。一般而言，成熟期产品的需求相对稳定，现有价值大，但增长潜力有限；新产品和成长期产品则具有较大的潜在价值；小众产品受众少，销售额较低，现有价值和潜在价值均相对较低。在实际业务中，考虑到产品价值和预测难度，应该将最多的精力集中在对成长期产品的预测上，其次是成熟期产品和新产品，最后针对小众产品进行预测。

同类产品的需求之间往往存在着一定的共性，掌握这些共同的趋势对预测会有所裨益。一般来说，**成长期产品**会表现出较为明显的上升趋势，这一趋势可以作为此类产品的需求预测基准，然后在此基础上考虑季节性变动。同时，成长期产品的需求模式还不稳定，容易受到较多因素的影响，如促销活动、节假日等，因此，在预测时也需要将重要的外生影响纳入考虑。**成熟期产品**往往呈现稳定的需求趋势，在此基础上伴随季节性和周期性波动。这一类产品受到外界因素的突然冲击较小，或者说这些因素的影响已经充分体现在历史数据的变动规律中。因此，通过对历史数据的趋势分析往往能对未来的销量给出较为可靠的预测。**新产品**可以分为延伸性产品和革新性产品。前者在现有产品的基础上延伸而来，大部分产品特征和潜在客户群都和老产品相似，因此可以使用老产品的历史需求数据作为替代和近似，参考其过往的变化趋势和绝对销量做出预测；后者则完全颠覆历史产品，没有可供参考和挖掘的历史数据。对于这样的产品，较为主观的市场调研和定性预测是首要选择。**小众产品**面向的受众群体往往数量较少，因此购买者个体行为的随机性较大，从而导致需求数据表现出较大的波动性或较差的数据质量（如不连续、较多 0 值和突发值等）。对于此类产品，综合运用定性和定量方法、同时考虑内在趋势和外生影响进行辅助预测是必要的。人们可以借助坐标轴图表总结上述规律，如图 2-1 所示。

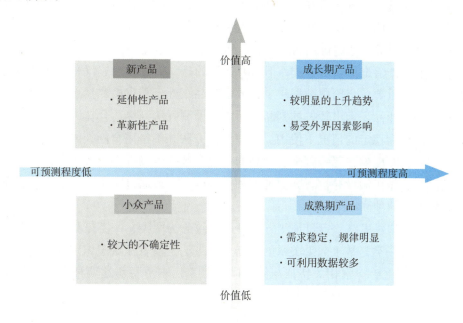

图 2-1　产品分类

有时，产品需求的内在规律会产生变化，例如一个产品从成长期进入成熟期，或者革命性新技术的出现导致老产品被迅速淘汰等，这样的变化会导致产品的需求模式出现拐点。如何提前判断变化的时机、方向以及拐点之后的需求模式，是一个非标准化、较难给出一套规范流程的环节，在实践中更多依赖预测者的行业知识和过往经验。

在外在影响中，有一些因素可以被客观、定量地标识，例如经济因素可以通过经济总量或价格等指标来体现，活动影响可以通过 0-1 标识来识别，而另一些因素，尤其是与社会文化相关的影响因素，则很难被较为准确地衡量和刻画。是否能准确地识别需求模式中的各个因素并进行刻画对需求预测至关重要，会直接决定预测误差的大小。

本书介绍的需求预测方法更多地集中于如何识别需求模式的内在规律，以及如何在给定的外在影响下刻画这些因素与需求之间的关系，而不涉及对外在影响的具体识别与刻画方法。

2.2 需求预测方法的分类

根据预测的主观与客观，需求预测的方法可以分为定性预测与定量预测两类。定性预测一般是指预测者依据自己的知识和经验对未来做出主观判断；定量预测则是基于过往数据拟合数学模型，并通过该模型输出对未来的判断。两种预测方法的共性在于都是通过识别产品需求模式做出判断，而差异则主要体现在对历史数据的分析与处理方式上。过去，由于数据量、技术水平和分析方法的限制，需求预测往往依靠专家和从业者通过定性预测实现，这种方式往往不够准确和稳健，在应对较多数量的产品和大规模的历史数据时也显得成本高昂、缺乏效率。近年来，数字化浪潮推动企业技术革新，如何使用定量方法高效准确地进行预测成为公司和从业者更为关心的方向。

本书将重点介绍定量预测方法，但需要强调的是，体现专家建议和行业经验的定性预测在当今仍然重要。当历史数据较少，或是产品正处于需求模式拐点时，定性预测可以基于经验和行业知识做出较好的判断；而定量预测方法则更适合在历史数据丰富且产品的需求模式较为稳定的情况下使用。两种预测方法并不是完全割裂的。应用定量预测方法时，定性预测能够在趋势判断、模型的构造和选择阶段提供重要参考。实践中，通常依据定性预测做出假设并进行数据处理和模型构建，再通过定量预测来检验假设的正确性并得到最终的预测结果。

根据模型的构建思路，定量预测方法可以大致分为两类，一类是基于趋势分解的时间序列方法，另一类是基于因果关系的机器学习方法。前者侧重于识别数据本身的趋势和规律，后者侧重于探索相关特征与结果间的关系。本节将对这两种方法进行简单的概述。

2.2.1 时间序列方法

一般而言，时间序列方法认为数据在某一期t的实现值由当期的趋势项T_t、季节项S_t和微观项N_t复合而成。趋势项反映了数据在较长周期中的走势，例如新产品往往具有上升的需求趋势，成熟期产品的需求较为平稳，衰落期的产品会呈现出下降的需求趋势。季节项是一年内产品需求随季节和月份变动的规律，例如冷饮类商品在夏季销量较好，取暖加热类产品总是在冬季销量较高，礼物类产品在特定节日前后会出现销量增长，米面粮油等必需品的需求总是较为稳定。趋势项和季节项的组合反映了数据整体的宏观趋势，微观项反映了包含随机因素在内的众多偶然因素和产品特性因素的综合影响，可以在宏观趋势的基础上进行细节刻画。在一些介绍经典的趋势分解的书中，除了这3项之外，还会分解出周期项 C_t 来刻画一年以上的周期性规律。但周期性往往难以识别，一方面是因为数据长度的限制，另一方面是因为周期性规律的间隔周期、强度不固定。因此在实际运用中，这一部分往往被纳入其他构成项中一起建模。本书在此也并未做出区分。陈毅恒的《时间序列与金融数据分析》[4]一书对趋势分解的介绍亦采取此种形式。

时间序列的一般预测流程是根据所使用的模型，通过趋势分解的方法逐步剔除趋势项和季节项，对平稳的微观项进行建模预测，最终通过重新组合得到预测结果。常见的拆分方式是加性模型和乘性模型，使用者也可以根据需求采用混合模型，但一般而言，加性模型的使用最为广泛，因为乘性模型可以通过对数变换转换为加性模型。

$$D_t = \begin{cases} T_t + S_t + N_t, & \text{加性模型} \\ T_t \times S_t \times N_t, & \text{乘性模型} \\ (T_t + N_t) \times S_t, & \text{混合模型} \\ \vdots \end{cases}$$

在使用时间序列模型时，最重要的是理解采用了哪一种分解模型，以及刻画的是序列中的哪一部分。这里以时间序列方法为例，简单指数平滑可以提取出趋势性和季节性组合而成的宏观趋势；Holt-Winters方法通过子模型分别对趋势项和季节项进行建模，两者都不涉及对微观因素的细致刻画；ARIMA模型和VARMA模型则是刻画已经剔除趋势的平稳序列的微观模型，通过考虑微观项之间的序列相关性来提取其中包含的信息。当数据本身存在季节性规律时，这两种方法也可以相应地拓展为sARIMA模型和sVARMA模型。这里将本书所涉及的时间序列方法及其刻画的序列特征进行总结，见表2-1，同时根据微观因素的一元性和多元性进一步细分。读者在实际使用中应根据数据特征和自己的需要进行选择或组合使用。

表 2-1 时间序列方法总结

时间序列方法	宏观因素		微观因素	
	趋势性	季节性	一元	多元
简单指数平滑	√	√		
Holt-Winters	√	√		
ARIMA			√	
sARIMA		√	√	
VARMA				√
sVARMA		√		√
HTS				√
Prophet	√	√	√	

2.2.2 机器学习方法

机器学习是近年来非常流行的概念之一,其本质是通过一个模型来学习从特征空间到目标空间的映射关系,并通过这一模型得到对未来的预测。这种映射关系可以表现为时间序列方法中刻画的共同趋势,也可以表现为相关特征和结果之间的因果联系。

以目标空间的离散和连续为特征,机器学习可以分为预测任务和分类任务;以目标空间的完整程度为特征,机器学习可以分为监督学习、无监督学习和半监督学习。针对需求预测的目标,本书主要介绍针对有监督预测任务的机器学习模型。对于其他类型方法的介绍,推荐感兴趣的读者阅读相关的机器学习专著,如周志华的《机器学习》[5]等书。

从宽泛的意义来看,许多时间序列模型都可以被看作一种"机器学习",其使用的特征是历史数据,目标是下一期的实现值,所采用的学习模型是线性模型(简单指数平滑、ARIMA、VARMA 等方法)以及简单函数的线性组合(Holt-Winters、Prophet 等方法)。但在大多数场景下,当使用"机器学习"这个术语时,我们更希望强调自动学习的能力,即可以用某种方法自动探索以得到特征空间和目标空间之间的关系,而不是像时间序列方法一样,需要使用者预设某种关系模式。当然,恰当的模型选择和模型结构对机器学习方法来说也是至关重要的,这是为了更好地贴合数据性质,便于后续的参数估计,而非一种对映射关系的预设。

时间序列方法大多利用原始的历史数据(出于计算考虑,往往是每一个待预测点过往几期的数据)。相比之下,机器学习可以利用更加宽阔的特征空间,人们可以在原始数据的基础上利用经验构造更多衍生特征,如峰谷值、变动信息等,从而更好地融合行业经验和定性预测的优越性。也可以考虑更多可能的外生影响因素,如经济变量等,从而更好地反映外生环境对待预测序列的影响。

这里将本书所涉及的机器学习方法进行总结,见表 2-2,然而不同的机器学习方法之间的差异较大,很难像时间序列方法一样通过几个共同的角度完成比较和总结。此处仅列出本书将会介绍的模型及其特点,方便读者快速定位或回顾。至于实践中如何进行选择和取舍,需要读者自己结合具体场景进行尝试和总结。

表 2-2 机器学习方法总结

机器学习方法	特点	优势	劣势
线性模型	简单的线性回归形式,可以通过正则化项演化为 LASSO 或 Ridge 模型	形式简单	只能拟合线性关系
CART 树	基于二分树的结构构建,是后续许多集成方法的基础	结构简单,拟合能力强大	对数据敏感,容易过拟合
神经网络	由线性变换、非线性激活函数和网络结构组成	多层网络理论上可以以任意精度逼近任意函数,具有强大的拟合能力	网络结构复杂,模型参数较多,容易调试不当或过拟合

（续）

机器学习方法	特点	优势	劣势
随机森林	以并行的决策树为基础模型，通过简单加权集成最终结果	相比决策树更加稳健，可以并行运算，计算速度快	相比于GBDT集成方法效果较差
XGBoost	以决策树为基础模型，不断强化对残差的学习	基于GBDT思想改进，能在实现较好模型效果的同时以较快的速度完成运算	对较大的数据运行较慢；参数设置复杂，容易过拟合
light GBM	以决策树为基础模型，不断强化对残差的学习	在海量数据的场景下，能够以小的内存和较快的速度完成计算	参数设置复杂，容易过拟合
Stacking	以多种预测模型为基础模型，通过机器学习模型集成最终结果	模型形式简单，效果强大，能够集成不同模型的优势，包容性强	容易过拟合

2.2.3 比较和总结

机器学习中的许多模型和方法都具有极高的拟合能力，例如不加限制的树模型（如CART树模型）可以完全拟合已知数据、通用近似定理证明了人工神经网络可以近似任意函数等。由此可见，机器学习方法可以不预设数据结构和因果关系形式，而是根据给出的数据拟合其与结果之间的映射关系。相反，时间序列模型则需要使用者预先假设数据的生成形式，当数据的真实生成过程和假设的模型相差较远时，模型便无法恰当地拟合这一过程。因此经常说机器学习方法是数据驱动的，而时间序列方法是模型驱动的，并且机器学习对数据的挖掘和利用能力更强。

当然，这并不代表利用机器学习方法进行需求预测的准确性一定高于利用时间序列方法得到的结果。一方面，机器学习模型的效果受到特征选择、模型选择、参数选择等诸多因素的影响，其中任何一个方面的偏差都可能影响预测准确性。实际运用效果如何，还要取决于业务场景、数据性质和模型调试等诸多方面。当历史销量数据本身较为稳定且受到的外界影响较小，或是数据集本身较小时，机器学习模型未必能取得比时间序列方法更好的效果[6]。另一方面，由于强大的拟合能力，在一个数据规模相对较小或是内在规律简单的数据集上，机器学习很容易过度拟合随机扰动因素，从而导致较差的泛化能力；而时间序列方法则能够集中于把握宏观趋势，较好地剔除随机扰动的偶然影响，从而在面对未知数据时获得比机器学习方法更好的预测结果。

同时，目前机器学习得到的结果往往较难得到直观理解，解释力较弱，也因此较难结合已有经验进行辅助判断和调整。相反，时间序列模型具有简单清晰的模型结构，非常便于使用、解读和调整。在实际使用中，读者应该依据实际情况来进行选择，或是结合两者的长处一起使用，例如利用时间序列方法提取宏观趋势、利用机器学习方法学习微观细节。一些实证结果表明[7]，合理结合时间序列方法和机器学习方法能取得比单一模型更好的效果。

2.3 数据预处理

在进行需求预测之前，通常要对数据进行预处理及分析。尽管不同企业的业务场景与产品的需求规律不同，但数据处理的步骤与方法是类似的。这里将以食品饮料快消品公司 2018 年 1 月 1 日—2020 年 7 月 30 日的 77 个产品在 18 个分销中心（Distribution Center，DC）的销售数据为对象，2.3.1 小节和 2.3.2 小节分别介绍数据导入及基础操作、时序数据可视化。在此基础上，第 3 章和第 4 章分别使用时间序列方法与机器学习方法进行需求预测。

一般而言，虽然原始数据的具体格式不尽相同，但需求预测任务的数据集至少包含以下信息：

- 商品名。有时存在品类信息，构成两级及以上的产品类别层级结构。
- 销售地点。有时存在国家/区域−城市−终端销售点的地理层级结构。
- 时间。一般以日为颗粒度。
- 实际销量。

关于其他外生影响因素，原始数据中可能包含，也可能需要预测者自己收集整理。众多外生因素中最容易获得且与需求量紧密相关的便是销售价格。但在一些情况下，实际销售价格可能难以统计（如促销活动期间）或是价格变动不大（如存在销售合约规定），这一信息也会存在缺失的情况。本章所使用的案例数据便只包含了以上 4 四项基本信息。

2.3.1 数据导入及基础操作

数据分析和处理是需求预测任务的重中之重，也是本书后续所有章节模型和算法实现的基础和前提。因此，本节将为读者介绍一些数据分析实务中的常用技巧，以确保读者无论有无相关经验，都能够较为顺畅地进行后续阅读和相关代码实现。这里假设读者对于 Python 中的 Pandas 库和 DataFrame 格式有基本的了解。对于对这部分基础知识缺乏了解的读者，建议读者先浏览 Pandas 官方的十分钟入门教程[8]，再来继续本节和本书后续章节的阅读与学习。

首先从数据文件夹读入销售数据表格，并查看表格前 10 行，以获得对数据结构的基本了解，代码如下。

```
import pandas as pd
data_dir ='../../data/forecast_data/'
sales_data = pd.read_csv(data_dir +'sales_data.csv')
print(sales_data.head(10))
```

```
        date   dc_id  sku_id      unit_id  sale
0  2018-05-01  DC001  SKU024  DC001_SKU024     0
```

```
1  2018-05-01  DC001  SKU070  DC001_SKU070     0
2  2018-05-01  DC001  SKU078  DC001_SKU078     9
3  2018-05-01  DC001  SKU044  DC001_SKU044   589
4  2018-05-01  DC001  SKU051  DC001_SKU051    43
5  2018-05-01  DC001  SKU063  DC001_SKU063  2751
6  2018-05-01  DC001  SKU099  DC001_SKU099    96
7  2018-05-01  DC001  SKU100  DC001_SKU100   200
8  2018-05-01  DC001  SKU101  DC001_SKU101    42
9  2018-05-01  DC001  SKU102  DC001_SKU102    10
```

可以看到，本章所使用的数据集恰好对应了需求预测任务的 4 个基本元素，并通过 dc_id 和 sku_id 组合成 unit_id，从而标识更细致的颗粒度。这里读者应注意数据路径的设置，相比于将文件地址作为一个完整字段，单独指定文件夹路径和表格名称更具灵活性，更适用于具有较多数据表格需要管理以及可能存在数据迁移的场景。

1. 数据类型转换

时间数据在 .csv 等文件中常以字符串形式存储。对于这种格式的数据，人们将无法使用一些针对时间戳格式的便捷操作，如聚合、时间计算等。因此，在读入带有时间的数据时，往往需要确认时间数据类型并进行数据类型的转换。

```
sales_data['date'] = pd.to_datetime(sales_data['date'])
```

2. 数据整理

在实践中，有时得到的原始数据并没有经过整理，数据并没有按照商品、DC 和时间顺序进行排列，人们不知道数据从何时开始、到何时结束，也不知道究竟有多少种商品和 DC。在数据分析之前，人们希望对数据进行整理，了解数据的基本信息，这有利于从宏观上把握数据的整体结构。下面的代码分别完成了表格的排序、时间范围的识别、商品种类和 DC 个数的统计工作。

```
# 排序
sales_data = sales_data.sort_values(
    by=['dc_id', 'sku_id', 'date']).reset_index(drop=True)
print(sales_data.head())
```

```
        date    dc_id  sku_id       unit_id  sale
0  2018-02-02  DC001   SKU001  DC001_SKU001     7
1  2018-02-03  DC001   SKU001  DC001_SKU001     0
2  2018-02-04  DC001   SKU001  DC001_SKU001     0
3  2018-02-05  DC001   SKU001  DC001_SKU001     2
4  2018-02-06  DC001   SKU001  DC001_SKU001     0
```

```
# 时间范围的识别
print(f'数据起始时间为：{sales_data["date"].min()}')
print(f'数据结束时间为：{sales_data["date"].max()}')
```

```
数据起始时间为：2018-01-01 00:00:00
数据结束时间为：2020-07-30 00:00:00
```

```
# 商品种类和DC个数统计
```

```
all_sku_list = sales_data['sku_id'].unique().tolist()
print(f'商品个数为: {len(all_sku_list)}')
all_dc_list = sales_data['dc_id'].unique().tolist()
print(f'DC个数为: {len(all_dc_list)}')
```

```
商品个数为: 77
DC个数为: 18
```

3. 部分数据筛选

sales_data 包含了人们所拥有的全部信息，但有时仅需要用到其中的部分信息，此时，可以将这部分数据存放到一个新的数据表中，便于之后取用。

```
unit_id = 'DC001_SKU044'
unit_df = sales_data[sales_data['unit_id'] == unit_id]
print(unit_df.head())
```

```
             date    dc_id  sku_id       unit_id  sale
21228  2018-01-01   DC001  SKU044  DC001_SKU044    79
21229  2018-01-02   DC001  SKU044  DC001_SKU044   492
21230  2018-01-03   DC001  SKU044  DC001_SKU044  1261
21231  2018-01-04   DC001  SKU044  DC001_SKU044  1067
21232  2018-01-05   DC001  SKU044  DC001_SKU044   535
```

4. 描述性统计

这里希望针对 'DC001_SKU044' 这一个 unit 的销量表现获得一些直观的统计结果。在进行更细致的数据挖掘之前，可以使用 Pandas 自带的数据分析函数 describe() 自动统计数值型数据的均值方差等信息，也可以自动统计非数值型数据的个数、唯一值数量、最高频率等信息。

```
print(unit_df['sale'].describe())
```

```
count     940.000000
mean     1199.408511
std       913.354405
min         0.000000
25%       628.000000
50%      1106.000000
75%      1661.750000
max      7777.000000
Name: sale, dtype: float64
```

```
print(sales_data['sku_id'].describe())
```

```
count     886288
unique        77
top       SKU024
freq       16942
Name: sku_id, dtype: object
```

5. 数据聚合

在本章数据中，销量数据按照商品和DC组成的"unit"进行日度记录，这样细致的颗粒度可以保留更多的原始信息，而当人们想要得到更宏观一些的数据时，可以通过便捷的聚合操作迅速得到更粗颗粒度的信息。

对于非时间类型的类别信息，一般可以使用 groupby() 方法将原始数据按照某一类进行聚合。下面的代码展示了将原始的销售数据按照商品进行聚合，统计每一类产品的日度销售情况，并按照日期和商品类别进行排序。可以看到，在 2018 年 1 月 1 日，"SKU002"总共销售了 64 单位，由于仅由一个 DC 销售，因此均值和方差均为 64 单位，而标准差不存在。"SKU007"的日总销量为 342 单位，在多个 DC 的平均销量为 85.5 单位，中位数为 42 单位，在不同 DC 的销量分布并不均衡，标准差达到了 114.93 单位。

```
print(sales_data.groupby(['sku_id', 'date'])['sale'] \
    .agg(['sum', 'mean', 'median', 'std']) \
    .sort_values(by=['date', 'sku_id']).reset_index()[:5])
```

```
   sku_id       date   sum    mean  median         std
0  SKU002 2018-01-01    64    64.0    64.0         NaN
1  SKU007 2018-01-01   342    85.5    42.0  114.930414
2  SKU008 2018-01-01  1750   250.0   168.0  243.989754
3  SKU010 2018-01-01   669   111.5   112.5   72.706946
4  SKU012 2018-01-01   409   409.0   409.0         NaN
```

由于日度销量往往波动性较大，因此有时会希望将原始的日销量数据聚合为一段时间内的总销量数据，如周销量、月销量等，从而在一定程度上过滤随机波动性的影响，更好地观察和挖掘数据的内部规律。可以通过 resample() 方法快速完成这一任务。下列代码展示了如何将原始数据聚合得到每个 unit 的周销量数据。

```
weekly_sales_df = sales_data.groupby('unit_id')[['date', 'sale']] \
    .resample('W', on='date').sum().reset_index()
print(weekly_sales_df.head())
```

```
        unit_id       date  sale
0  DC001_SKU001 2018-02-04     7
1  DC001_SKU001 2018-02-11     2
2  DC001_SKU001 2018-02-18    13
3  DC001_SKU001 2018-02-25     4
4  DC001_SKU001 2018-03-04     7
```

6. 缺失值处理

对于真实数据，人们往往需要考察其完整性，并对缺失值做出一定的处理。通常，需要针对每个商品单元考察记录完整性，即每个商品标识下的数据是否完整覆盖了数据集时间。其中，缺失数据可能有不同的原因，也对应了不同的解决方式。一方面，这可能是正常的商业现象，即某天的销售量为 0，对此可以用 0 填充缺失数据；另一方面，这可能是数据遗失导致的，缺失部分存在销售，但销量并未被记录，此时可以用插值的方式进行填充。此外，还可能是因为产品上市时间和销售时间不一致，某些新品、促销品、季节品本身在市的时间就较短，因此所能覆盖的销售天数相比常规品来说就有所不足。对于这一类情况,可以将这些产品与常规品区分开,单独构建模型,或者通过定性分析的方式单独进行分析和处理。读者应该根据自己的实际情况和额外的业务信息来判断自己面对的是哪一种情况,并选择恰当的方式进行处理。

在本章,由于缺乏额外信息的辅助,因此不对数据进行过多的额外处理,而是用 0 填充所有的日度缺失数据。事实上,resample() 方法也覆盖了一定的缺失值填充方法,它将数据从细颗粒度加总聚合至粗颗粒度时,默认会在缺失处填充 0。人们也可以使用 ffill()、bfill() 等方法实现向前、向后填充等基本的缺失值处理。感兴趣的读者可以更进一步地阅读 Pandas 官方文档中的相关部分,获得更细致的了解。

7. 数据输出

在完成上述的基本数据整理工作后,可以将得到的新数据表格输出,在后续进行深入分析和模型构建时,可以直接读取整理好的结果,从而避免重复的数据预处理工作。

```
weekly_sales_df.to_csv(data_dir +'weekly_sales_data.csv', index=False)
```

2.3.2 时序数据可视化

1. 趋势分析

对于需求预测任务而言,趋势分析是准备工作中必不可少的一环。这一步可以帮助人们直观地了解数据的宏观特征:是否具有明显的趋势性和季节性,是否存在趋势拐点,是否具有异常值,以及是否存在不规则的波动等。对这些特征的观察和认知能够帮助人们选择或构建恰当的模型。例如,当数据本身已经呈现出较强的规律性时,可以在训练复杂的机器学习模型之前首先尝试时间序列方法;若数据出现明显的趋势性,则可以考虑先提取长期趋势,再对剩余值进行细节刻画;若数据出现明显的季节性,则应该选择能够刻画季节性的时间序列模型,或是在机器学习模型的特征中加入季节指示变量等。在每一种具体的场景下应该如何分析结果,又应该采取什么样的后续策略,将在后续的预测模型部分进行介绍。

下面结合本章数据向读者展示可视化趋势的代码和一个分析示例。

```
# 导入绘图包
import matplotlib.pyplot as plt
import seaborn as sns
# 设置画图风格
sns.set_theme(style='darkgrid')
# 设置画布大小
plt.rcParams['figure.figsize'] = (12.0, 6.0)
# 设置清晰度
plt.rcParams['figure.dpi'] = 500
# 导入绘图包
import matplotlib.pyplot as plt
import seaborn as sns
# 设置画图风格
sns.set_theme(style='darkgrid')
import matplotlib
```

```python
matplotlib.rc('font', family='Songti SC')
parameters = {'figure.figsize': [12.0, 6.0],
              'figure.dpi': 500,
              'axes.labelsize': 14,
              'xtick.labelsize': 14,
              'ytick.labelsize': 14,
              'legend.fontsize': 14,
              'font.weight': 'bold'
              }
plt.rcParams.update(parameters)
```

首先,导入 Python 中常用的可视化工具包 Matplotlib 和 Seaborn,并统一绘图格式。matplotlib.pyplot 库提供了丰富便捷的绘图接口,人们可以使用该库绘制折线图、直方图等多种常用可视化图像。这里主要使用的是折线图的绘制命令。Seaborn 库常与 Matplotlib 库搭配使用,用于设置画图风格,提升可视化效果。想要对此进行深入了解的读者,可以在之后继续阅读官方文档。

2. 季节性绘制函数和趋势性绘制函数

下面介绍两个分别封装了考察数据季节性和趋势性的通用函数。使用者只需要传入包含需求数据基本元素的 DataFrame 格式数据,并指定 unit 标识列、日期列和销量列,即可调用函数得到绘图结果。

(1)季节性绘制函数

下列代码定义了针对某一个产品销量的季节性绘制函数。这里通过将不同年份的数据叠加能更直观地看到不同年份间是否存在相似的季节性变动。

```python
# 季节性绘制函数
def plot_year_seasonality(data, date_col, qty_col):
    """
    data: pd.DataFrame格式数据
    date_col: data中标识日期的列名,需转换为日期格式
    qty_col: data中标识销量的列名
    """
    # 以1~12月设置横坐标
    month_all_list = list(range(1, 12+1))
    plt.xticks(range(len(month_all_list)), month_all_list, rotation=60)
    # 设置曲线颜色和曲线标识
    color = ['#787878', '#1c79d9', 'black']
    marker = ['o', '^', 's']
    # 初始化标签列表
    legend_list = []
    # 将传入数据按照月份聚合
    data = data.resample('M', on=date_col).agg({qty_col: 'sum'})
    # 提取数据涉及的年份,并逐年遍历
    plot_year = list(set(data.index.year))
    color_idx = 0
    for year in plot_year:
        # 提取当年的所有数据,以月份为横坐标,以月总销量为纵坐标绘制折线图
        data_year = data[data.index.year == year]
        data_inds = data_year.index.month
        data_val = data_year[qty_col]
```

```
            plt.plot(data_inds-1, data_val, c=color[color_idx],
                    marker=marker[color_idx])
            # 为曲线添加标签
            legend_list.append(year)
            # 动态改变下一次绘图曲线颜色
            color_idx += 1

        # 展示绘制图像
        plt.xlabel('月份')
        plt.ylabel('销量')
        plt.legend(legend_list, loc='upper right')
        plt.show()
```

利用上述函数,可以分别考察"SKU044"和"SKU008"在"DC001"的销量季节性。通过图 2-2 和图 2-3 可以较为直观地看到,"DC001_SKU044"的销量季节性并不明显,相比之下,"DC001_SKU008"则呈现出一定的季节规律:在 3~7 月呈现出销量上升的共同趋势,在 9 月~次年 2 月呈现出销量下降的共同趋势。

```
unit_df = sales_data[sales_data['unit_id'] == 'DC001_SKU044']
plot_year_seasonality(unit_df, 'date', 'sale')
```

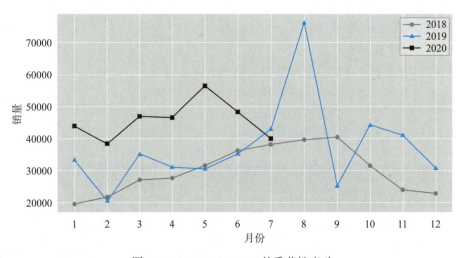

图 2-2 DC001_SKU044 的季节性变动

```
unit_df = sales_data[sales_data['unit_id'] == 'DC001_SKU008']
plot_year_seasonality(unit_df, 'date', 'sale')
```

(2)趋势性绘制函数

下列代码定义了针对某一个产品销量的趋势性绘制函数,这里利用产品的月销量数据绘制折线图,从而直观地考察其上升及下降趋势。

```
# 趋势性绘制函数
def plot_trend(data, date_col, qty_col):
    data = data.resample('M', on=date_col).sum()
    plt.plot(data['sale'], color='#1c79d9', marker='o')
    plt.xlabel('时间')
```

```
plt.ylabel('销量')
plt.show()
```

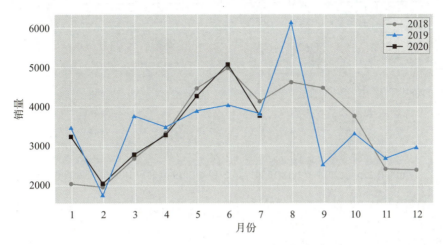

图 2-3   DC001_SKU008 的季节性变动

利用趋势性绘制函数，选择"DC001_SKU044"和"DC017_SKU002"两个 unit 分别绘制其趋势图像。在图 2-4 和图 2-5 中可以看到，前者呈现出一定的上升趋势，同时叠加了一定的季节性波动；而后者则出现了较为明显的下降趋势。在针对这两个 unit 进行需求预测时，为了获得更好的预测效果，需要将产品的趋势性纳入模型考虑。

```
unit_df = sales_data[sales_data['unit_id'] == 'DC001_SKU044']
plot_trend(unit_df, 'date', 'sale')
```

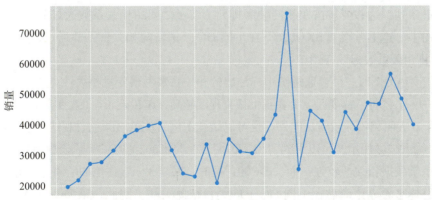

图 2-4   DC001_SKU044 的趋势性变动

```
unit_df = sales_data[sales_data['unit_id'] == 'DC017_SKU002']
plot_trend(unit_df, 'date', 'sale')
```

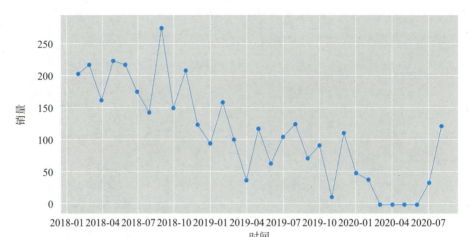

图 2-5　DC017_SKU002 的趋势性变动

3. 相关性分析

当一个商品在多个地区进行销售时，其在各区域之间的需求可能存在一定的相关性，这是由商品属性决定的共同趋势。同时，不同产品之间也可能存在相互关联。不管是在模型构建还是在特征构建中，都可以将相关因素纳入其中，以提升预测模型的准确性。这一操作在经过格式转换的数据上可以通过调用内置函数 corr() 实现，这里再一次看到对需求数据进行预处理的便利性。同时，也可以通过绘制热力图更直观地观察相关性。

热力图是可视化考察多变量相关性的一种常用手段。热力图的横纵轴是要考察相关性的变量序列，这些变量按照相同顺序排列。变量之间的相关系数通过颜色深浅直观地展示在图中。这里考察"SKU076"在不同 DC 处销量的相关性，并通过设置参数 annot 为 True 将相关系数标注在图中。

在解读热力图时，可以通过图中标注出的相关系数考察变量相关性。相关系数的取值范围在 −1～1 之间，越接近于 1 表明正相关程度越高，越接近于 −1 表明负相关程度越高，越接近于 0 表明相关性越弱。此外，也可以结合图例，从色块颜色直观地考察变量之间的相关性。如图 2-6 所示，可以看到"SKU076"在"DC002""DC004""DC005""DC006"之间的销量数据相关性较强，而"DC001"和"DC003"与其他 DC 销量的相关性均较弱，但总体来看，该商品在不同 DC 下的销售彼此关联。因此，某 DC 的销售数据能够为其他 DC 的销售预测提供一定的信息。

```
sku_df = sales_data[sales_data['sku_id'] == 'SKU076']
corr = sku_df[['date', 'dc_id', 'sale']]\
        .pivot(index='date', columns='dc_id', values='sale').corr()
sns.heatmap(corr, annot=True, cmap="Blues")
<AxesSubplot:xlabel='dc_id', ylabel='dc_id'>
```

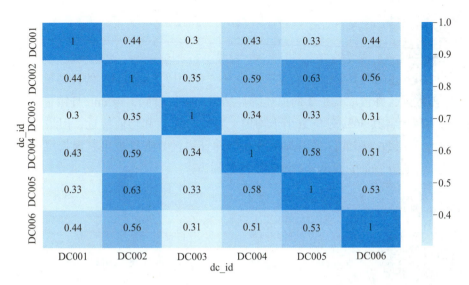

图 2-6　SKU076 在各 DC 的需求相关性

2.3.3　异常值检验

异常值点或离群值点是指背离了该数据集中一般对象的数据点，这样的数据点和正常数据点的生成机制往往具有较大的差异。在数据分析中，异常点检验具有重要的作用：一方面，其产生原因值得探究；另一方面，当其产生机制很难分析或是不会再次出现时，这样的数据无法为之后的预测提供有价值的信息，将其纳入预测模型中反而会成为一个较大的干扰。因此，在需求预测任务中，需要识别并对这些数据点进行处理。

常用的异常值检测方法有 3σ 检测法和分位数检测法。3σ 检测法是指当数据服从正态分布时，约有 99.7% 的数据会落在均值加减 3 个标准差的范围内，因此，如果有数据超出这个区间，便可以认为它是一个少见的异常值。这一检测方法的缺点在于需要数据服从正态分布，但在实际场景中，这一假设往往得不到满足。分位数检测法则不对数据分布做出要求，而是通过数据集的分位数点划定正常的范围来识别异常值点。令四分差为数据集 0.75 分位数和 0.25 分位数的差（IQR=Q3−Q1），于是，低于 0.25 分位数 1.5 倍四分位差或是高于 0.75 分位数 1.5 倍四分位差的数据被认为是异常值。下面的两个函数定义了上述两种异常值的检测方法，输入 DataFrame 格式的数据并指定要考察异常值的数据列名，函数便会返回离群值的标识。

```
def sigma_outlier(data, qty_col):
    upper = data[qty_col].mean() + 3 * data[qty_col].std()
    lower = data[qty_col].mean() - 3 * data[qty_col].std()
    return data[
        (data[qty_col] > upper) | (data[qty_col] < lower)].index.tolist()
def quantile_outlier(data, qty_col):
    q1 = data[qty_col].quantile(q=0.25)
    q3 = data[qty_col].quantile(q=0.75)
```

```
        upper = q3 + 1.5 * (q3 - q1)
        lower = q1 - 1.5 * (q3 - q1)
        return data[(data[qty_col] > upper) | (data[qty_col] < lower)].index
```

下面利用上述两种异常点检验方法来检测"DC017_SKU044"的日销量数据。首先筛选出所需数据,并读取其主要的描述统计结果。可以看到,该 unit 日销量的波动性相对销量均值较大,其 50% 分位数小于均值、75% 分位数和均值接近,但最高销量则远远大于 75% 分位数。因此,可以判断该 unit 的日销量数据呈现出右偏长尾结构,该数据的主要异常值应该是少数单日销量较大的数据。

```
unit_df = sales_data[sales_data['unit_id'] == 'DC017_SKU044']
print(unit_df.describe())
```

```
              sale
count    940.000000
mean     390.805319
std      349.065671
min        0.000000
25%      100.500000
50%      355.000000
75%      565.250000
max     2142.000000
```

两种异常值检验方法验证了人们对数据的初步评估。可以看到,两种方法下,异常值为较大的单日销量,同时,分位数检验方法与 3σ 检测方法相比给出了更多的异常值。

```
print(unit_df.loc[sigma_outlier(unit_df, 'sale')])
```

```
              date    dc_id  sku_id       unit_id  sale
806976  2018-02-13   DC017  SKU044  DC017_SKU044  1613
807189  2018-09-14   DC017  SKU044  DC017_SKU044  1523
807236  2018-10-31   DC017  SKU044  DC017_SKU044  1604
807266  2018-11-30   DC017  SKU044  DC017_SKU044  1464
807389  2019-04-02   DC017  SKU044  DC017_SKU044  1553
807448  2019-05-31   DC017  SKU044  DC017_SKU044  1513
807475  2019-06-27   DC017  SKU044  DC017_SKU044  1968
807509  2019-07-31   DC017  SKU044  DC017_SKU044  1842
807515  2019-08-06   DC017  SKU044  DC017_SKU044  1504
807522  2019-08-13   DC017  SKU044  DC017_SKU044  1565
807538  2019-08-29   DC017  SKU044  DC017_SKU044  1805
807777  2020-04-24   DC017  SKU044  DC017_SKU044  1728
807794  2020-05-11   DC017  SKU044  DC017_SKU044  1838
807795  2020-05-12   DC017  SKU044  DC017_SKU044  2142
807796  2020-05-13   DC017  SKU044  DC017_SKU044  1552
807839  2020-06-27   DC017  SKU044  DC017_SKU044  1842
```

```
print(unit_df.loc[quantile_outlier(unit_df, 'sale')])
```

```
              date    dc_id  sku_id       unit_id  sale
806976  2018-02-13   DC017  SKU044  DC017_SKU044  1613
807110  2018-06-27   DC017  SKU044  DC017_SKU044  1339
```

```
807189  2018-09-14  DC017  SKU044  DC017_SKU044  1523
807193  2018-09-18  DC017  SKU044  DC017_SKU044  1307
807195  2018-09-20  DC017  SKU044  DC017_SKU044  1337
807236  2018-10-31  DC017  SKU044  DC017_SKU044  1604
807266  2018-11-30  DC017  SKU044  DC017_SKU044  1464
807389  2019-04-02  DC017  SKU044  DC017_SKU044  1553
807390  2019-04-03  DC017  SKU044  DC017_SKU044  1324
807448  2019-05-31  DC017  SKU044  DC017_SKU044  1513
807475  2019-06-27  DC017  SKU044  DC017_SKU044  1968
807509  2019-07-31  DC017  SKU044  DC017_SKU044  1842
807515  2019-08-06  DC017  SKU044  DC017_SKU044  1504
807522  2019-08-13  DC017  SKU044  DC017_SKU044  1565
807538  2019-08-29  DC017  SKU044  DC017_SKU044  1805
807756  2020-04-03  DC017  SKU044  DC017_SKU044  1289
807777  2020-04-24  DC017  SKU044  DC017_SKU044  1728
807794  2020-05-11  DC017  SKU044  DC017_SKU044  1838
807795  2020-05-12  DC017  SKU044  DC017_SKU044  2142
807796  2020-05-13  DC017  SKU044  DC017_SKU044  1552
807839  2020-06-27  DC017  SKU044  DC017_SKU044  1842
```

在无序序列中，如果异常值在数据集中所占的比重不大，则一般可以直接删除。但在有序序列中，则不能通过这样的方式处理异常值点，尤其是在需求预测的任务场景下，异常值点可能包含着重要的信息。在识别出异常值点后，首先需要分析的是是否有什么外生因素导致了该异常值的出现，如节日、促销活动、特殊天气等，并判断这种因素在未来是否还有可能出现。当这种因素还有可能出现时，则不妨将其保留，并在后续的定量预测模型中将这些因素包含进模型；如果不会再次出现，则要考虑对该数据进行修正，这一过程很难总结出通用的调整规则，需要依据经验和实际情况做出调整。

由于没有外生信息的辅助，在本章及后续的需求预测中不对异常值做出特别的调整，但在实践中，应当努力收集、分析异常值可能产生的原因，并在后续的预测过程中相应地做出修正。

2.4 评价预测模型的方法

在预测任务中，两组不同的预测结果哪种更好往往并不直观。在某些数据集上，一种方法可能比另一种方法的预测结果更接近真实值，而在其他数据集上则可能反之，因此需要一套规范化的指标对预测结果进行评估，以便选择最合适的预测方法。

本节将首先明确误差的计算范围，然后介绍一些衡量预测准确率的基本指标，以供读者参考和选用。在实际使用中，具体应该选择哪一种指标，读者应该根据数据特征和实际业务场景综合考虑。

2.4.1 样本内外误差

这一小节介绍需求预测中非常基础且至关重要的概念：训练数据划分。

首先，明确特征工程中数据泄露（Data Leakage）的概念，其实质是进行模型评估的数据同时被用于模型训练。避免数据泄露的理由是直观的，人们希望得到的是一个能够更好地预测未来值的模型，而不是最优拟合历史数据的模型，提前将未来值泄露给训练中的模型不利于评价该模型面对未知数据的真实表现。

事实上，随着模型拟合效果的增强，有些模型甚至能在已知数据集上达到百分之百的预测准确率，但当面对全新的数据集时却无法给出令人满意的结果。这是因为模型过多地刻画了数据的随机性质，而非其均值性质。模型在已知数据集上的表现优于在未知数据集上表现的现象，被称为过拟合，这样的模型被称为泛化能力差。这种现象是预测中常常会遇到的，需要尽力避免。

进行模型训练和模型评估所用的数据集应该没有交集，以避免因数据泄露导致的对模型的不公允评估与选择。在实践中，将数据集按照一定的比例切分为训练集（即用于模型训练的数据）和测试集（即用于模型评估的数据）。在和时间顺序无关的数据集中，一般随机将数据划分到这两个集合中，以保证两个集合具有类似的数据结构；但在时序场景下，需要遵循数据集的时间属性，将靠前的数据划分为训练集，将靠后的数据划分为测试集。同时，在进行切分时，也不再按照比例的方式决定两个数据集合的大小，而是根据一个指定的时间对数据进行前后切分。

在完成数据切分后，介绍相关的误差概念。模型在训练集上给出的预测结果与真实数据的偏差程度称为样本内误差，在测试集上的偏差则称为样本外误差。一般而言，以最小化样本内误差为目标进行各预测模型的训练，以最小化样本外误差为标准进行模型间的选择。

2.4.2 预测评估指标

一个合理的预测模型很难在每一个数据点都实现精准预测，这样的要求往往会导致严重的过拟合现象。对于连续变量的预测任务，可以选择模型在整个训练集合上的平均误差作为模型的评价指标，称其为一个预测模型 f 在训练集合 $\mathcal{T} = \{(x_i, y_i), i = 1, \cdots, N\}$ 上的损失函数 $L\left(f, \{(x_i, y_i)\}_{i=1}^{N}\right)$。

常见的损失函数有：

- 均方误差（Mean Squared Eerror，MSE）。

$$L_{\text{MSE}}(f, \mathcal{T}) = \frac{1}{N} \sum_{i=1}^{N} (f(x_i) - y_i)^2$$

- 均方根误差（Root Mean Squared Error，RMSE）。

$$L_{\text{RMSE}}(f, \mathcal{T}) = \sqrt{\frac{1}{N} \sum_{i=1}^{N} (f(x_i) - y_i)^2}$$

- 平均绝对误差（Mean Absolute Error，MAE）。

$$L_{\text{MAE}}(f,\mathcal{T}) = \frac{1}{N}\sum_{i=1}^{N}|f(x_i)-y_i|$$

上述损失函数计算了预测值和真实值之间的绝对差值，其数值大小会受到数据集量纲的影响。当数据集的数量级很大时，即使损失函数值相差很多，两种预测模型的效果也未必有显著的区别；同理，当数据集的数量级很小时，相差不多的损失函数值可能就暗示了两种预测巨大的效果差异。因此，也可以选择平均百分比来刻画预测误差，以消除量纲差异。常用的百分比损失函数有：

- 平均绝对百分误差（Mean Absolute Percentage Error, MAPE）

$$L_{\text{MAPE}}(f,\mathcal{T}) = \frac{1}{N}\sum_{i=1}^{N}\frac{|f(x_i)-y_i|}{y_i}$$

- 加权平均绝对百分误差（weighted Mean Absolute Percentage Error, wMAPE）

$$L_{\text{wMAPE}}(f,\mathcal{T}) = \frac{\sum_{i=1}^{N}|f(x_i)-y_i|}{\sum_{i=1}^{N}y_i}$$

平均绝对百分误差针对测试集中的每一数据点计算了预测误差相对于原始数据的百分比误差，通过简单平均的方式得到整个测试集上的总体误差。这一指标虽然消除了量纲对评估指标的影响，但是却给绝对值较小的数据赋予了较大的权重。当 y_i 趋近于 0 时，任何非 0 的估计值都会导致巨大的 MAPE。而在需求预测的任务中，人们往往对数据中绝对值较大的样本点更感兴趣，因为即使较小的百分比偏差，也可能导致较大的绝对损失，因此，在这一任务场景中，wMAPE 是更为合理的评估指标。

上述评估指标已经封装在 Python 机器学习相关的 Sklearn 库中，这里介绍其具体实现方式。一方面，可以加深读者对上述指标和 Python 计算功能的理解；另一方面，因为不同的评估指标有各自的利弊和适用范围，读者亦可以依据实际情况对评估指标做出微调和改进，从而更好地适应实际场景。

```
import numpy as np

def cal_mse(y_true, y_pred):
    return np.mean([(y_pred[i] - y_true[i]) ** 2 for i in range(len(y_pred))])

def cal_rmse(y_true, y_pred):
    return np.sqrt(cal_mse(y_true, y_pred))

def cal_mae(y_true, y_pred):
    return np.mean([abs(y_pred[i] - y_true[i]) for i in range(len(y_pred))])

def cal_mape(y_true, y_pred):
    return np.mean([abs(y_pred[i] - y_true[i]) / max(1.0, y_true[i]) for i in
                    range(len(y_pred))])
```

```python
def cal_wmape(y_true, y_pred):
    sum_error = sum([abs(y_pred[i] - y_true[i]) for i in range(len(y_pred))])
    sum_true = max(1.0, sum(y_true))
    return sum_error / sum_true
```

在需求预测业务中，人们常将 wMAPE 视为模型的错误率，而将 1-wMAPE 作为模型准确性的一个代表。在后续的章节中，也将以此定义模型的预测准确率，并通过模型准确率对不同方法进行比较。

```python
def pred_evaluate(y_true, y_pred):
    return round(max(0, 1- cal_wmape(y_true, y_pred)), 3)
```

2.4.3 误差分析

在实际业务场景中，影响模型预测误差的因素很多，而这些因素不全是由方法和模型导致的。当通过上述方法评估得到模型的误差时，应当对误差做进一步的分析，从而提出具有针对性的合理改进。常见的误差来源有 3 个方面，分别是数据性质、需求性质和模型方法。

1. 数据性质

数据性质层面的误差可能来自两个方面。一方面，如果数据不完整，即所收集的数据中遗漏了某些对结果具有影响力的重要因素时，所能得到的模型很难给出良好的预测结果，此时，首要的工作是尽可能地完善并丰富原始数据集，以及进行更好的特征准备工作；另一方面，当数据的聚合程度较低时，因为数据中的随机性影响较大，因此模型的预测结果也可能出现较大误差，此时应该在数据和任务允许的情况下进行数据聚合，例如将日度数据聚合成周度数据并进行预测。

与此同时，用于数据评估的测试集性质也会影响评估结果。当测试集样本数量较少、覆盖时间较短时，模型的预测结果也可能出现较大的误差，这同样是因为数据中的随机性影响较大，此时应该适当延长评估窗口期长度。

2. 需求性质

当产品需求本身具有特殊性质或可预测性较低时，预测模型往往很难给出准确的预测。例如小众产品、奢侈品，比起日用必需品，其购买者的行为更具有随机性和个体性，从而造成需求的高度不稳定性，因此预测模型很难挖掘出可靠的需求规律。

当产品正处于需求拐点期时，例如从成长期进入成熟期，或是受到政策、社会文化观念、消费模式等因素变动的影响时，基于历史数据的定量预测模型就很难提前预知未来的趋势。此时，最好的选择是加入专业人员的定性判断，辅助模型做出方向性的调整。

3. 模型方法

方法层面的误差可能来自模型的错误选择或模型的不当调试。当需求出现明显的季节性和趋势性却不在模型中加入反映相关因素的结构，或当特征和结果之间存在非线性关系却用线性模型拟合时，都无法给出良好的预测结果。这种情况下，使用者应该重新选择和设置模型。在数据性质不明晰的情况下，应当选择更偏向数据驱动、学习能力更强的模型和方法。同时，即使是学习能力极强的机器学习模型，如果使用者没有为模型选择恰当的参数，如过于简单的模型结构、过高的学习率、不恰当的正则化等，都会导致模型无法恰当充分地学习数据集特征，从而影响最终的预测效果。

第 3 章 时间序列方法

本章 3.1 节和 3.2 节分别介绍了两种经典的时间序列预测方法：指数平滑法和 ARIMA 模型。3.3 节介绍了 Prophet 模型，3.4 节介绍了考虑相互作用的 VARMA 模型，3.5 节介绍了考虑层级结构的时间序列预测。这里将采用"DC001_SKU044"的周度销售数据作为示例运行代码，展示模型效果。

首先，导入第 2 章定义的与预测相关的基本函数；然后，读入并筛选数据，利用趋势绘制函数绘制该 unit 的销量趋势，如图 3-1 所示。

```
from forecast_basic import*
import warnings
warnings.filterwarnings("ignore")

data_dir = '../../data/forecast_data/'
weekly_sales_df = pd.read_csv(data_dir + 'weekly_sales_data.csv')
weekly_sales_df['date'] = pd.to_datetime(weekly_sales_df['date'])

# 数据导入
unit_id = 'DC001_SKU044'
unit_data = weekly_sales_df[weekly_sales_df['unit_id'] == unit_id]
plot_trend(unit_data,'时间','销量')
```

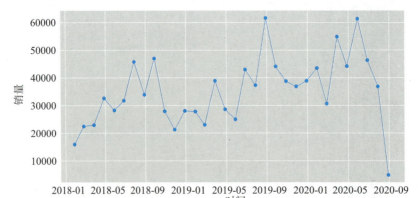

图 3-1 DC001_SKU044 的趋势性变动

这里选择 2020 年 4 月 1 日为分割时间点，在此之前的数据为训练集，共 117 条数据，在此之后的数据为测试集，共 18 条数据，测试集比例为 13.3%。

```
# 数据切分
unit_data = unit_data.set_index('date')['sale']
test_start_date = pd.Timestamp(2020, 4, 1)
unit_train_data = unit_data[unit_data.index < test_start_date]
unit_test_data = unit_data[unit_data.index >= test_start_date]
```

3.1 指数平滑法

3.1.1 移动平均法

移动平均（Moving Average, MA）法是一种简单的预测方法，其基本思想是，利用过去一段时间数据的均值作为对未来的预测。预测需要决定的参数是选择过去多长时间的数据，即预测窗口期。下面的代码展示了过去 2 天和过去 8 天作为窗口期并进行预测所得到的结果。不难看出，窗口期越短，对数据的变动跟踪越紧密细致，而窗口期越长，则越能反映数据的平均变动趋势，从图 3-2 中可以看到这一点。

```
for window_length in [2, 8]:
    unit_fit = unit_data.rolling(window=window_length).mean()
    plot_fitness(unit_data, unit_fit)
```

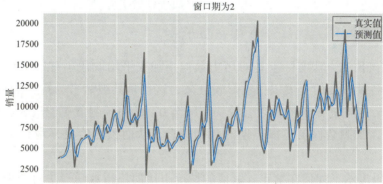

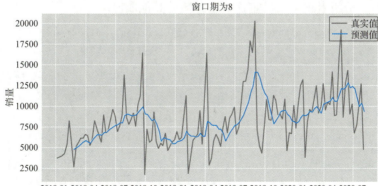

图 3-2　不同窗口期的移动平均法的预测结果

3.1.2 简单指数平滑法

移动平均法只是对数据进行某种跟踪，而简单指数平滑（Simple Exponential Smoothing, SES）法则更进一步，针对预测行为考虑了预测的误差和调整。

假设已经通过某种预测方法对本期需求做出预测，当观察到本期需求的实现值后，该如何将新数据带来的信息整合到之后的预测中呢？简单指数平滑的思路是直接利用当期观测值和预测值之间的误差在往期预测的基础上进行修正。记 f_t 为对第 t 期的预测，d_t 为第 t 期的真实需求。简单指数平滑可以表示为

$$f_{t+1} = f_t + \alpha(d_t - f_t)$$
$$= \alpha d_t + (1-\alpha)f_t, (0 \leq \alpha \leq 1)$$

式中，α 刻画了对于当期观测的"学习"程度；$1-\alpha$ 刻画了对过往信息的"记忆"程度。$\alpha=1$ 时，对于下一期的预测完全由当期需求决定，简单指数平滑法等价于窗口期为1的移动平均方法；而当 $\alpha=0$ 时，对下一期的预测则完全忽视了当期的需求信息。

将简单指数平滑的表达递推展开，可得

$$f_{t+1} = \alpha d_t + (1-\alpha)f_t$$
$$= \alpha d_t + (1-\alpha)\alpha d_{t-1} + (1-\alpha)^2 f_{t-1}$$
$$= \sum_{i=0}^{t}(1-\alpha)^i \alpha d_{t-i}$$

可以看到，该预测方法实际上是对历史数据用加权平均取代了移动平均法中的简单平均，过往各期数据的权重以指数形式衰减，这也是其被命名为指数平滑法的原因。当 α 较大时，早期的需求项系数会较快衰减至0，从而预测值更能反映近期波动；而当 α 较小时，预测会保留更多早期的数据信息，从而预测值更平滑，更能反映长期趋势。

下列代码展示了如何在给定 α 取值的情况下用简单指数平滑法对未来数据进行预测。在这里，设定 α 的默认值为 0.4、初始值默认选择为原始数据的首个观察值。当然，在调用函数时，分析者也可以设定这两个参数的其他取值。

```python
def simple_exp_smoothing(data, initialization=None, alpha=0.4):
    """
    data: 历史需求序列，索引为时间，值为历史需求值
    initialization: 初始化值，默认为原始数据的首个观察值，也可设定为一段时间均值
    alpha:模型参数，默认设置为0.4
    """
    if initialization is None:
        fitting = [data.values[0]]
    else:
        fitting = [initialization]

    for i in range(len(data)):
```

```
            fitting.append(alpha * data.values[i] + (1 - alpha) * fitting[-1])
    return pd.Series(fitting[:-1], index=data.index)
```

这里调用上述预测函数并改变 α 的取值来观察这一参数对预测结果的影响。如图 3-3 所示，可以看到，预测序列较为平滑，能够反映真实需求序列的整体变动趋势；当 α 较大时，预测序列随着真实需求序列剧烈波动，接近于真实需求序列滞后一期的序列；同时，不管 α 取值如何，简单指数平滑的方法只能跟踪并反映先前的趋势变动情况，很难提前预测出趋势变化的时点。

```
for alpha in [0.1, 0.5, 0.9]:
    unit_fit = simple_exp_smoothing(unit_data, alpha=alpha)
    plot_fitness(unit_data, unit_fit, title=f'alpha = {alpha}')
```

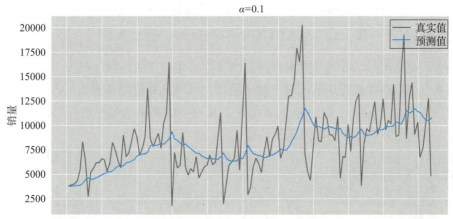

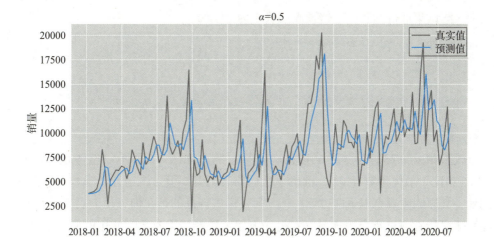

图 3-3　不同参数的简单指数平滑法的预测结果

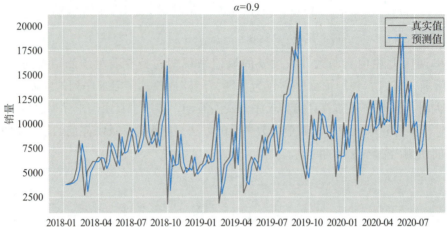

图 3-3　不同参数的简单指数平滑法的预测结果（续）

通过上述对比可以看到，过大和过小的 α 都不是最优的选择，模型参数的取值最好能够平衡宏观趋势和微观细节。对于这一问题，可以选择使得预测值与真实值之间误差最小的参数来构建模型。调用 Python 统计工具箱中的简单指数平滑库可以实现这一功能。这里采用均方误差作为衡量误差的指标。

```
from statsmodels.tsa.api import SimpleExpSmoothing
def alpha_fitting(data):
    model = SimpleExpSmoothing(data).fit()
    return model.model.params["smoothing_level"]
```

利用 alpha_fitting() 函数，可以在训练集上进行参数拟合，并评估其在测试集上的预测结果。如图 3-4 所示，最小化训练集上均方误差的最优参数约为 0.9。将最优参数下的模型带入测试集进行预测，整体预测准确率为 71.1%。

```
best_alpha = alpha_fitting(unit_train_data)
pred = simple_exp_smoothing(unit_test_data, unit_train_data[-1],best_alpha)
print(f'最优模型参数为$\\alpha$ = {alpha}')
plot_fitness(unit_test_data, pred,
             title='预测准确率为' + str(pred_evaluate(unit_test_data, pred)))
```

最优模型参数为α = 0.9

修改参数 α=0.23，并对测试集再次进行预测。如图 3-5 所示，整体预测准确率为 71.2%，相比于最优参数 α=0.9，准确率反而略有上升。但是，这并非参数选择方法出现了问题，其原因主要有以下两方面：一方面，模型选择的是在训练集上表现最好的参数，该参数未必能在测试集上表现最好；另一方面，选择最优参数时使用的衡量指标是均方误差，而在评估预测效果时所用的衡量指标是准确率。

通过这一实例，读者应能够认识到定量预测方法的局限性：从过往数据中学习到的规律未必适用于未来，这可能是因为对规律的提取不充分、不完全，也可能是由于商业环境或产品运营模式发生了改变。使用时可以通过不断修改、完善模型来尽量打破前一

图 3-4　经过参数选择的简单指数平滑法的预测结果

种局限性；而对于后一种来源的局限性，可以用定性预测方法进行辅助完善。当然，必须承认，所有的预测方法都存在预测准确率上限，因此还需要选择其他方式来覆盖需求不确定性。

```
pred = simple_exp_smoothing(unit_test_data, unit_train_data[-1], 0.23)
plot_fitness(unit_test_data, pred,
             title='预测准确率为' + str(pred_evaluate(unit_test_data, pred)))
```

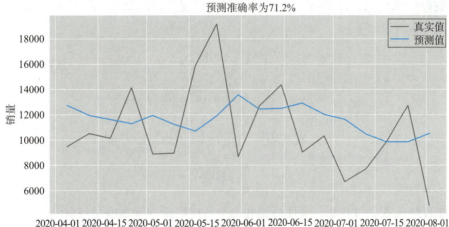

图 3-5　模型参数为 $\alpha=0.23$ 的简单指数平滑法的预测结果

3.1.3　Holt-Winters 方法

从上一小节的预测结果可以看到，简单指数平滑法存在以下两个较为明显的不足：首先，这一方法只能滞后地跟踪数据变动，预测性不足；其次，模型参数过少，导致灵活性较差。当参数 α 较小时，模型需要较长时间才能跟上趋势变动；而当参数 α 较大时，模型的主要信息来自短期波动，无法很好地剔除随机性以及刻画宏观趋势。

为了解决简单指数平滑法的不足，Holt 和 Winters 分别对模型做出了改进，形成了使用甚广的 Holt-Winters 方法。这一方法的主要思路是将数据分解为趋势项、季节项和水平项（可以对应于微观因素），对每一个构成项都采用简单指数平滑法进行预测，再逆向组合得到最终预测值。根据分解方式的不同，这一方法有加法形式和乘法形式，选择哪一种形式主要取决于季节性因素的影响方式。在实际中，人们可以同时尝试两种模型，并选择评估结果更好的模型用于预测。

Holt-Winters 加性模型可以表示如下：

$$f_{t+1} = \underbrace{a_t}_{\text{水平项}} + \underbrace{b_t}_{\text{趋势项}} + \underbrace{s_t}_{\text{季节项}}$$

对于各个分解因素，分别以 α、β、γ 作为指数平滑参数进行如下更新：

$$a_t = \alpha(d_t - s_{t-p}) + (1-\alpha)(a_{t-1} + b_{t-1})$$

$$b_t = \beta(a_t - a_{t-1}) + (1-\beta)b_{t-1}$$

$$s_t = \gamma(d_t - a_t) + (1-\gamma)s_{t-p}$$

式中，p 表示一个季节周期的长度。

正如 3.1.2 小节中简单指数平滑法展示的那样，各个分解因素分别以 α、β、γ 的比例学习新数据中的信息，以 1-α、1-β、1-γ 的比例保存过往信息。类似地，Holt-Winters 乘性模型可以表示如下：

$$f_{t+1} = (a_t + b_t)s_{t+1-p}$$

$$a_t = \alpha \frac{d_t}{s_{t-p}} + (1-\alpha)(a_{t-1} + b_{t-1})$$

$$b_t = \beta(a_t - a_{t-1}) + (1-\beta)b_{t-1}$$

$$s_t = \gamma \frac{d_t}{a_t} + (1-\gamma)s_{t-p}$$

可能有些读者会对此处的乘性模型和上一章中定义的乘性模型与混合性模型感到困惑。这里，乘性模型和加性模型相对应，主要强调季节项和其他趋势项组合方式的差异。读者可以将这一模型名称视为固定术语，从趋势分解角度来看，这一模型属于混合模型。

在实践中，通过 Python 对简单指数平滑法进行额外的参数设置，便可以实现 Holt-Winters 模型的构造和使用。

```
from statsmodels.tsa.holtwinters import ExponentialSmoothing
def holt_winters(data, pred_length, trend='additive', damped_trend=True,
                 seasonal='additive', seasonal_periods=52):
    model = ExponentialSmoothing(data, trend=trend, seasonal=seasonal,
                                 damped_trend=damped_trend,
                                 seasonal_periods=seasonal_periods).fit()
    pred = model.forecast(steps=pred_length)
    return pred
```

改变参数设置，分别考察加性模型和乘性模型的结果，其预测结果如图 3-6 和图 3-7 所示。

```
# 加性模型
pred = holt_winters(data=unit_train_data, pred_length=len(unit_test_data),
                    trend='additive', seasonal='additive')
plot_fitness(unit_test_data, pred,
             title='预测准确率为'+str(pred_evaluate(unit_test_data, pred)))
```

图 3-6　加性 Holt-Winters 方法的预测结果

```
# 乘性模型
pred = holt_winters(data=unit_train_data, pred_length=len(unit_test_data),
                    trend='additive', seasonal='multiplicative')
plot_fitness(unit_test_data, pred,
             title='预测准确率为'+str(pred_evaluate(unit_test_data, pred)))
```

可以看到，在这组数据上，更复杂的 Holt-Winters 方法并没有提供比简单指数平滑法更好的预测。这主要是因为，该方法是为趋势性和季节性较强的数据集设计的，而本组数据覆盖的时间较短，没有明显的宏观趋势，也无法呈现出季节趋势，整体而言波动较为剧烈，微观趋势更为明显。通过这个例子，我们希望向读者强调，并非越复杂的模型就一定有更好的效果，不同的模型有不同的假设和适用场景，只有根据数据选择了合适的方法，才能更好地利用数据和模型，从而得到合理的预测。

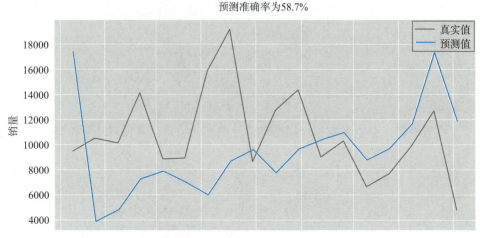

图 3-7　乘性 Holt-Winters 方法的预测结果

3.2　ARIMA 模型

ARMA 模型是一个组合模型，由自回归（Auto Regression）和移动平均（Moving Average）模型结合而成。这一模型假设时间序列数据由以下过程生成：

$$d_t = \phi_0 + \underbrace{\sum_{i=1}^{p}\phi_i d_{t-i}}_{AR(p)} + \underbrace{\sum_{i=1}^{q}\theta_i \epsilon_{t-i}}_{MA(q)} + \epsilon_t$$

$\{d_{t-i}\}_{i=0}^{p}$ 为数据的真实值；$\{\epsilon_{t-i}\}_{i=1}^{q}$ 是往期预测误差；$\{\epsilon_t\}$ 是服从标准正态分布的随机扰动项。因此，预测值和每期的预测误差分别为

$$f_t = \phi_0 + \underbrace{\sum_{i=1}^{p}\phi_i d_{t-i}}_{AR(p)} + \underbrace{\sum_{i=1}^{q}\theta_i \epsilon_{t-i}}_{MA(q)}$$

$$\epsilon_t = d_t - f_t$$

在给定一组参数时，首先根据历史数据和历史预测误差计算预测值，之后根据当期需求的实现值计算误差，并加入下一期的预测模型中。不难想象，当 ARMA 模型需要进行多步预测时，会由于缺少预测期的真实数据（从而无法计算预测中的误差项）而面临一定的问题。因此，不同于指数平滑方法（包括简单指数平滑方法和 Holt-Winters 方法）中的静态预测，使用 ARMA 模型进行预测时需要对模型不断做出动态更新、进行动态预测。

可以看到，ARMA 模型和简单指数平滑法的结构类似，都是近期信息和过往预测误差的线性组合，但相比于简单指数平滑法仅"记忆"上一期的信息，ARMA 模型在一次预测中保留了更多早期信息，从而具有更大的灵活性，能够更好地刻画数据变动。也正因为如此，使用 ARMA 模型进行预测会更加复杂、涉及更多深入的数学知识，对此本书不过多展开。这些功能已经很好地被封装在 Python 相关的库中，读者可以更多地关注工具使用和结果解读的方法。

3.2.1 模型假设和数据检验

一个有意义的 ARMA 模型会要求用于建模的数据是（弱）平稳的，直观来看表现为序列围绕某一确定水平上下波动，不呈现明显的上升或下降趋势。某一随机过程是（弱）平稳序列的标准定义为：随机过程的均值和方差是与时间无关的有限常数，且两个时间点的协方差只与时间间隔有关。

当原始序列非平稳时，可以通过差分进行处理，直观来看，对于一个带有升降趋势或季节周期的时间序列，两期之间的变动可能是平稳的，即变动序列的均值和方差不随时间改变，从而可以首先对需求变动进行预测，再反推得到需求预测。包含差分过程的 ARMA 模型被称为 ARIMA 模型。由于 ARMA 模型对应于 0 阶差分的 ARIMA 模型，因此下面统一使用 ARIMA 模型代指。虽然可以通过多次差分处理高阶不平稳的序列，但考虑到模型的实际意义，差分的次数一般不会超过两次，即差分阶数一般小于 2。

常见的非平稳时间序列有：

- 随机游走。

$$y_t = y_{t-1} + \epsilon_t$$

- 带常数项的随机游走。

$$y_t = \mu + y_{t-1} + \epsilon_t$$

- 固定趋势项的过程。

$$y_t = a + bt + x_{t-1} + \epsilon_t, \ x_t \text{是一个平稳序列}$$

式中，ϵ_t 服从均值为 0 的正态分布，即 $\epsilon_t \sim N(0, \sigma^2)$。使用 ARIMA 模型时，首先需要检验数据的平稳性，一般可以通过如下代码进行 ADF 单位根检验。其原假设为序列存在单位根，即模型为非平稳的，因此当 p 值小于给定阈值（一般选择 0.05）时，可以认为对应的时间序列是平稳的。

```
from statsmodels.tsa.stattools import adfuller
def adf_test(data):
    stationary_state = '平稳'
    '''
```

```
    "c":假设序列是带常数项的随机游走过程
    "ct":假设序列带线性固定趋势项
    "nc":假设序列是随机游走过程
    '''
    for form in ['c','ct','nc']:
        result = adfuller(data, regression=form)
        if result[1] >0.05:
            stationary_state = f'不平稳_{form}'
            break
    return stationary_state
result = adf_test(unit_train_data)
print(result)
```

```
不平稳_nc
```

检验结果表明，本组数据非平稳。

```
result = adf_test(unit_train_data.diff()[1:])
print(result)
```

```
平稳
```

对本组数据进行一次差分后，得到的序列满足平稳性要求。因此，在使用 ARIMA 模型对本组数据进行预测时，需要首先针对其一阶差分后的序列进行预测，然后将其加回，得到最终的预测结果。

同时，ARIMA 模型的形式表明，这一方法假设序列的未来值和历史值存在相关性。因此，使用时需要检验数据的序列相关性，以避免对于纯随机序列进行无意义的建模。下面通过以下代码对序列进行 Ljung-Box 检验，其原假设是序列前后不存在相关性，即序列为纯随机序列，因此当 p 值小于给定阈值（如 0.05）时，可以认为对应的时间序列是非纯随机的，对序列进行建模是有意义的。

```
from statsmodels.stats.diagnostic import acorr_ljungbox
def noise_test(data, max_lag):
    result = acorr_ljungbox(data, lags=max_lag, return_df=True)
    random_state = '非随机'
    for p in result['lb_pvalue']:
        if p >0.05:
            random_state = '随机'
            break
    return random_state
result = noise_test(unit_train_data, max_lag=2)
print(result)
```

```
非随机
```

综上，在面对一个时间序列时，可以按照图 3-8 所示的流程判断 ARIMA 模型的适用性。

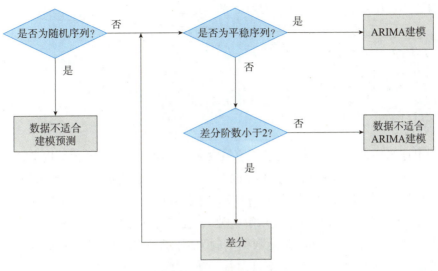

图 3-8　ARIMA 建模流程

3.2.2　参数选择

当一组数据通过 3.2.1 小节介绍的检验后，需要面对的便是模型选择的问题。具体来说，需要分别确定自回归项和移动平均项的滞后阶数（差分阶数在平稳性检验中已经完成）。AIC 信息准则是一种评估预测模型的度量指标，一个给定阶数的 ARIMA 模型的 AIC 的计算公式如下：

$$\text{AIC}(p,q) = -2\log(L) + 2(p+q+1)$$

式中，p 为自回归项的滞后阶数；q 为移动平均项的滞后阶数；L 是模型最大似然函数估计的似然函数值。AIC 信息准则权衡了估计的准确性（即最大化似然函数）和模型的复杂程度（即最小化滞后阶数），是最为常用的 ARIMA 模型选择指标。实践中，可以安装 Pmdarima 库实现 ARIMA 模型的自动定阶并完成预测，该库同时支持对差分阶数的自动拟合。

```
import pmdarimaas pm
def nonseasonal_arima_training(train, test, p, q, d=None):
    """
    train: 训练数据
    test: 测试数据
    p: 自回归项最大阶数
    q: 移动平均项最大阶数
    """
    # 自动选择指定阶数内最优模型
    model = pm.auto_arima(train,
                          start_p=0,    # p最小值
                          start_q=0,    # q最小值
                          d=d,
                          test='adf',   # 如果未输入差分值，ADF检验确认差分阶数d
```

```
                                    max_p=p,    # p最大值
                                    max_q=q,    # q最大值
                                    stepwise=True# stepwise为False,则不进行完全组合遍历
                                    )
    pred = []
    for new_ob in test.values.tolist():
        pred.append(model.predict(n_periods=1)[0])
        model.update(new_ob)
    return pred, model
```

应用上述选择方法时,需要提前给定最大滞后阶数,在给定的范围内选择 AIC 最小的模型。一般而言,模型滞后阶数不应过大,这一方面是由 ARIMA 模型的性质决定的(例如,高阶 AR 模型可以由低阶 MA 模型等价表示),另一方面也考虑到算力限制(过高阶数有时会造成运行时间过长或求解失败)。在实际运用中,可以根据实际情况限制最大滞后阶数(例如,日/周/月度数据限制为周/月/季度长度等)。由于本组数据是周度数据,因此选择 4 阶(对应一个月左右)为最大滞后阶数。

```
# 非季节性ARIMA
pred, model = nonseasonal_arima_training(unit_train_data, unit_test_data,
                                    p=4, q=4, d=1)
pred = pd.Series(pred, index=unit_test_data.index)
print(model.summary())
plot_fitness(unit_test_data, pred,
         title='ARIMA, Accuracy = '
             + str(pred_evaluate(unit_test_data, pred)))
```

```
                                   SARIMAX Results
==============================================================================
Dep. Variable:                          y   No. Observations:                135
Model:                   SARIMAX(1, 1, 1)   Log Likelihood              -1265.024
Date:                    Mon, 11 Jul 2022   AIC                          2536.048
Time:                            18:11:50   BIC                          2544.742
Sample:                                 0   HQIC                         2539.581
                                    - 135
Covariance Type:                      opg
==============================================================================
                 coef    std err          z      P>|z|      [0.025      0.975]
------------------------------------------------------------------------------
ar.L1          0.2953      0.080      3.695      0.000       0.139       0.452
ma.L1         -0.8989      0.037    -24.427      0.000      -0.971      -0.827
sigma2       8.567e+06   1.55e-09   5.52e+15     0.000    8.57e+06    8.57e+06
==============================================================================
Ljung-Box (L1) (Q):                   0.01   Jarque-Bera (JB):                14.07
Prob(Q):                              0.91   Prob(JB):                         0.00
Heteroskedasticity (H):               1.32   Skew:                            -0.41
Prob(H) (two-sided):                  0.35   Kurtosis:                         4.36
==============================================================================

Warnings:
[1] Covariance matrix calculated using the outer product of gradients (complex-step).
[2] Covariance matrix is singular or near-singular, with condition number 1.29e+32.
Standard errors may be unstable.
```

如图 3-9 所示，得到的 ARIMA 模型在测试集上的准确率约为 72.5%，相较 Holt-Winters 方法有所提升，这主要是因为 ARIMA 模型更适合捕捉数据的微观特征。打印出模型的主要结果，可以看到，在训练集上表现最好的是 ARIMA(1,1,1) 模型，即使用滞后一阶的真实数据和预测误差，对原始数据进行一阶差分后的平稳序列进行预测。

```
plot_fitness(unit_test_data, pred,
             title='预测准确率为'+str(pred_evaluate(unit_test_data, pred)))
```

图 3-9　ARIMA 模型的预测结果

3.2.3　考虑季节性因素的 sARIMA 模型

ARIMA 模型的一个不足是无法考虑季节性。针对这一不足，研究者们提出了可以考虑季节波动的 sARIMA 模型。Pmdarima 库可以通过修改参数设置实现 sARIMA 模型。简单修改上一小节的代码即可完成这两种模型的构造和使用。

```
def seasonal_arima_training(train, test, p, q, d=None):
    """
    train: 训练数据
    test: 测试数据
    p: 自回归项最大阶数
    q: 移动平均项最大阶数
    """
    # 自动选择指定阶数内的最优模型
    model = pm.auto_arima(train,
                          start_p=0,    # p最小值
                          start_q=0,    # q最小值
                          d=d,
                          test='adf',
                          max_p=p,      # p最大值
                          max_q=q,      # q最大值
                          m=52,
                          seasonal=True, start_P=0, D=0, trace=True,
```

```
                                error_action='ignore', suppress_warnings=True,
                                stepwise=False# stepwise为False，则不进行完全组合遍历
                                )
    pred = []
    for new_ob in test.values.tolist():
        pred.append(model.predict(n_periods=1)[0])
        model.update(new_ob)
    return pred, model
# 季节性ARIMA
pred, model = seasonal_arima_training(unit_train_data, unit_test_data,
                                      p=4, q=4, d=1)
pred = pd.Series(pred, index=unit_test_data.index)
print(model.summary())

Best model:  ARIMA(0,1,2)(0,0,0)[52] intercept
Total fit time: 1367.054 seconds
                              SARIMAX Results
==============================================================================
Dep. Variable:                      y   No. Observations:                  135
Model:                 SARIMAX(0, 1, 2)   Log Likelihood               -1264.414
Date:                Sat, 20 Aug 2022   AIC                           2536.828
Time:                        18:32:38   BIC                           2548.419
Sample:                             0   HQIC                          2541.538
                                - 135
Covariance Type:                  opg
==============================================================================
                 coef    std err          z      P>|z|      [0.025      0.975]
------------------------------------------------------------------------------
intercept     51.9390     43.887      1.183      0.237     -34.077     137.955
ma.L1         -0.6067      0.081     -7.488      0.000      -0.765      -0.448
ma.L2         -0.2677      0.084     -3.173      0.002      -0.433      -0.102
sigma2       9.363e+06   1.89e-05   4.94e+11      0.000    9.36e+06    9.36e+06
===================================================================================
Ljung-Box (L1) (Q):                   0.00   Jarque-Bera (JB):                10.28
Prob(Q):                              0.98   Prob(JB):                         0.01
Heteroskedasticity (H):               1.33   Skew:                            -0.31
Prob(H) (two-sided):                  0.34   Kurtosis:                         4.21
===================================================================================

Warnings:
[1] Covariance matrix calculated using the outer product of gradients (complex-step).
[2] Covariance matrix is singular or near-singular, with condition number 8.94e+28.
Standard errors may be unstable.
```

从图 3-10 中可以看到，sARIMA 模型给出的是一个不带季节差分项的模型，这表明原始数据中并不存在显著的季节性，因此 sARIMA 模型和 ARIMA 模型给出了相同的模型和预测结果。而从时间和计算成本上看，训练 sARIMA 模型所需要的时间远远长于 ARIMA 模型。这再一次提醒我们，不管是从预测准确性角度考虑，还是从开销角度考虑，预测模型并非越复杂越好，只有适合场景和数据的模型才是最优的。

```
plot_fitness(unit_test_data, pred,
             title='预测准确率为'+str(pred_evaluate(unit_test_data, pred)))
```

图 3-10　sARIMA 模型的预测结果

3.3　Prophet 模型

Prophet 是由 Facebook 开发的一款时间序列预测开源库。Prophet 所用的预测模型基于的是趋势分解中的加性模型，其创新点之一在于引入了节日因素对加性模型进行扩充。对于各个分解因素，Prophet 使用了和前叙方法相异的模型。对于趋势部分，Prophet 主要基于趋势变化点进行分段拟合，默认参数可自动识别 25 个变化点并利用线性函数进行拟合。使用者可以指定变化点，也可以指定用 logistic() 函数进行分段拟合。对于季节性和节日部分，Prophet 使用傅里叶展开来进行拟合，并预设了部分国家的特殊节假日，使用者可以调整季节部分的长度，并额外设定问题中的重要节假日。Prophet 的算法模型可以表示为

$$y(t) = \underbrace{g(t)}_{\text{趋势项}} + \underbrace{s(t)}_{\text{季节项}} + \underbrace{h(t)}_{\text{节假日项}} + \epsilon(t)$$

下面对模型中的各个构成项进行简单的介绍。想要进行更深入的了解，读者可以进一步阅读官方文档[9]。

1. 增长项

线性模型和 Logistic 模型是刻画增长趋势时两种常用的模型，其中，线性模型多用来刻画绝对值的增长，而 Logistic 模型则可以用来刻画存在饱和的增长，如市场占有率的增长。这两个模型的基本形式为

$$\text{线性模型：} g(t) = kt + m$$

$$\text{Logistic 模型：} g(t) = \frac{C}{1 + \exp(kt + m)}$$

上述两个模型的增长趋势主要由增长率参数 k 决定。在实际场景中，增长趋势往往

是随时间变化的，因此，一个更理想的模型是由多个具有不同增长率的模型拼接在一起的，这些连接不同模型的点对应了实际场景的"变点"，如新产品转入成熟期、竞品发布导致的市场环境变化等。基于这一想法，Prophet 将模型中的增长项设置为带变点的形式，假设数据中存在变点 $s_1, s_2, \cdots, s_n$，在每个变点 s_j 处，数据对应的增长率发生幅度为 δ_j 的变动，于是将基本模型修正为以下形式：

线性模型：$g(t) = \left(k + \boldsymbol{a}(t)^\mathrm{T} \boldsymbol{\delta}\right) t + \left(m + \boldsymbol{a}(t)^\mathrm{T} \boldsymbol{\gamma}\right)$

Logistic模型：$g(t) = \dfrac{C(t)}{1 + \exp\left[-\left(k + \boldsymbol{a}(t)^\mathrm{T} \boldsymbol{\delta}\right)\left(t - m - \boldsymbol{a}(t)^\mathrm{T} \boldsymbol{\gamma}\right)\right]}$

$$a_j(t) = \begin{cases} 1, & t \geq s_j \\ 0, & \text{其他} \end{cases}$$

式中，γ 是对常数项 m 的调整项，以确保函数在变点处是连续的，不会出现跳跃间断点。在使用时，使用者需要指明所使用的增长项形式，同时可以声明已知的变点，如新产品发布等事件节点，从而将定性和定量预测有机结合；当不确定变点出现时机时，可以选择省略这一参数，由 Prophet 进行自动拟合。

2. 季节项

经典的趋势分解方法在刻画季节性时往往通过同期对比的方式，例如将连续几年的同一月份进行比较、将连续多个星期的同一天进行比较等，看看是否呈现出相同的趋势。在第 2 章中绘制图像展示商品季节性时采用的也是这一逻辑。然而，这样的趋势分析方法对数据量的要求较高，尤其是在以月份和季度为时间单位进行分析时。Prophet 则采用了傅里叶展开来近似周期效应，即令季节项有如下标识：

$$s(t) = \sum_{n=1}^{N}\left(a_n \cos\left(\dfrac{2\pi n t}{P}\right) + b_n \sin\left(\dfrac{2\pi n t}{P}\right)\right)$$

式中，P 为周期天数。例如，想要考察以周为时间单位的周期规律时应选择 $P=7$，而当要考察以年为时间单位的周期规律时应选择 $P=365.25$。

这种建模方式大大降低了季节性刻画对于数据量的要求，仅有 $2N$ 个未知参数需要进行拟合。实证结果表明，对于周度规律性和年度规律性，选择 $N=3$ 和 $N=10$ 已经足够在大部分情况下获得较好的结果。

3. 节假日项

节假日和大型事件往往会对需求产生可预测、非周期的影响，而这些影响无法被增长项和季节项刻画。Prophet 通过预先设定了全球性节日日历（如圣诞节）和国家特定节日日历（如春节）的方式将这些影响纳入模型，使用者可以通过指定国别来确定节假日影响的范围。Prophet 会为节日设定一定的节日窗口期，来反映节日带来的影响。使用者也可以在此基础上，自己指定额外的事件发生日期，例如新品发布、重大事件发生等非日历内容。

下面的代码展示了如何使用 Prophet 库进行需求预测，预测结果如图 3-11 所示。为了进行一般性展示，这里采用 Prophet 的默认设置，使用者可以根据自己的需求调整模型参数以取得更好的结果。

```
from fbprophet import Prophet
unit_train_prophet = unit_train_data.reset_index() \
    .rename(columns={'date': 'ds', 'sale': 'y'})
unit_test_prophet = unit_test_data.reset_index() \
    .rename(columns={'date': 'ds', 'sale': 'y'})
import os
os.environ["KMP_DUPLICATE_LIB_OK"]="TRUE"
model = Prophet(daily_seasonality=True, weekly_seasonality=True)\
    .fit(unit_train_prophet)
future = model.make_future_dataframe(periods=len(unit_test_prophet),
                                     freq='W', include_history=False)
pred = model.predict(future)
pred_prophet = pd.Series(pred['yhat'].values, index=pred['ds'])
plot_fitness(unit_test_data, pred_prophet,
             title='预测准确率为'
             +str(pred_evaluate(unit_test_data, pred_prophet)))
```

```
Initial log joint probability = -3.59831
    Iter      log prob       ||dx||        ||grad||       alpha      alpha0    # evals   Notes
     99       187.13       4.84224e-07      92.7157       0.607      0.0607      126
    Iter      log prob       ||dx||        ||grad||       alpha      alpha0    # evals   Notes
    127       187.131      9.30192e-09      103.246       0.4109     0.4109      162
Optimization terminated normally:
  Convergence detected: absolute parameter change was below tolerance
```

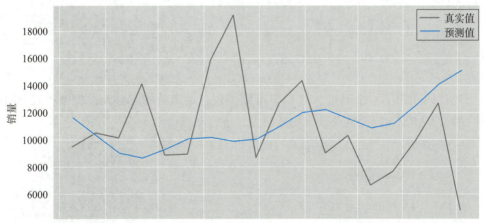

图 3-11 Prophet 模型的预测结果

3.4 考虑相互作用的 VARMA 模型

VARMA 模型（Vector Auto Regression Moving Average model）是 ARMA 模型在多元情况下的一个拓展。其基本形式与 ARMA 模型类似：

$$D_t = \Phi_0 + \underbrace{\sum_{i=1}^{p} \Phi_i d_{t-i}}_{VAR(p)} + \underbrace{\sum_{i=1}^{q} \Theta_i \epsilon_{t-i}}_{VMA(q)} + \epsilon_t, \epsilon_t \sim \mathcal{N}(0, \Sigma)$$

$\{D_t\}$ 和 $\{\epsilon_t\}$ 均为 n 维向量序列；$\{\Phi_i\}$ 和 $\{\Theta_i\}$、Σ 均为 n 阶方阵。类似一元 ARMA 模型，它要求多元数据是非随机、弱平稳的。

虽然有着类似的表达形式，但当模型从一元拓展到多元时，会带来很多较难处理的问题。首先是模型中待估计的参数随滞后阶数指数级增长，对参数估计手段和数据量都提出了较高的要求；其次是模型的识别问题，在多元的情况下，模型未必可以唯一确定，尤其是在引入多元移动回归项后，模型的参数估计会变得更为棘手。这里不再继续深入介绍 VARMA 模型的参数估计方法和一些模型设定上的修正技巧，感兴趣的读者可以参考时间序列分析的经典教程，如陈毅恒的《时间序列与金融数据分析》[4] 一书。

和一元模型不同，VARMA 模型需要输入一个包含了相同层级全部信息的矩阵形式的历史数据。针对本组数据，这里将准备及模型结果评估过程展示如下：

```
weekly_sales_df['dc_id'] = weekly_sales_df['unit_id'].str[:5]
weekly_sales_df['sku_id'] = weekly_sales_df['unit_id'].str[6:]
sku_data = weekly_sales_df[weekly_sales_df['sku_id'] == 'SKU044']
unit_list = sku_data['unit_id'].unique().tolist()
sku_data = sku_data.pivot(index='date', columns='unit_id',
                          values='sale').astype(float)
sku_train_data = sku_data[sku_data.index < test_start_date]
sku_test_data = sku_data[sku_data.index >= test_start_date]
```

下列代码给出了一个通过 AIC 信息准则实现自动定阶的 VARMA 模型。同 ARIMA 模型一样，VARMA 模型需要动态更新模型，进行动态预测。

```
from statsmodels.tsa.statespace.varmax import VARMAX
def varmax(train, test):
    model = VARMAX(train).fit()
    pred = pd.DataFrame()
    for i in range(len(test)):
        if len(pred) == 0:
            pred = model.forecast()
        else:
            pred = pd.concat([pred, model.forecast()])
        model = model.append(pd.DataFrame(test.iloc[i]).T)
    return pred, model
pred, model = varmax(sku_train_data, sku_test_data)
unit_accuracy_dict = {unit: pred_evaluate(sku_test_data[unit], pred[unit])
```

```
            for unit in unit_list}
print("VARMA模型的平均预测准确率为: "
      + str(np.mean(list(unit_accuracy_dict.values()))))
```

```
VARMA模型的平均预测准确率为: 0.6887222222222221
```

这里选择使用一组数据的平均预测准确率作为 VARMA 模型的评估指标。这主要是为了强调多元模型的优劣势：输入参数的增加和模型复杂性的增加给模型估计造成了一定的难度与制约，相比于之前介绍的一元模型，在单组数据上，VARMA 模型未必能够获得更好的预测结果，但其优越性恰恰体现在可以考虑多组数据之间的相互影响关系，并且平均来看，能在多组预测上均取得不错的准确率。

3.5 考虑层级结构的时间序列预测

在实际场景中，多个产品的需求序列往往呈现出一定的层级结构，即不同产品之间可以按照一定的指标进行聚合。聚合指标可能是商品属性，如牙膏、牙刷、沐浴露等，可以聚合为个人洗护类产品，进一步又可以和纸巾、洗衣液等聚合为日用消耗品；也可能是地理属性，如所有零售终端的销量可以聚合为区级、省市级和大区级。由于这样的结构存在，人们将同时面对单个产品的需求序列和聚合层级的需求序列。显然，比起单一序列或是系统的预测，人们希望得到的预测需要满足一定的实际约束，即对单个产品的预测经过聚合后应该与对应聚合层级的预测相似，而一般的分步法（即分别预测再聚合）很难保证这一点。本节介绍的预测模型 HTS 正是为了解决这一问题而提出的。

通过调用 scikit-hts 库可以完成 HTS 模型的构建和使用。在使用时，需要首先将数据处理成特定的结构格式。在进行模型拟合时，可以指定不同的单层模型，scikit-hts 库同时支持 Holt-Winters 指数平滑模型、ARIMA 模型和 Prophet 模型；也可以选择不同的聚合模型训练方法。scikit-hts 库既提供了较为简单的两步法（对应 revision_choice='BU', 'AHP', 'PHA', 'FP'），也提供了综合考虑层级结构和预测总量的结合方法（对应 revision_choice='OLS', 'WLSS', 'WLSV'），感兴趣的读者可以进一步阅读官方文档[10]以获得更进一步的了解。

```
from hts import HTSRegressor
def hts(data, pred_period, model_choice='auto_arima', revision_choice='OLS'):
    """
    data: 索引是时间序列, 列名为DC, 值为周总销量
    model_choice : 'auto_arima'、'holt_winters'、'sarimax'、'prophet'
    revision_choice :
    'OLS','WLSS','WLSV'
    'OLS' - 使用普通最小二乘法的最佳组合(默认)
    'WLSS' - 使用结构加权最小二乘法的最佳组合
    'WLSV' - 使用方差加权最小二乘法的最佳组合
    """
    node = dict()
    node['total'] = data.columns.to_list()
```

```python
        bottom = data
        total = data.sum(axis=1).to_frame().rename(columns={0: 'total'})
        hierarchy_df = bottom.join(total).fillna(0)
        model = HTSRegressor(model=model_choice, revision_method=revision_choice,
                             n_jobs=50).fit(hierarchy_df, node)
        pred = model.predict(steps_ahead=len(pred_period))[-len(pred_period):]
        pred.index = pred_period
        return pred

pred = hts(sku_train_data, sku_test_data.index.to_list(),
           model_choice='sarimax', revision_choice='OLS')
unit_accuracy_dict = {unit: pred_evaluate(sku_test_data[unit],
                                          pred[unit]) for unit in
                      unit_list}
print(unit_accuracy_dict)
print("平均准确率为: " + str(np.mean(list(unit_accuracy_dict.values()))))
```

```
{'DC001_SKU044': 0.606, 'DC002_SKU044': 0.494, 'DC003_SKU044': 0.649, 'DC004_
SKU044': 0.488, 'DC005_SKU044': 0.377, 'DC006_SKU044': 0.644, 'DC007_SKU044':
0.613, 'DC008_SKU044': 0.497, 'DC009_SKU044': 0.526, 'DC010_SKU044': 0.544,
'DC011_SKU044': 0.5, 'DC012_SKU044': 0.733, 'DC013_SKU044': 0.56, 'DC014_
SKU044': 0.567, 'DC015_SKU044': 0.377, 'DC016_SKU044': 0.576, 'DC017_SKU044':
0.538, 'DC018_SKU044': 0.594}
平均准确率为: 0.5490555555555555
```

可以看到，针对本章数据，这种模型的表现并没有先前介绍的一元和多元方法表现好。事实上，由于将一个层级下的产品综合考虑，因此该方法会牺牲一些对个体特征的刻画。因此，如果一组多元数据中各个产品的需求主要由共性驱动，那么该方法则能够获得较好的效果。如果更进一步地分析此处使用的多元数据（即"SKU_044"在各个DC的周度销量数据），便会发现，各个DC之间的销量相关性整体来说是较弱的，同一层级下的共性趋势并不明显。通过这个例子，我们再一次看到模型和数据特性相适宜的重要性。

第4章　机器学习方法

机器学习是近年来最流行的概念之一，其本质是通过一个学习模型完成从特征空间到目标空间的映射。4.1 节介绍特征工程，4.2 节介绍正则化和学习目标，4.3 节介绍超参数选择，4.4 节和 4.5 节分别介绍单一模型和集成学习。

本章的介绍框架区别于大多数机器学习相关书籍。一般书籍往往按照分类任务和回归任务区分并介绍相关算法，而本章按照单一模型中的线性与非线性算法和集成模型的不同集成思想进行介绍。这主要是因为需求预测是一个回归任务，人们更加关心同一问题不同学习模型的结构和结果差异。这里将采用"DC001_SKU044"的周度销售数据作为示例运行代码，展示模型效果。

本章介绍重点的内容也和大多数机器学习相关书籍有所差异。一般书籍的目标受众为相关专业的专业学习者，注重模型实现所依赖的底层算法；而本书面向库存管理方向的学生和从业者，需求预测只是库存管理中的一个环节，我们更希望通过介绍模型的核心思想、模型结构和工程实现，使得非专业人群也能够使用机器学习这一强大的工具。若读者对本章所涉及的内容细节感兴趣，推荐周志华的《机器学习》[5]、《机器学习实战：基于 Scikit-Learn、Keras 和 TensorFlow》[11] 等书以供深入学习。

导入本章使用的库和数据，并提取想要考察的子数据。

```
from chapter2_forecast_basic import*
import pandas as pd
import numpy as np
import warnings
warnings.filterwarnings("ignore")

data_dir = '../../data/forecast_data/'
weekly_sales_df = pd.read_csv(data_dir + 'weekly_sales_data.csv')
weekly_sales_df['date'] = pd.to_datetime(weekly_sales_df['date'])
weekly_sales_df['dc_id'] = weekly_sales_df['unit_id'].str[:5]
weekly_sales_df['sku_id'] = weekly_sales_df['unit_id'].str[6:]
sku_id = 'SKU044'
sku_df = weekly_sales_df[weekly_sales_df['sku_id'] == sku_id]\
    .reset_index(drop=True)
print(sku_df.head())
```

```
         unit_id       date  sale   dc_id  sku_id
0  DC001_SKU044  2018-01-07  3782   DC001  SKU044
```

1	DC001_SKU044	2018-01-14	3917	DC001	SKU044
2	DC001_SKU044	2018-01-21	4008	DC001	SKU044
3	DC001_SKU044	2018-01-28	4289	DC001	SKU044
4	DC001_SKU044	2018-02-04	5347	DC001	SKU044

4.1 特征工程

虽然在有些机器学习的相关书籍中，大部分的篇幅都集中在学习模型上，但在实践中，构造的特征质量决定了学习效果的上限。不难想象，如果预测目标由 10 个完全独立的影响因素决定，而仅构造了包含其中 5 个因素的特征空间，那么无论使用多么高效的学习模型，都无法获得剩余因素提供的信息。特征对机器学习非常重要，因此需要尽可能地收集相关数据并充分地利用现有数据构造学习特征。在本章的语境下无法模拟真实场景中的数据收集工作，因此，本节主要介绍如何在已有数据的基础上进行特征挖掘。

4.1.1 时间特征

机器学习是一种基于特征学习的技术，它无法像时间序列一样直接对长期的趋势性、季节性进行建模，因此需要在数据集上人为地构造和加入时间特征。这里在先前生成的特征集合中加入两列与时间相关的特征：一列标识数据所属月份，用于保留季节性特征；另一列标识数据所属年份，用于保留长期趋势性。至于其他的长期信息应该如何有效提取并进行利用，则是一个没有标准答案的问题。在实际使用中，读者可以根据商品的真实需求信息、行业知识等构造更具商品特性的特征来继续完善特征空间。

在实践中，有时会遇到与类别相关的非数值型的数据，如商品的颜色等。在本节构造的特征中，则是月份这一特征。这里向读者强调：数值型和非数值型的数据并不由数据的表现形式决定，而应该由数据之间是否具有顺序关系决定。月份标识即是这样一种数据，2 月的数据和 1 月的数据之间并没有严格的顺序关系，人们更希望通过这一变量提取同一月份数据之间的相同特征，即季节性。

对于非数值型的数据，常用的处理方法是生成哑变量或独热编码。这里用月份特征生成哑变量，并将其与原始特征数据拼接。这里仅保留了前 11 个哑变量（即标记数据属于 1~11 月中的哪个月），这是因为 12 个哑变量是多重共线的，即由前 11 个特征的结果即可以推出最后一个特征的取值。

```
# 时间特征：年份哑变量
def add_year_dummy_feature(df):
    df_ = df.copy()
    df_['year'] = df_['date'].dt.year
    drop_year = 'FEA_year_'+str(df_['year'].unique().tolist()[-1])
    df_ = df_.join(pd.get_dummies(df_['year'], prefix='FEA_year')\
        .drop(drop_year, axis=1)).drop('year', axis=1)
```

```
        return df_

# 时间特征：月份哑变量
def add_month_dummy_feature(df):
    df_ = df.copy()
    df_['month'] = df_['date'].dt.month
    drop_month = 'FEA_month_'+str(df_['month'].unique().tolist()[-1])
    df_ = df_.join(pd.get_dummies(df_['month'], prefix='FEA_month')\
            .drop(drop_month, axis=1)).drop('month', axis=1)
    return df_

sku_feature_df = sku_df.copy()
sku_feature_df = add_year_dummy_feature(sku_feature_df)
sku_feature_df = add_month_dummy_feature(sku_feature_df)
print(sku_feature_df.head())
```

```
      unit_id       date  sale  dc_id   sku_id  FEA_year_2018  FEA_year_2019  \
0  DC001_SKU044 2018-01-07  3782  DC001  SKU044              1              0
1  DC001_SKU044 2018-01-14  3917  DC001  SKU044              1              0
2  DC001_SKU044 2018-01-21  4008  DC001  SKU044              1              0
3  DC001_SKU044 2018-01-28  4289  DC001  SKU044              1              0
4  DC001_SKU044 2018-02-04  5347  DC001  SKU044              1              0

   FEA_month_1  FEA_month_2  FEA_month_3  FEA_month_4  FEA_month_5  \
0            1            0            0            0            0
1            1            0            0            0            0
2            1            0            0            0            0
3            1            0            0            0            0
4            0            1            0            0            0

   FEA_month_6  FEA_month_7  FEA_month_8  FEA_month_9  FEA_month_10  \
0            0            0            0            0             0
1            0            0            0            0             0
2            0            0            0            0             0
3            0            0            0            0             0
4            0            0            0            0             0

   FEA_month_11
0             0
1             0
2             0
3             0
4             0
```

4.1.2 近期销量特征

4.1.1 小节中的代码为数据集构造了宏观趋势特征，但还没有特征来刻画数据的微观性质。本小节将介绍如何利用基本数据构造微观特征。

首先介绍 shift() 方法。该方法可以用于 DataFrame 和 Series 格式的数据，按照指定阶数将数据滞后或提前。当没有指定阶数时，该方法默认将数据以滞后一阶的方式进行移动和填充。下列代码首先将数据按照 unit 进行聚合，之后将各个 unit 的周总销量滞后一周。

现代库存管理： 模型、算法与 Python 实现

```
sku_df.groupby(['unit_id'])['sale'].shift()
```

```
0          NaN
1       3782.0
2       3917.0
3       4008.0
4       4289.0
         ...
2425    1648.0
2426     843.0
2427     942.0
2428    1460.0
2429    2133.0
Name: sale, Length: 2430, dtype: float64
```

不难想象，在进行本周预测时，上一周的销量可以作为特征来提供富有价值的信息。因此，一种构造特征的方式是将经过滞后的数据按照索引拼接到原始数据上。人们还可以通过指定 shift() 方法中的 periods 参数构造多个不同阶数的滞后序列，从而可以用之前几周的各周总销量作为本周预测的特征，进行后续的学习和建模预测。

在上述特征的基础上可以进一步处理，即使用待预测周的前 4 周销量均值作为近期销量特征并加入数据集中，下面的代码封装了这一功能。对于起始的 3 周，用全部可用历史数据的均值或是空值填入。当然，这只是一种对原始数据的提取和加工方式，虽然简单直观，但也损失了较多信息。由于本书更希望展现实践场景中共通的宏观思路，因此不在细节上做更多讨论。读者可以在原始特征的基础上运用更先进的方法和更复杂的思路，例如下一小节将要介绍的 Tsfresh 库，构造其他衍生特征，并验证这些特征的预测结果。

```
# 销量特征：近期非空销量均值
# 这里选取非空销量以帮助时间序列中最早的单元建立特征
def add_latest_sales_feature(df, window_size=4):
    df_ = df.copy()
    fea_vals = [np.nan]
    for i in range(1, len(df_)):
        unit = df_.iloc[i]['unit_id']
        date = df_.iloc[i]['date']
        unit_his = df_[(df_['unit_id'] == unit) & (df_['date'] < date)]
        unit_his = unit_his[~unit_his['sale'].isna()].copy()
        if len(unit_his) > 0:
            unit_his = unit_his.sort_values(by='date', ascending=True)
            fea_vals.append(unit_his\
                            .iloc[max((len(unit_his) - window_size),0):]\
                            ['sale'].mean())
        else:
            fea_vals.append(np.nan)
    df_['FEA_latest_'+str(window_size)] = fea_vals
    return df_
sku_feature_df = add_latest_sales_feature(sku_feature_df)
print(sku_feature_df.head())
```

```
      unit_id        date  sale   dc_id  sku_id  FEA_year_2018  FEA_year_2019
0  DC001_SKU044  2018-01-07  3782   DC001  SKU044              1              0
1  DC001_SKU044  2018-01-14  3917   DC001  SKU044              1              0
2  DC001_SKU044  2018-01-21  4008   DC001  SKU044              1              0
3  DC001_SKU044  2018-01-28  4289   DC001  SKU044              1              0
4  DC001_SKU044  2018-02-04  5347   DC001  SKU044              1              0

   FEA_month_1  FEA_month_2  FEA_month_3  FEA_month_4  FEA_month_5  \
0            1            0            0            0            0
1            1            0            0            0            0
2            1            0            0            0            0
3            1            0            0            0            0
4            0            1            0            0            0

   FEA_month_6  FEA_month_7  FEA_month_8  FEA_month_9  FEA_month_10  \
0            0            0            0            0             0
1            0            0            0            0             0
2            0            0            0            0             0
3            0            0            0            0             0
4            0            0            0            0             0

   FEA_month_11  FEA_latest_4
0             0           NaN
1             0   3782.000000
2             0   3849.500000
3             0   3902.333333
4             0   3999.000000
```

至此完成了简单的特征构造工作，后续的预测模型学习和结果评估均基于这里生成的数据 sku_feature_df 进行。接下来，给定测试起始日期和待测试 unit，从已经生成的特征数据中筛选并划分训练集和测试集。由于构造的近期销量特征在第一期时没有对应的数据，因此这里对缺失值做补 0 处理。在实际场景中，读者可以根据自己的业务场景和特定分析运用前向填空、后向填空、插值填空等方法进行处理。

```
# 数据切分
test_start_date = pd.Timestamp(2020, 4, 1)
unit_id = 'DC001_SKU044'
unit_df = sku_feature_df[sku_feature_df['unit_id'] == unit_id].reset_index()
train_df = unit_df[unit_df['date'] < test_start_date]
test_df = unit_df[unit_df['date'] >= test_start_date]
X_train = train_df[[col for col in train_df.columns if col.find('FEA')!=-1]]
X_train = X_train.fillna(0)
y_train = train_df.set_index('date')['sale']
X_test = test_df[[col for col in test_df.columns if col.find('FEA')!=-1]]
X_test = X_test.fillna(0)
y_test = test_df.set_index('date')['sale']
```

4.1.3 Tsfresh 库

机器学习模型是基于输入的特征展开学习的。对于一些非线性的特征，如过往一段时间内的极值、方差、波峰和波谷数量等信息，常用的机器学习模型无法从原始数据中直接提取和利用，需要人为构造并加入数据集中。

这里向读者介绍 Python 中的一个可以自动进行时序特征提取的库 Tsfresh，并展示其代码实现。该库可以从一段时间序列数据中自动提取众多经典指标（如最大值、最小值、波峰数量等）及延伸指标（如平方形式等）。该库提供了接口函数 extract_features()，可供使用者进行序列特征提取。该库还提供了 select_features() 来自动剔除无关变量。使用者也可以通过 extract_relevant_features() 完成序列特征提取和剔除无关变量。

下列代码展示了利用 Tsfresh 库的 extract_features() 函数进行时序特征提取的过程。这里的数据恰好为该库的标准输入格式 1。

```
fromt sfresh import extract_features
tsf_df = sku_df[['unit_id', 'date', 'sale']]
tsf_features = extract_features(tsf_df, column_id='unit_id',
                                column_sort='date')
```

```
Feature Extraction: 100%|██████| 18/18 [00:03<00:00,  4.81it/s]
```

该方法会返回从原始序列中提取的特征数据，其列名简单记述了所提取的特征信息。打印特征表格的部分列名，可以看到该方法所返回的特征既有方差、偏度、峰度、数据长度等通用的统计指标，也包含了最大值及最小值位置、大于或小于均值的样本数量、重复数据个数等并不常用的统计信息。

```
print(tsf_features.columns[:30])
```

```
Index(['sale__variance_larger_than_standard_deviation',
       'sale__has_duplicate_max', 'sale__has_duplicate_min',
       'sale__has_duplicate', 'sale__sum_values', 'sale__abs_energy',
       'sale__mean_abs_change', 'sale__mean_change',
       'sale__mean_second_derivative_central', 'sale__median', 'sale__mean',
       'sale__length', 'sale__standard_deviation',
       'sale__variation_coefficient', 'sale__variance', 'sale__skewness',
       'sale__kurtosis', 'sale__root_mean_square',
       'sale__absolute_sum_of_changes', 'sale__longest_strike_below_mean',
       'sale__longest_strike_above_mean', 'sale__count_above_mean',
       'sale__count_below_mean', 'sale__last_location_of_maximum',
       'sale__first_location_of_maximum', 'sale__last_location_of_minimum',
       'sale__first_location_of_minimum',
       'sale__percentage_of_reoccurring_values_to_all_values',
       'sale__percentage_of_reoccurring_datapoints_to_all_datapoints',
       'sale__sum_of_reoccurring_values'],
      dtype='object')
```

由于对该库的使用超出了本书的范畴，因此此处不继续深入，将仍然使用 4.1.1 和 4.1.2 小节中所得到的较为简单的特征数据进行后续的预测。我们鼓励感兴趣的读者阅读该库的官方文档[12]并自行探索，读者可以思考如何结合 4.1.2 小节中介绍的 shift() 方法，基于本章数据逐步实现原始特征构造、衍生特征提取和筛选等过程。

4.2 正则化和学习目标

正则化的主要目的是解决过拟合问题，即一个模型在训练数据集上的表现明显优于测试集。这意味着所训练的模型在面对全新数据时可能无法提供高质量的预测结果。2.4 节介绍了样本内外误差和预测准确性的评估指标，而在机器学习方法中，样本内平均误差被称为经验风险，模型参数拟合常以最小化经验风险为目标，这称为经验风险最小化（Empirical Risk Minimization，ERM）原则，其数学表达形式为

$$\theta^* = \mathop{\mathrm{argmin}}_{\theta} \frac{1}{|\mathcal{T}|} L(f, \mathcal{T})$$

$$R_{\mathrm{ERM}}(f) = \min_{\theta} \frac{1}{|\mathcal{T}|} L(f, \mathcal{T})$$

式中，L 为损失函数；$\mathcal{T} = \{(x_i, y_i)\}$，为训练数据集。

正则化技术通过直接限制或间接惩罚模型规模解决过拟合问题。在额外的惩罚下，模型会集中于对关键特征的学习，避免对噪声信息的过度拟合。其数学表达形式为

$$\theta^* = \mathop{\mathrm{argmin}}_{\theta} \left(\frac{1}{|\mathcal{T}|} L(f, \mathcal{T}) + \lambda \Omega(f) \right)$$

$$R_{\mathrm{SRM}}(f) = \min_{\theta} \left(\frac{1}{|\mathcal{T}|} L(f, \mathcal{T}) + \lambda \Omega(f) \right)$$

式中，Ω 为模型规模的某种度量，其取值和模型大小成正比；λ 为正则化系数，λ 越大，表示对模型规模的惩罚力度越大。

需要注意的是，正则化技术是通过削弱模型拟合能力来解决过拟合问题的。对于一些拟合能力本身就不强的模型，或者和数据特征不匹配的模型（如用线性模型拟合非线性关系），盲目使用正则化技术未必会带来有利的影响。

4.3 超参数选择

超参数选择是机器学习中的一个常用技术。这里的参数是指影响模型架构的外生参数，如决策树中的最大深度、神经网络中的隐藏层数量等，而非决定模型实现值的内在参数，如决策树中的分支、神经网络中的连接权重等。

网格搜索是进行超参数选择的一种常用方法，也是一种暴力搜索的方法，首先通过预先给定一些参数可能的取值范围，然后遍历这些参数组合，并通过交叉验证选择泛化性能最好的一个参数组合。这一功能已经被封装在 Sklearn 库中，下述函数通过使用

Sklearn 库，针对一组数据、选定的模型类别和给出的参数范围，确定并返回其对应的最优参数选择。

```python
from sklearn.model_selection import GridSearchCV, TimeSeriesSplit
def para_tuning(x_train, y_train, model, cv_params,
                scoring='neg_mean_squared_error', cv=5):
    time_cv = TimeSeriesSplit(n_splits=cv).split((x_train))
    optimized_GBM = GridSearchCV(estimator=model,
                                 param_grid=cv_params,
                                 scoring=scoring,
                                 cv=time_cv, verbose=1, n_jobs=10)
    optimized_GBM.fit(x_train, y_train)
    return optimized_GBM.best_params_
```

网格搜索需要预先给出搜索范围，这便需要对模型参数有所理解。在实际操作中，可以先给出一个粗略的参数范围，再通过训练结果不断细化。关于各个模型的具体参数，将会在后续结合模型进行更加详细的解释和说明。

网格搜索的优点在于可以遍历所有参数组合，通过完全搜索可以给出所有参数组合中的最优结果。但其缺点在于速度较慢，当有较多待调整参数时，使用网格搜索的计算开销是很大的。在这种情况下，可以使用随机搜索来进行超参数选择。这种方法可以从所有可选参数中随机挑选参数组合并进行评估，从而可以以较小的计算开销完成较大规模的待调整参数选择。这种方法被证明了能给出相比网格搜索更好的结果[13]。由于对参数可选范围的选择具有随机性，随机搜索方法每次返回的最优参数和最优预测未必一致。

```python
from sklearn.model_selection import RandomizedSearchCV
def random_para_tuning(x_train, y_train, model, cv_params,
                       cv=5, random_seed=0,iter_num=50,
                       scoring='neg_mean_squared_error',):
    """
    cv_params: 可选参数范围
    scoring: 评估指标
    cv: 交叉验证折数
    random_seed: 随机种子，用于固定随机搜索的结果
    iter_num: 用户指定的最小随机搜索次数，这里在该值和总参数组合的5%中取大得到
    """
    length = 1
    for v in cv_params.values():
        length *= len(v)
    time_cv = TimeSeriesSplit(n_splits=cv).split((x_train))
    optimized_GBM = RandomizedSearchCV(estimator=model,
                                       param_distributions=cv_params,
                                       scoring=scoring,
                                       n_iter=max(iter_num,
                                                  int(length *0.05)),
                                       cv=time_cv, verbose=1, n_jobs=-1)
    optimized_GBM.fit(x_train, y_train)
    return optimized_GBM.best_params_
```

4.4 单一模型

4.4.1 线性模型和广义线性模型

线性模型是机器学习中最基础的一类学习模型，其基本形式为

$$Y = w^T X + b$$

式中，X为学习特征；Y为预测目标；w、b为模型待拟合参数。这一模型形式简单，具有较强的解释力：系数w表示每一特征对预测目标的影响方向及大小。同时，由于和统计中的线性回归问题具有相同的形式，因此该模型也具有较强的统计理论和分析方法支撑。人们可以采用统计回归中的技巧（如避免多重共线性、保证特征量纲一致等）来更好地使用该模型，亦可以运用一些统计分析方法（如显著性分析等）来考察特征贡献和模型合理性。

线性模型也存在一些局限，其中最主要的问题是对非线性关系的拟合能力差。广义线性模型便是为解决这一问题提出的。假设通过某一函数变换后的目标值$g(Y)$和特征值X呈现线性关系，即

$$Y = g^{-1}(w^T X + b)$$

则可以先使用线性模型学习$g(Y)$和X之间的线性系数，之后通过逆变换得到原始预测目标。特别地，g为对数函数时，该模型称为对数线性模型，即

$$\ln Y = w^T X + b$$

广义线性模型可以刻画非线性关系，这一结构具有强大的拟合能力。虽然看似简单，但应该选择什么样的函数g对原始目标值进行变换，如何在变换函数后实现模型的求解和分析，如何保证模型的鲁棒性和泛化性，都是在实际中较难解决的问题。在之后的介绍中将看到，神经网络正是广义线性模型的一种深化，但却巧妙地绕开了上述问题。比起用一个变换函数实现从线性到非线性关系的映射，神经网络通过多个线性变换和非线性的激活函数复合，增加了简单函数的拟合能力，避免了刻画非线性函数的困难。

1. 正则化和特征选择

正则化是对线性模型的另一种修正，LASSO 模型是其中最为常用的一种。该模型通过增加ℓ_1正则化项来避免过拟合，即

$$(\text{LASSO}) w, \beta = \arg\min_{w,\beta} \| w^T X + \beta - y \|_2 + \lambda \| w \|_1$$

LASSO 模型能够有效降低噪声对学习的干扰，减少过拟合问题的出现。下面的代码展示了基本线性模型和 LASSO 模型的实现，以及针对本组数据的预测结果。LASSO 模型的表现略优于线性模型，但两者的差异并不明显，主要原因可能是两个模型均无法学

习到待预测目标和特征之间的非线性关系。

```python
# 线性模型
from sklearn.linear_model import LinearRegression
model = LinearRegression().fit(X_train, y_train)
y_pred = pd.Series(model.predict(X_test), index=y_test.index)
print(f'线性模型的预测准确率为{pred_evaluate(y_test, y_pred)}')
```

线性模型的预测准确率为0.698

```python
# LASSO模型
from sklearn.linear_model import Lasso
cv_params_linear = {'alpha': [0.001, 0.05, 0.1, 0.2, 0.3, 0.5]}
params_lasso = para_tuning(X_train, y_train, Lasso(), cv_params_linear)
model = Lasso(**params_lasso).fit(X_train, y_train)
y_pred = pd.Series(model.predict(X_test), index=y_test.index)
print(f'LASSO模型预测准确率为{pred_evaluate(y_test, y_pred)}')
print(f'最优参数是{params_lasso}')
```

Fitting 5 folds for each of 6 candidates, totalling 30 fits
LASSO模型预测准确率为0.699
最优参数是{'alpha': 0.5}

2. LASSO 模型和特征选择

随着机器学习的不断发展、可用的学习模型越来越多，线性模型在真实场景中的使用越来越少，但含有正则化项的 LASSO 模型仍然在特征筛选方面有着重要的应用。LASSO 模型中的 ℓ_1 正则化项保证了模型的解是稀疏的，即能够忽略不显著特征的影响，使得仅有重要特征前的系数显著大于 0。因此，在可用数据量较多、特征空间较大时，也可以利用 LASSO 模型进行一次回归，删除回归系数不显著的特征。这无疑对删除无关变量、减少噪声干扰和缓解算力紧张有很大的帮助，从而有助于提高模型学习效率和稳健性。

但需要注意的是，LASSO 模型本质上还是一个线性模型，只能捕捉特征和目标之间的线性关系，而特征和待预测目标之间的关系可能是非线性的。因此，仅仅按照 LASSO 模型给出的结果删除特征可能会过分武断，导致后续的学习效果下降。

4.4.2　树模型

决策树是一种在分类和回归任务中被广泛使用的模型。和线性模型不同，树模型对学习特征和学习目标的关系不做任何假设，仅依靠对数据集的划分完成从特征到目标的映射。本小节将介绍最主流的 CART（Classification and Regression Tree，分类回归树）模型，它既可以处理回归问题，也可以高效地处理分类问题。这里将在回归问题的背景下介绍这一模型。

首先介绍一些树结构的基本概念。树结构由节点和子树构成，类似于自然树木的分支过程，每一个父母节点通过分支延伸，连接到子节点。每个节点都可以同时是父母节点和子节点，但只能拥有一个父母节点。如果一个节点不再继续连接其他节点，那么该节点被称为叶子节点。从父母节点开始的树被称为一棵子树，根节点没有父母节点，是一棵树的开始。

在决策树模型中，每一个节点都包含了一组数据，每一个分支则都指定了一种特征，父母节点中的数据会根据分支所指定的特征被分到各个子节点中。一棵树的深度由根节点到叶子节点的最大长度决定。从根节点到每一个叶子节点的分支路径对应了一组特征，该叶子节点所有的数据都共享这些特征。在决策树模型的框架下，这些数据被认为是类似的，从而应该具有相同的学习结果。决策树模型的核心思路便在于分割目标空间，并为每一个子空间分配一个最优拟合值，其最主要的问题在于如何进行分支（分割目标空间）和如何为一个叶子节点的数据赋予一个学习结果（如何拟合最优值）。

这里将在 CART 模型结构下介绍这两个问题的解决思路。CART 模型将模型结构从一般的树模型限制为二叉树，即每一个父母节点最多只能含有两个子节点。图 4-1 所示为一个仅包含两个特征的 CART 模型示意图，这棵树的深度为 3，具有 5 个叶子节点，对应了满足不同特征组合的 5 组数据。

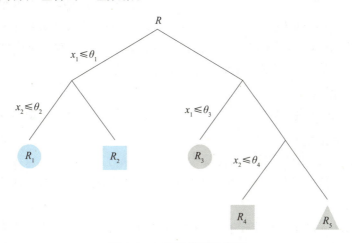

图 4-1　CART 模型示意图

该树具有 4 个待拟合参数，即 $\theta_i, i=1,\cdots,4$，这些参数决定了这棵树如何进行分支，以及哪些数据最终被分割到同一个叶子节点。CART 模型在处理回归任务时会选择使得子节点残差平方和变小的分支方法，并选择使得子节点残差平方和最小的拟合值。给定分支方法，即特征空间的一个划分 $\{R_m\}_{m=1}^{M}$ 时，可以写出 CART 模型的表达形式：

$$\hat{y}(x_n) = \sum_{m=1}^{M} c_m \mathbb{I}_{x_n \in R_m}$$

$$c_m = \arg\min_{c_m} \sum_{x_n \in R_m} (y(x_n) - c_m)^2$$
$$= \frac{1}{|R_m|} \sum_{x_n \in R_m} y(x_n)$$

式中，c_m 对应了相应的叶子节点中所有数据的目标均值，其表达式为

$$c_m = \frac{1}{|R_m|} \sum_{x_n \in R_m} y(x_n)$$

CART 模型会遍历每一个特征和对应的特征值，并尝试以此作为切分点，将样本划分至两个子树并计算出对应划分的均方误差（Mean Squared Error，MSE）。如果这一划分能够减小当前的 MSE，则采用该划分，并对两个子树进行同样的处理。为了避免遍历搜索的时间开支，CART 模型在分支时采取的是贪婪算法，因此所生成的分支未必是最优的，但实践经验表明，这样的处理方式已经能够兼顾准确性、高效性和良好泛化性的要求。

可以想象，如果决策树能够无限分裂，即对特征空间的划分足够细致，那么最终得到的将是一棵每个叶子节点仅包含唯一数据的决策树（因为每个数据都不完全相同）。这样的模型在已知数据集上可以实现百分百的准确率，但由于过度拟合了噪声，会导致面对未知数据集时模型表现较差。在决策树模型中，剪枝技术和预先限制决策树深度是常用的正则化方法，这些方法可以有效降低模型的自由度，从而避免过度拟合。这里采用后一种方法，并将决策树的最大深度作为超参数进行优化。

CART 模型的主要参数有：

- ❑ max_depth：决策树最大深度，通过限制决策树深度来限制决策树的过拟合。其取值范围一般为 10～100。
- ❑ min_samples_leaf：叶子节点最少样本数，通过限制叶子节点最少的样本数来限制决策树的过拟合。该值的变化主要和样本数量有关，当样本较少时，该值数量不应过大。
- ❑ max_leaf_nodes：最大叶子节点数，通过限制最大叶子节点数来限制决策树的过拟合。该值的变化主要和特征数量有关，当特征较少时，该值数量不应过大。
- ❑ max_features：划分时考虑的最大特征数。该参数的默认值为 None，即划分时考虑所有的特征数。该参数可以设置为 log2，即划分时最多考虑 $\log_2 N$ 个特征，或是设置为 sqrt，即划分时最多考虑 $\sqrt{N}$ 个特征。一般来说，当特征小于 50 时，可以不用考虑该参数的调整；当特征非常多时，可以考虑用该方法合理控制训练集大小。
- ❑ min_impurity_split：节点划分最小不纯度，通过要求决策树分支的效率限制决策树的过拟合，即当一次分支给模型带来提升没有超过阈值时，在此节点不再进行分支。

可以看到，决策树模型的主要参数均是为了解决决策树的过拟合问题。下述代码展示了一棵决策树的超参数选择、模型构建和预测过程，这里的超参数选择通过随机搜索的方式完成。

```python
# 决策树
from sklearn.tree import DecisionTreeRegressor
cv_params_tree = {'max_depth': [i *10 for i in list(range(1, 11))],
                  'max_leaf_nodes': [i *10 for i in list(range(1, 11))],
                  'max_features': ["log2", "sqrt"],
                  'min_impurity_decrease': [0.05, 0.1, 0.2, 0.5]}
params_tree = random_para_tuning(X_train, y_train,
                                 DecisionTreeRegressor(),
                                 cv_params_tree)
model = DecisionTreeRegressor(**params_tree).fit(X_train, y_train)
y_pred = pd.Series(model.predict(X_test), index=y_test.index)
print(f'树模型预测准确率为{pred_evaluate(y_test, y_pred)}')
```

```
Fitting 5 folds for each of 50 candidates, totalling 250 fits
树模型预测准确率为0.578
```

```python
print(f'最优参数是{params_tree}')
```

```
最优参数是{'min_impurity_decrease': 0.05, 'max_leaf_nodes': 20, 'max_features': 'log2', 'max_depth': 40}
```

这里从所有可能的参数组合中随机抽取 50 组参数，选择其中训练误差最小的参数进行后续的预测和评估。可以看到，这一组参数下的决策树模型在测试集上的预测准确率甚至逊色于线性模型。这可能是因为调参过程较为粗糙，并没有选择到最适合本组数据的模型参数，读者可以通过扩大参数抽取数量、随机搜索和网格搜索结合、逐步缩小搜索范围等方法进行更细致的调参尝试，以获得更好的结果。同时，这一结果也反映出决策树模型本身的一些不足：由于树的生长完全依赖数据结构，当模型参数选择不当时，很容易出现欠拟合或过拟合的现象，从而导致训练集上的最优参数在测试集上表现不佳。又一次通过案例表明，并非越复杂、看似越智能的模型就一定能够取得更好的结果。一方面，不到位的模型调参可能会给出欠佳的结果；另一方面，过拟合问题反而会降低模型的预测准确率。

4.4.3 神经网络

神经网络仿照人脑中细胞体和突触组成的神经元结构设计。感知机（Perceptron）是人工神经网络中的最小数字处理结构，它往往作为神经网络中的一个节点存在。一个感知机接收到传入的数值和权重后将进行两步处理：首先将传入的数据按照权重相加，之后将加和值通过激活函数转换为本节点输出值。对于非输出层的感知机而言，该值会和带权重的连接共同作为下一层感知机的输入数据。从图 4-2 中可以清晰地看到一个感知机（神经元）进行数据处理的流程。

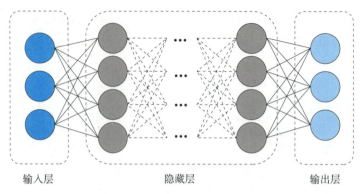

图 4-2　单个感知机（神经元）的数据处理流程示意图

虽然单个感知机的处理能力有限，但是如果采用非线性的激活函数，并将多个感知机组合、进行多层堆叠，那么这样的网络结构配合恰当的连接层权重，可以以任意精度逼近任意函数（Universal Approximation 定理[14]），这就是神经网络结构。一个经典的神经网络示意图如图 4-3 所示。

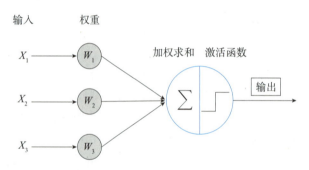

图 4-3　经典的神经网络示意图

神经网络的思想为模型构造提供了极高的自由度和丰富的可能性，通过对神经网络不同部分的改造，可以构建出适用于不同数据、具有不同表现效果的模型，如 RNN（Recurrent Neural Network，循环神经网络）和 LSTM（Long Short-Term Memory，长短期记忆网络）等。对这些网络的详细介绍和工程实现已经超出了本章的范畴，感兴趣的读者可以自行参考深度学习相关书籍，或阅读 TensorFlow、Pytorch 等框架的官方文档。在本节的案例中，主要介绍通过 Sklearn 库实现众多神经网络中的多层感知机模型。

神经网络的逼近能力是有代价的，这可能需要构建一个巨型网络，而其中所涉及的待估计参数数量远超过当前的算力水平。因此，很多进阶的神经网络结构，通过更精巧的网络结构和数据处理手段来优化简单的网络堆砌结构，减少待估计参数，其实都是为了解决这一问题。

下面展示的代码通过 Sklearn 库中的 MLPRegressor 类实现了一个多层感知机网络，通过 hidden_layer_sizes 参数设置网络深度，通过 activation 参数设置感知机中的激活函数。与 TensorFlow、Pytorch 等专门为神经网络打造的框架相比，Sklearn 中的神经网络算法提供给使用者的自由度较少，例如无法区分设置每一层网络的节点个数及区别各层的传输函数，也无法采用新颖的数值算法等，但是其结构固定，使用方法简单。对于网络中的超参数设置，可以通过网格搜索的方式进行选择和优化。

Sklearn 库中的多层感知机常用参数有：

- hidden_layer_sizes：隐藏层数量。
- activation：激活函数形式，可以选择使用 relu() 函数、logistic() 函数和 tanh() 函数。
- solver：数值求解方法，默认使用 adam() 方法，可以选择 sgd() 和 lbfgs() 方法。默认的 adam() 在相对较大的数据集上表现较好，而在小数据集上，lbfgs 往往可以更快收敛，并得到更好的结果。
- alpha：ℓ_2 正则化系数，用于限制模型复杂度。
- learning_rate：学习速率的变化方式，默认为 constant，即始终保持同一学习速率；可以选择逐步降低学习率的 invscaling 或是自适应调整学习率的 adaptive。
- learning_rate_init：初始学习率。

相比于线性模型和树模型，神经网络的结构更加灵活、复杂，因此可调整参数的类型也更加丰富。除了控制过拟合问题的正则化系数 alpha 外，hidden_layer_sizes 和 activation 决定了网络的宏观架构和复杂度，learning_rate 刻画了模型学习的微观细节，恰当的 solver 参数选择也可以帮助模型取得较好的数值运算结果。对于这种可调整参数较多的模型，很难总结出通用的调参指引，读者应当根据实际数据集的特征进行尝试，合理使用随机搜索方法和网格遍历方法，从粗略搜索逐步缩小参数组合范围，得到较优的参数组合。这里仅通过随机搜索的方式进行粗略的调参。可以看到，得到的神经网络模型提升了线性模型的预测准确率，展现了其强大的拟合能力。

```
# 神经网络
from sklearn.neural_network import MLPRegressor
cv_params_nn = {
    'hidden_layer_sizes': [3, 5, 10],
    'activation': ['logistic', 'relu', 'tanh'],
    'solver': ['adam'],
    'alpha': [0.01, 0.05],
    'learning_rate': ['adaptive'],
    'learning_rate_init': [0.001, 0.005, 0.01]}
params_nn = random_para_tuning(X_train, y_train,
                               MLPRegressor(),
                               cv_params_nn)
model = MLPRegressor(**params_nn).fit(X_train, y_train)
y_pred = pd.Series(model.predict(X_test), index=y_test.index)
print(f'简单神经网络模型预测准确率为{pred_evaluate(y_test, y_pred)}')
```

```
Fitting 5 folds for each of 50 candidates, totalling 250 fits
简单神经网络模型预测准确率为0.745
```

```
print(f'最优参数是{params_nn}')
```

> 最优参数是{'solver': 'adam', 'learning_rate_init': 0.005, 'learning_rate': 'adaptive', 'hidden_layer_sizes': 5, 'alpha': 0.05, 'activation': 'relu'}

4.5 集成学习

虽然单一模型的机器学习算法已经能够在很多问题上取得不错的效果，但单一模型仍然存在一些难以解决的场景。

首先是数据量问题。一方面，如前所述，机器学习的目标是最小化经验风险，而经验函数的渐进收敛性需要大量样本作为保证，当面对较小的数据量时，单一模型的效果可能欠佳；另一方面，非线性模型的训练需要较大的运算量，当面对过大的数据量时，使用全部数据可能会导致过长的训练时间，从而很难进行参数优化，而如果仅采用部分数据又会出现数据浪费的问题。

其次是模型选择问题。人们希望得到一个泛化能力强的模型，但用于模型训练的数据往往仅是"真实世界"中一个很小的样本空间。这意味着，两个在全空间具有不同效果的模型同样可能在样本空间呈现出相似的表现。因此，即使采用了交叉验证、留出测试集等手段，也依然无法保证能从单一模型中选出泛化性能最好的模型。

集成学习的出现很好地解决了上述问题。其基本思想是将单一模型通过加权平均、简单投票或更复杂的组合方式组合成一个复合模型，其中，单一模型可能仅使用了部分样本和特征。恰当的单一模型经过合理的规则进行组合，可以构造出打破单一模型性能上限的集成模型。本节将介绍3种集成学习的思路和经典模型及其代码实现。

4.5.1 Bagging: Boostrap, Random Forest

Bagging方法最早由Breiman在1996年提出[15]，这种方法是Boostrap方法（即有放回抽样）的一个应用。Boostrap方法可以从原始数据中进行有放回采样，生成一个新的数据集。重复使用多次该方法，便可以利用原始数据集合生成一批新的训练集合。Boostrap方法可以保证约有36.8%的原始数据不出现在一个训练数据集中，因此这些集合中的数据不完全相同。人们可以在各个集合上训练同一个学习模型。由于各个集合具有一定的差异性，因此学习得到的模型也会具有一定的差异性。最终，在面对一组新数据（如测试集）时，所有的模型都会给出一个预测结果，而最终的结果则基于所有模型的结果得到（如简单平均）。

这一方法主要有以下两个方面的优越性。首先，当原始数据不够丰富时，Bagging方法可以起到丰富数据的作用；其次，最终结果由多个有所差异的模型集合而成，相比于单一模型而言，这样的集成结果能够使得单一模型中的随机因素相互抵消，从而减少随机误差的干扰，更好地反映特征和目标之间的关系，减小预测方差。

随机森林算法是使用Bagging的最知名算法之一。这一算法使用Bagging方法在给定数据集上训练多棵决策树，最终通过简单平均的方法集合这些决策树的输出。除了对训练数据随机采样外，该算法还对训练特征进行随机采样，即在每棵决策树的每次分裂中都仅采用部分特征做出分裂决策，这有助于降低不同决策树之间的相关性，从而能够增加算法的准确性。

由于随机森林由多棵决策树集成，因此该模型包含了单一决策树模型的全部参数。除此之外，随机森林还有如下特有参数：

- n_estimators：决策树数量。一般而言，决策树数量越多，最终得到的模型效果越好，但代价是计算速度较慢。
- n_jobs：并行任务的数量。由于决策树的各个学习模型之间是独立的，因此可以同时训练多棵决策树，从而加快模型整体的训练速度。当该参数取 −1 时，表明调用所有可用的 CPU 线程进行训练。

```
# 随机森林
from sklearn.ensemble import RandomForestRegressor
cv_params_rf = {'max_depth': [i * 10 for i in list(range(1, 5))],
                'max_leaf_nodes': [i * 10 for i in list(range(1, 5))],
                'max_features': ["log2", "sqrt"],
                'n_estimators': [10, 30, 50, 100],
                'n_jobs': [10]}
params_rf = random_para_tuning(X_train, y_train,
                               RandomForestRegressor(),
                               cv_params_rf)
model = RandomForestRegressor(**params_rf).fit(X_train, y_train)
y_pred = pd.Series(model.predict(X_test), index=y_test.index)
print(f'随机森林模型预测准确率为{pred_evaluate(y_test, y_pred)}')
```

```
Fitting 5 folds for each of 50 candidates, totalling 250 fits
随机森林模型预测准确率为0.697
```

```
print(f'最优参数是{params_rf}')
```

```
最优参数是{'n_jobs': 10, 'n_estimators': 10, 'max_leaf_nodes': 10, 'max_features': 'log2', 'max_depth': 30}
```

通过 Bagging 方法，随机森林大大提高了决策树模型的预测准确率，这展示了集成思路的强大效果。但是，在当前的参数下，随机森林的预测准确率仍然略逊于神经网络模型。

4.5.2　Boosting：Adaboost、GBDT

Boosting 方法的基本思想是不断加强模型对于"错误"的学习。Bagging 方法的各个学习模型是并行的，学习模型之间互相不影响，仅在最终结果的集成阶段发生交互；而 Boosting 方法中各个学习模型是序贯的，下一个学习模型的训练数据将影响或构成上一个学习模型的训练数据，最终的学习结果是各个学习器的集成。通过不断提取误差中的有用信息，Boosting 方法使得模型的学习能力得到提升。

最早的 Boosting 算法由 Schapire 针对二分类任务提出[16]。对于指定的分类任务，可以选择任意一种机器学习算法构造 3 个学习模型：第一个学习模型的训练集从全部数据中随机采样得到，随后从其正确分类和错误分类的数据中分别取等量数据，用以训练第二个学习模型，两个训练器产生分歧的数据将成为第三个学习器的训练集，最终对每一个样本的分类结果由 3 个学习器"投票表决"。Schapire 证明，这样构造 3 个基学习器并按照绝对多数的方法生成的集成模型，可以实现比同类型的单一方法更小的错误率。

AdaBoost（Adaptive Boosting，自适应增强）[17]在此基础上给出了更加自动化的样本选择方式，即每一轮训练都按照一定的分布从原始数据集中采样出训练集，而这一分布依赖上一轮训练中各组数据的训练误差。通过一系列的参数更新规则，AdaBoost 算法可以让分类任务中每一轮预测错误的样本点在下一轮训练集的构造中以更大的概率被选择。在回归任务中，则是会依据上一轮的预测误差改变每个样本点被选择的概率。当完成所有基学习器的训练后，AdaBoost 按照加权表决的方法生成集成模型，每个基学习器的表决权重和其正确率正相关。比起最早的 Boosting 算法，AdaBoost 给出的更新规则可以自然地拓展到多分类和回归任务中。在二分类问题中，AdaBoost 可以保证集成模型的训练误差以指数形式递减。

GBDT（Gradient Boosting Decision Tree，梯度提升决策树）是另一类基于树模型的集成模型，也是一种极具启发式的集成框架。不同于 AdaBoost 通过重新分配权重的方式加强对错误的学习，GBDT 框架直接将上一轮学习后的错误作为下一轮学习的目标，如此反复几次，将各轮学习结果相加，得到最终的预测结果。这一模型的思路是直观的，主要难点在于如何快速高效地计算。

为解决这一问题，XGBoost 和 LightGBM 分别在 GBDT 框架下做出了改进。这两种方法是目前最常用的预测模型，在大量实际案例和数据竞赛中都表现出了良好的预测能力、高效的运算能力和稳健性。XGBoost 由陈天奇在 2016 年提出[18]，主要对 GBDT 框架下的损失函数以及对树模型的拟合细节做出了改进，使得算法给出的模型具有更好的泛化能力和计算效率。LightGBM 则是由微软研究院团队在 2017 年提出的[19]，主要提升了算法的运行速度，并降低了内存开支，使得基于树模型的集成算法可以运用于工业级的海量数据。感兴趣的读者可以阅读原始论文以获得更详细的了解。

首先，使用 XGboost 模型进行预测。这一方法的常用参数有：

- eta：学习率。XGBoost 为防止过拟合，对于每一轮训练得到的残差都乘以 eta 来作为对残差的修正，eta 的取值范围为 0~1，默认值为 0.3，越高的学习率越容易造成过拟合。
- gamma：对应于决策树中的 min_impurity_split 参数（节点划分最小不纯度），即对节点的分支效率提出了要求，默认值为 0。
- subsample：在训练每一棵树时随机抽取的样本比例，取值范围为 0~1，默认为 1。越小的值越不容易过拟合，但过小时可能造成模型欠拟合。

- colsample_bytree：在训练每一棵树时随机抽取的特征比例，取值范围为 0~1，默认为 1。越小的值越不容易过拟合，但过小时也可能造成模型欠拟合。
- max_depth：每棵决策树的最大深度。
- lambda：ℓ_2 正则化系数，默认为 0，有助于减缓模型的过拟合倾向。
- alpha：ℓ_1 正则化系数，默认为 0，主要在数据维数过高时加快训练速度。

和决策树类似，XGBoost 的主要参数均是为了控制过拟合现象设置的，但是由于模型的构造更为复杂和精巧，因此可以对模型进行更细致的控制。

```python
# XGBoost
from xgboost import XGBRegressor
cv_params_xgboost = {'max_depth': [2, 5, 10],
                     'eta': [0.01 * i for i in list(range(1, 6))],
                     'gamma': [0.05 * i for i in list(range(1, 6))],
                     'lambda': [0.5 * i for i in list(range(1, 6))]}
params_xgboost = random_para_tuning(X_train, y_train,
                                    XGBRegressor(),
                                    cv_params_xgboost)
model = XGBRegressor(**params_xgboost).fit(X_train, y_train)
y_pred = pd.Series(model.predict(X_test), index=y_test.index)
print(f'XGBoost型模型预测准确率为{pred_evaluate(y_test, y_pred)}')
```

```
Fitting 5 folds for each of 50 candidates, totalling 250 fits
XGBoost型模型预测准确率为0.647
```

```python
print(f'最优参数是{params_xgboost}')
```

```
最优参数是{'max_depth': 2, 'lambda': 2.0, 'gamma': 0.15000000000000002, 'eta': 0.05}
```

XGBoost 的预测结果比决策树有显著的提升，这展示了 Boosting 集成方法对单一模型的提升效果。针对本章数据和本组参数，XGBoost 的预测准确率和随机森林模型类似，但略逊色于后者。但是，这并不能说明 Boosting 方法和 Bagging 方法总是相似的，或 XGBoost 模型优于随机森林模型。影响模型表现的因素很多，数据集规模、数据特性、随机种子的选择等，都会影响模型的结果。

接下来，使用 LightGBM 模型进行预测。这一方法的常用参数有：

- boosting_type：弱学习器类型，默认使用"gbdt"，即梯度提升树，还可以选择"rf"（随机森林）"dart"和"goss"（基于梯度的单侧采样）。
- learning_rate：和 XGBoost 中的 eta 含义类似。
- max_depth：每棵决策树的最大深度。
- min_gain_to_split：对应于决策树中的 min_impurity_split 参数和 XGboost 中的 gamma 参数。
- bagging_fraction：对应于 XBboost 中的 subsample 参数。
- feature_fraction：对应于 XBboost 中的 colsample_bytree 参数。
- lambda_l2：ℓ_2 正则化系数，默认为 0，有助于减缓模型的过拟合倾向。

- lambda_l1：ℓ_1 正则化系数，默认为 0，主要在数据维数过高时加快训练速度。

可以看到，LightGBM 和 XGbboost 的模型参数类似，只是命名略有区别。相比较而言，两者的差异主要体现在具体的模型计算迭代方法及面对海量数据时的运算效率与内存开支上。对于本章的案例数据而言，LightGBM 比 XGBoost 方法表现出了显著的效果提升。

```python
# LightGBM
from lightgbm.sklearn import LGBMRegressor
cv_params_lgb = {'learning_rate': [0.01, 0.05, 0.1],
                 'max_depth': [5, 10, 30],
                 'min_gain_to_split': [0.05 * i for i in list(range(1, 6))],
                 'lambda_l2': [0.5 * i for i in list(range(1, 6))],
                 'feature_fraction': [0.8, 0.9, 1]}
params_lgb = random_para_tuning(X_train.to_numpy(), y_train.to_numpy(),
                                LGBMRegressor(),
                                cv_params_lgb)
model = LGBMRegressor(**params_lgb).fit(X_train.to_numpy(),
                                        y_train.to_numpy())
y_pred = pd.Series(model.predict(X_test.to_numpy()), index=y_test.index)
print(f'LightGBM型模型预测准确率为{pred_evaluate(y_test, y_pred)}')
```

```
Fitting 5 folds for each of 50 candidates, totalling 250 fits
LightGBM型模型预测准确率为0.759
```

```python
print(f'最优参数是{params_lgb}')
```

```
最优参数是{'min_gain_to_split': 0.05, 'max_depth': 5, 'learning_rate': 0.05,
'lambda_l2': 1.5, 'feature_fraction': 0.8}
```

4.5.3　Stacking

为了实现对训练误差的有效利用，提升对原始信息的挖掘效率，Boosting 方法设计了复杂的更新规则和迭代机制。Stacking 方法的思路则更加简单、直接：将不同基学习器的预测结果作为新的特征，直接通过机器学习方法学习这一组新特征和真实结果之间的关系。换言之，Stacking 方法训练一批初级学习器，再利用一个次级学习器输出最终的预测结果。

Stacking 方法最大的问题是学习能力过强，容易造成过拟合。因此在实践中一般选择没有被初级学习器利用过的数据来生成次级学习器的训练集。下面的代码展示了如何利用 Sklearn 来实现这一模型，这里选择的基学习器为之前所介绍的模型及其在该问题下的最优参数设置。虽然集成了之前各个模型的最优参数，但是得到的 Stacking 模型却表现得略逊色于 LightGBM，这在一定程度上是由于模型拟合能力过强导致的过拟合。

```python
# Stacking
from sklearn.ensemble import StackingRegressor
```

```
estimators = [('rf', RandomForestRegressor(**params_rf)),
    ('xgboost', XGBRegressor(**params_xgboost)),
    ('lightgbm', LGBMRegressor(**params_lgb)),
    ('nn', MLPRegressor(**params_nn))]
model = StackingRegressor(estimators=estimators,
                          final_estimator=LinearRegression()) \
    .fit(X_train, y_train)
y_pred = pd.Series(model.predict(X_test), index=y_test.index)
print(f'Stacking型模型预测准确率为{pred_evaluate(y_test, y_pred)}')
```

Stacking型模型预测准确率为0.756

第5章 某饮料企业 W 的需求预测实战

需求预测的制定和实施是企业运营的关键任务，它需要公司多个职能部门协同完成。W 公司是一家主营食品饮料等快消品的企业，渠道类型有批发、零售、直营等多种模式。其产品销量具有明显的规律性，例如，不同的产品的销量会伴随着季节的变化而产生有规律的变化。该公司目前有着完善的需求计划流程，并配有信息系统辅助需求计划的管理。在该公司每月初的 S&OP（Sales and Operations，销售与运营规划）会议上，来自财务、销售、市场和计划部门的管理人员会回顾上个月的销售、库存和财务等指标，并讨论未来几个月的市场情况和运营策略等。销售部门基于第一手的市场信息给出他们对客户需求的预测情况，同时对新客户加入和老客户退出的情况在会议上进行通报，并分析对于需求的影响。市场部门将新品导入计划、产品促销计划向参与部门通报。需求计划部门基于这些信息，同时考虑到经销商的库存情况，给出第一版需求计划。供应计划部门基于需求计划制订库存与采购计划，并根据库存情况提出反馈，例如采购提前期一般 3 个月，那么库存能否满足需求计划、库存短保（有效期较短）的商品是否需要促销等。根据其他部门的反馈，需求计划人员进行修正并给出最终的需求计划。多部门的协同保证了 W 公司需求计划的有效实施。但是公司需求预测的准确率仍然偏低。分析其原因，发现公司产品种类多，每位需求计划员需要管理数百种产品，在做需求预测时缺乏对产品销量数据的深入分析，需求预测主要基于简单的时间序列模型，并在参数选择时按照经验主义对所有产品"一刀切"，最终导致需求预测准确率低。

面对频繁变动的市场需求，在传统的需求预测指导下，W 公司经常发生"高库存，低有货率"的情况，客户需要的商品没有充足的库存，客户不需要的商品库存却堆积如山。食品行业有保质期的要求，商品放置时间一长只能报废。因此，公司不仅因为较低的有货率而面对着客户满意度下降、市场份额流失等问题，还因为库存积压面对着资金流短缺的严峻问题。这些问题的源头就是当前的需求预测未能够准确预测市场的走向，从而导致物料和人力资源调度与实际需求发生错配。因此，W 公司希望能通过更加准确且科学合理的需求预测来驱动供应链运转，从而更好地调度企业的生产运作，在保证及时交货的同时又不浪费仓库资源。

5.1 案例概览

本案例提供了 W 公司的历史销售数据（sales_data.csv），由 77 个 SKU 在 18 个分销中心（Distribution Center，DC）的销量数据构成。该数据集包含了从 2018 年 1 月 1 日—2020 年 7 月 30 日每个 DC*SKU 组合的日销售信息，共有 1141 个不重复的 DC*SKU 组合（unit），共 88 万余条记录。历史销售数据的字段及说明见表 5-1。

表 5-1 字段及说明

数据字段名称	字段含义	格式	样例
date	销售日期	日期	2018-01-01
dc_id	仓库 ID	字符	DC002
sku_id	商品 ID	字符	SKU047
idx	DC*SKU 组合 ID	字符	DC002_SKU047
sale	销量	整数	2751

本案例的目的是为这 77 种 SKU、1141 个 unit 打造科学的需求预测模型，分析并探究对于不同的 SKU，哪一种预测模型的效果最好？可能的原因是什么？以及如何为每种 SKU 和 unit 选择最佳的预测模型？

5.2 拓展思考

考虑到前述的章节已经介绍了基本的数据处理与分析方法，以及常用的预测模型及其代码实施，为了避免内容的重复，此处不再提供案例解答。相信读者经过前述章节的学习，能够利用相关的方法、流程、模型和工程代码自行完成这一任务，以帮助 W 公司提升需求预测的准确性与科学性。我们也鼓励读者利用这一数据进行更为丰富的拓展和尝试，可以探索的方向包括但不局限于：

- ❏ 对于同一种 SKU，同时使用多种方法预测的组合模型应该如何实现？
- ❏ 如何更好地利用不同 SKU 和 unit 之间的相关性来辅助预测？
- ❏ 在机器学习方法中，如何利用 Tsfresh 库实现特征构造？其效果如何？是否可以进行更细致深入的特征工程处理？

5.3 实战建议

本书第一部分介绍了通用的预测数据准备知识，使用时间序列和机器学习进行需求预测的方法、流程及实现。这里给出了需求预测实践中需要注意的几点建议。

5.3.1 对产品进行分类

本书第一部分以一个产品为例讨论了多种预测方法的原理与代码实现。实际中，对多种产品需求同时进行预测时，通常需要对产品进行分类。在分类时，需要结合产品属性，尽可能地将需求规律比较接近的产品放在一个类别里进行建模。这样既可以防止不同规律的产品互相干扰以影响学习效果，又可以为同一类产品提炼出更加稳定的规律。例如，某个品类的大多数产品有两三年的数据记录，从历史数据中可以明显观察到该品类具有季节性。这个品类中的某些新产品仅从数据上无法观测到季节性，但是考虑到该品类具有季节性，这几个新产品也应该属于季节品并具有相同的季节规律。

5.3.2 根据销量数据还原需求数据

销量不等于需求，当需求超过现货库存时，未能及时满足的需求可能会直接流失。因此，使用销量数据对未来需求进行预测，得到的预测值可能较真实需求偏低。如果相关品类在历史上有严重的缺货现象出现，则不能直接利用历史销量建立预测模型，而需要先对历史销量进行还原，根据对缺货量的估计对历史销量进行修正，还原出"真实"的需求后再建立预测模型。例如，通过历史数据发现某日库存为0，且销量比往日显著降低，则需要考虑当日有缺货发生的可能性，可以参考相似产品当日销量，或使用该产品的历史销量对数据进行修正。

5.3.3 根据业务场景进行模型修正

模型漂移（Model Drift）是指由于环境的变化而导致模型的预测能力下降。在实际预测场景中，数据规律可能会随着时间的变化而发生改变，例如，新产品A上市后可能会蚕食旧产品B的销量，造成产品B的销量永久性的下降，原有的预测模型在产品B的表现就会变差。为了解决模型漂移的问题，需要对预测模型进行重训练，在抛弃久远历史样本的同时更多地参考近期样本，尽快地学习新的规律。

趋势项和周期项是预测模型重点考虑的拟合对象，在实际预测场景中，尤其是长周期的预测场景中，很容易出现过度的趋势拟合，即趋势外推。趋势的过度外推容易造成预测值偏差较大，因此在拟合预测模型时应多从业务角度入手，对模型参数进行一定限制。

5.3.4 节假日特征处理

节假日在实际预测建模中是常见的特征因子，大型节假日如春节、国庆节等往往有比较特殊的规律，需要进行特殊处理。在刻画节假日对销量的影响时，有以下两点需要特别注意：第一，我国的部分节假日每年可能并非出现在同一时间段，在建立预测模型时，参考的历史同期销量也会发生错位。例如，春节并非一直发生在 2 月份，也会发生在 1 月份，因此如果参考以往同期销量要找准月份；第二，节假日对销量的影响往往并非发生在节假日期间，在节假日前后也会产生一定影响。例如，消费者可能为了等待节假日的大促，在之前减少消费，或者在节假日进行了囤货，总的来说需要从更宽泛的角度看待节假日对销量的影响。

第 6 章 库存策略优化基础

需求预测刻画了商品在未来一段时间内需求的平均水平及波动（预测误差）等属性。要使这些信息在库存管理中发挥作用，需要将它们转换为库存决策。企业需要选择适合的库存策略来管理库存，并根据需求信息、目标的现货率和需求满足率以及库存成本等因素确定和优化库存策略的参数，从而实现科学的库存管理，在最小化库存周转天数（成本）的同时最大化现货率和需求满足率。

本章介绍库存策略优化的基本概念。6.1 节介绍 3 类主要的库存成本；6.2 节介绍用于刻画库存策略的重要概念、两类常用的库存策略以及库存策略的重要评价指标；6.3 节介绍基础的库存分类方法；6.4 节介绍企业库存管理的几个阶段。

6.1 库存成本

库存管理的核心目标在于匹配供需，以尽可能低的成本来最大限度地满足消费者需求，从而使企业的效益达到最大化。为实现这一目标，首先需要明确库存管理中涉及的成本。常见的库存成本包括订货成本、持货成本以及缺货成本。

6.1.1 订货成本

订货成本主要有固定订货成本和可变订货成本两类。固定订货成本是以一次订货计的成本，与具体的订货量无关。它包含订货过程中固定的物流成本、订单的处理成本等。可变订货成本是以订购量计的成本。考虑一家便利店，每次向矿泉水供应商订购矿泉水时，无论订购量大小，都需要支付固定的物流费用，这部分成本即为固定订货成本。同时，还需要根据订货量，支付 20 元 / 箱的单位订货费用。其他一些由订货产生的费用也应被核算入订货成本，如仓库的处理成本。在每次补货到达仓库的过程中，需要一些人力及物力进行搬运、记录等操作，因此会产生一定的处理成本。这部分处理成本也可以被拆分为固定订货成本和与订货量有关的可变订货成本。本书将以 K 表示固定订货成本，以 C 表示单位订货成本，即每订购一单位产品所产生的成本。

尽管从理论上可以明确给出固定与可变两类订货成本的定义，但在实际中，这两类成本往往交织在一起，很难有非常明确的划分界限。例如，当订货量超过一定的阈值（如订货量超过了一辆整车的运力）时，原本的固定成本可能转变为可变成本。此外，实际中，一个订单中可能包含多个 SKU，将订单的固定订货成本分摊到 SKU 颗粒度时，需要考虑每一个 SKU 的订货量。因此，精确计算 SKU 颗粒度的固定订货成本在实际中具有一定难度。

6.1.2 持货成本

企业持有库存会产生相应的持货成本。首先，企业将流动资金用于投资库存，这意味着放弃了现金的其他投资机会，因此持有库存会造成资金的机会成本。其次，作为一种资产，库存会随时间产生折旧，折旧成本也是一类持货成本。当库存在仓库中存储时会产生各类仓储费用，如仓库的租赁费用、电费、保管人员的工资、各类保险支出费用等。本书将以 H 表示核算后的单位持货成本。

实际中，精确计算 SKU 颗粒度的单位持货成本同样不容易。例如，一个仓库可能存储多种 SKU，并且仓库中 SKU 的种类与数量都是实时变化的，因此很难将仓库的租赁/管理费用精确分摊到每一个 SKU。常用的确定持货成本的方式是用商品订货成本的一个比例来近似单位持货成本，即越贵的商品，其持货成本越高。本书将以 hC 表示单位时间内单位商品的持货成本，其中 C 表示商品的订货成本；h 表示持货成本率，例如，某商品的订货成本 $C=100$ 元，持货成本率 $h=40\%$ 每年，则其每年的持货成本为 40 元。

6.1.3 缺货成本

当低库存导致缺货时，企业需要承担一定的缺货成本。根据缺货发生后的不同情形，缺货成本有不同的定义。对于缺货候补的情形，缺货成本表示延期交货的惩罚，它可以是一次性的，也可能与延迟的时间长短有关。而对于缺货流失的情形，缺货成本对应于商品的毛利，即由于缺货而损失掉的本可以获得的利润。但缺货的影响往往不只是损失了当前订单的利润，还会对品牌形象造成损失，降低消费者忠诚度。当产品缺货时，消费者可能转而选择其他品牌或者平台的产品，从而让企业丧失一些未来订单的机会。

6.2 库存策略

在库存管理中，根据管理者的实际运营状况和应用场景的不同，往往会有不同的盘货和补货策略。为了便于讨论，这里对库存管理有关的概念进行总结。

6.2.1 库存策略基本概念

1. 与库存状态有关的概念

在任一时点，是否需要补货以及补货量多少取决于当前的库存状态。用来刻画库存状态的概念主要包括：

- 现货库存（On-hand Inventory）：指可以立刻用于交付需求的库存。
- 候补需求（Backorder）：指已确定但还未满足的，等待通过后续库存满足的需求。
- 已订购库存：包括已下订单但未到货的在途库存（In-transit Inventory）和在制库存（Working-in-progress Inventory）。本书将在途库存与在制库存的总量称为已订购库存。
- 净库存（Net Inventory，NI）：净库存 = 现货库存 − 候补需求。
- 库存水平（Inventory Position，IP）：库存水平 = 净库存 + 已订购库存。

2. 与库存系统有关的概念

库存策略与需求的实现情况决定了库存状态的动态变化过程，从而形成一个库存系统。下面给出了几个和库存系统有关的概念。

1）连续盘货（Continuous Review）：系统持续监控库存状态的变化情况；库存状态一旦发生变化，即可决定是否进行补货。

2）周期盘货（Periodic Review）：每隔一定周期进行一次盘货，间断地更新库存信息，补货只发生在补货周期对应的时间节点。

3）需求候补（Backlog）：当需求超过现货库存时，未能满足的需求将等待后续到达的库存来满足。

4）需求流失（Lost Sales）：当需求超过现货库存时，未能满足的需求将直接流失。

5）提前期（Lead Time）：从订单发出到收到货物的时间，包括订单的处理时间、货物的出入库与运输时间等。

3. 与库存策略有关的概念

补货决策一般依据某个特定的库存策略来执行。库存策略会以某种规则将系统的库存状态映射到补货决策。库存策略通常由几个策略参数来定义，常用的策略参数包括：

1）再补货点（Reorder Point，ROP）：当库存水平低于再补货点时将触发补货。

2）补货批量（Batch Size，Q）：每次补货的最小补货单位。

3）目标库存（order-up-to，OUL）水平：每次订货使得库存水平达到的目标水平。

4）盘货周期（Review Period，T）：在周期盘货库存系统中，相邻两次盘货之间的时间间隔。

4. 与时间有关的概念

本书涉及几个不同的时间概念，为了避免读者混淆，下面对几个概念进行总结方便读者进行区分。

1）期（Unit Period）：用于统计需求信息的最小颗粒度，没有特殊说明的情况下，本书中的一期表示一天。例如，每期需求的均值即表示每日需求的均值。

2）盘货周期（Review Period，T）：在周期盘货库存系统中，相邻两次盘货之间的时间间隔。

3）补货周期（Cycle）：平均两次补货之间的时间间隔，本书将"补货周期"简称为"周期"。

6.2.2 库存策略描述

本书将详细介绍两类较为常见且应用也十分广泛的补货策略：(ROP, Q) 策略和 (OUL, T) 策略。

1. (ROP, Q) 策略

在 (ROP, Q) 策略下，库存水平被持续跟踪（连续盘货），库存策略由再补货点 ROP 和补货批量 Q 定义。具体地，当库存水平达到（或低于）再补货点 ROP 时，向供应商下达数量为 Q 的整数倍的补货订单，使得库存水平刚好超过 ROP；反之则不订货。本书将相应的库存系统称为 (ROP, Q) 系统。

图 6-1 所示为 (ROP, Q) 系统中净库存和库存水平随时间变化的示意图，横坐标表示时间 t，纵坐标表示库存水平或净库存的数量。其中再补货点 ROP 为 2，补货批量 Q 为 4，提前期 L 为 1 天。在第 1 天开始时（$t=0$），净库存为 6，并且没有已订购库存，因此库存水平为 6。第 1 天的需求量为 1，因此在第 1 天结束时（$t=1$），净库存和库存水平均降低 1，达到 5，仍然高于 ROP，因此不进行补货。同理，在第 2 天结束时（$t=2$）和第 3 天结束时（$t=3$）均不进行补货。直到第 4 天结束时（$t=4$），库存水平达到了 ROP，因此进行补货，补货量为 Q。补货订单下达后，库存水平增加了 4，对应于图中 $t=4$ 的位置，虚线增加了 4。由于补货订单下达后，需要间隔提前期（1 天）的时间，补货才会到达，因此表示净库存的实线不会在 $t=4$ 的位置增加，而是延迟 1 天，到 $t=5$ 时再增加 4。

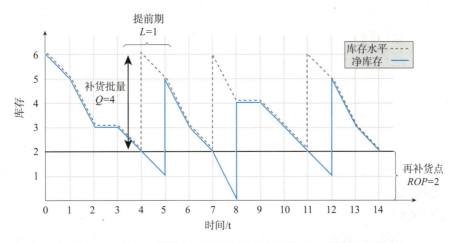

图 6-1 (ROP, Q) 系统中净库存和库存水平随时间变化的示意图

当补货批量相比于单位时间的需求较大，使得每次最多只补一个批量时，(ROP, Q) 系统每次补货的量是固定的常数；相邻两次补货的间隔时间是不确定的。

2. (OUL,T) 策略

在 (OUL,T) 策略下，盘货按周期进行，周期长度为 T 期。这里，时间单位"期"可以是天、周、月等。每次盘货时，如果库存水平低于目标库存水平 OUL，则进行补货，使补货后的库存水平达到 OUL。本书将相应的库存系统称为 (OUL,T) 系统。当盘货周期等于一期时，该策略也被称为基库存策略（Base-Stock Policy）。

图 6-2 所示为 (OUL,T) 系统中净库存和库存水平随时间变化的示意图，横坐标表示时间 t，纵坐标表示库存水平或净库存的数量。其中，目标库存水平 OUL 为 6，盘货周期 T 为 4 天，提前期为 1 天。在第 1 天开始时（$t=0$），净库存为 6，并且没有已订购库存，因此库存水平也为 6。由于盘货周期为 4 天，因此每隔 4 天进行一次补货，每次补货后的库存水平会达到目标库存水平 6。例如，在第 4 天结束时（$t=4$），需要进行补货。补货前的库存水平为 3，因此补货量为 6-3=3。补货订单下达后，库存水平立刻增加 3，对应图中 $t=4$ 的位置，虚线增加了 3。补货订单下达后，需要间隔提前期（1 天）的时间才会到达，因此表示净库存的实线不会在 $t=4$ 的位置增加，而是延迟 1 天，到 $t=5$ 时再增加 3。类似地，在第 8 天结束时（$t=8$），需要进行补货。补货前的库存水平为 2，因此补货量为 6-2=4。

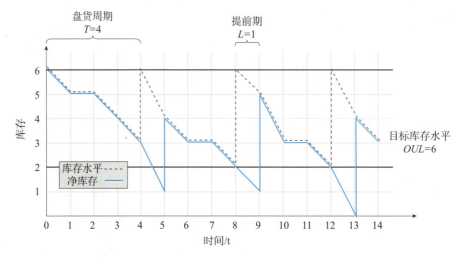

图 6-2 (OUL,T) 系统中净库存和库存水平随时间变化的示意图

(OUL,T) 系统具有这样的性质：每次补货的量是随机的；而相邻两次补货的间隔时间是固定的常数。

3. 其他策略

事实上，(ROP,Q) 策略也可以采用周期盘货的方式来管理。两种盘货方式各有优劣。周期盘货的优势在于盘货系统的维护成本较低，并且利于将多个商品的补货信息集中在一起下达给供应商；劣势则是对库存信息的更新不够及时，可能造成较长时间的缺货。连续盘货的优势在于可以实时更新库存信息，将库存水平始终保持在较为合理的范围内；劣势在于需要高度的信息化水平和规范的记录，维护成本较高。

另外一类常见的策略是 (ROP,OUL) 策略，通常将该策略称为 (s,S) 策略。在该策略下，库存水平一般每期盘点一次，策略由再补货点 ROP 和目标库存水平 OUL 控制。当库存水平达到（或低于）ROP 时，向供应商下达一定数量的补货订单，使得库存水平达到 OUL；反之则不补货。它有着与 (ROP,Q) 策略类似的批量补货的特点，区别在于其批量由目标库存水平与再补货点之间的距离来控制，因此批量是可变的。理论上，它的绩效要略微优于 (ROP,Q) 策略，但固定的批量也使得 (ROP,Q) 策略更易于实施和管理。基于上述几种基本策略，还可以组合出更加复杂的库存策略，如 (ROP,OUL,Q) 策略，即在 (ROP,OUL) 策略的基础上要求补货量必须是 Q 的整数倍。

上述策略还被称为与状态独立（State-independent）的库存策略。这是因为在上述策略下，补货决策只依赖库存水平的一个指标，而与具体的现货库存、在途库存的分布情况无关。这类策略的优势是策略的规则与参数具有更强的解释性，策略的优化与应用也更简单。因此，它们在实际中的应用更为普遍。但是，这类策略忽略了库存状态的完整信息，这样的简化处理（将所有库存信息加总为库存水平的一个指标）只在比较特殊的场景下是最优的。而对于一些库存状态信息比较重要的库存管理问题，如短生命周期商品的库存管理、多供应商联合补货管理等，只考虑库存水平的一个指标可能会导致库存策略的绩效与全局最优绩效有一定差距。

6.2.3 周期库存和安全库存

尽管 (ROP,Q) 和 (OUL,T) 两类策略在运作模式上有差异，但它们在本质上有着同样的特性。(ROP,Q) 策略通过再补货点 ROP 将系统的库存水平维持在一定水平，同时通过补货批量 Q 来控制补货的频次（周期）。(OUL,T) 策略则直接给定盘货周期 T，同时通过目标库存水平 OUL 来控制库存水平。事实上，确定两种策略的参数的关键都是确定系统的周期库存与安全库存：

周期库存（Cycle Inventory）：由于批量补货而持有的库存的平均值。

安全库存（Safety Stock）：在需求均值之外额外持有的以应对供需不确定性的库存量。

固定订货成本是企业持有周期库存或者说进行批量订货的主要原因，其他可能的原因还包括供应商提供短期促销以促使企业进行囤货，以及供应商提供数量折扣等。企业持有安全库存的主要原因则是需求与供应的不确定性以及补货提前期的存在。

理论上，库存系统的周期库存和安全库存可以进行联合优化。学界有大量的文献研究该问题。在实际中，企业常常会将周期库存和安全库存分开来考虑。这样，一方面可以更简单且灵活地对两类库存进行管理，另一方面，如之前所述，实际中固定订货成本的估算往往比较困难。企业可以通过直接设定最小起订量、固定的补货周期等方式来实现订货的规模效应。本书将对周期库存和安全库存的计算分开来讨论。

6.2.4 库存策略绩效评价

库存策略的好坏需要通过某些指标来评价。最直接的评价指标是库存策略下系统的平均总库存成本。除此之外，周期服务水平、需求满足率、平均库存、库存周转天数也是常用的评价指标。

周期服务水平：没有发生缺货的（补货）周期数占总周期数的比例。

需求满足率：通过现货库存满足的需求占总需求的比例。

平均库存：系统在一段时间内的平均库存量。

库存周转天数：库存从进入系统到离开系统的平均时间，等于平均库存除以平均需求。

事实上，由于SKU颗粒度的库存成本的估计本身可能不够准确，因此上述4种指标在实际中的应用往往更为广泛。此外，由于激烈的市场竞争，对于有些企业，其周期服务水平和需求满足率甚至是比库存成本更加重要的评价指标。要达到较高的周期服务水平，让期望的缺货量更小，就需要持有更多的安全库存。

6.3 库存分类方法

实际中，一家企业可能同时管理成千上万种产品。为成熟期产品和衰退期产品设置相同的周期服务水平显然是不合理的。企业需要根据产品特性，对产品进行分类并设置不同的周期服务水平。ABC分类法、XYZ分类法和FSN分类法是3种常用的库存分类方法。XYZ分类法根据产品的需求波动性进行分类，FSN分类法则根据产品的库存周转天数进行分类。

ABC分类法基于帕累托法则，也称为二八法则，即80%的收益来自20%的产品。根据产品给企业带来的收益，ABC分类法将产品分为A、B和C三类。A类产品占总产品数的10%~20%，为企业带来70%~80%的收益；B类产品占总产品数的30%的数量，带来15%~25%的收益；C类产品占总产品数的50%的数量，带来约5%的收益。

XYZ分类法使用需求的变异系数（Coefficient of Variation，CV）来衡量需求的不确定性。变异系数为需求标准差与均值的比值。

$$CV = \frac{\sigma}{\mu}$$

变异系数越大，说明产品的需求波动性越大。相较于标准差，变异系数是一个无量纲量，因此能够衡量均值不同的产品之间的不确定性的差异。根据变异系数的大小，XYZ分类法将产品分为X、Y和Z这3类。X类表示需求波动较小($0 \leq CV \leq 0.4$)且需求连续的产品；Y类表示需求有一定波动($0.4 < CV < 0.8$)但在一定程度上可预测的

产品；Z 类表示需求波动性很大($CV \geq 0.8$)且需求呈现间歇性（即零需求比例较高）的产品。

FSN 分类法根据库存周转天数将产品分为快消品（Fast-moving，F）、慢消品（Slow-moving，S）和呆滞品（Non-moving，N）。快消品的库存周转较快，需求较为连续；慢消品的库存周转相对较慢，常常出现间歇性需求，类似于 XYZ 分类中的 Z 类商品；呆滞品的库存周转非常慢，需求很少。对于企业来说，呆滞品库存是一种风险库存。

需要强调的是，无论采取哪种分类方式，企业都需要根据自身产品的具体情况进行分析。这里给出的分类的阈值，仅仅是供读者参考的示例。这些分类方法为企业提供了一种分类管理思路的指引。对相应分类方法感兴趣的读者，可以阅读参考文献 [20] 来获得更详细的介绍。

6.4 企业库存管理的几个阶段

不同的企业，或者一个企业的不同发展阶段，由于不同行业竞争的焦点不同，或企业自身所处的阶段不同，再或者信息化程度不同，其库存管理策略存在较大差别。基于使用的工具和安全库存设置逻辑，企业库存管理大概可以分为 5 个阶段。

6.4.1 粗放的手工设置阶段

处于该阶段的企业对所有商品会设置一个固定目标库存天数，通常以最近一段时间的历史日均销量作为未来预测。以目标库存天数乘以历史日均销量得到目标库存水平，从而进行补货。这种管理方式从计划执行上比较简单，管理人员会根据过去所使用天数的效果（经验）进行调整。当部分重要商品或者需求波动性较大的商品出现缺货时，管理人员会将固定天数上调。这往往导致最终稳定使用的固定天数较高，过多的库存使得企业的持货成本较高。

一般来说，该类企业的所处行业或者企业所处阶段的竞争焦点在营销销售端，供应链信息化程度不高，商品数量较少，比较依赖管理人员的判断和个人经验。

6.4.2 基于分类的手工设置阶段

当销售的商品增多，企业逐渐意识到对所有商品设置同样的固定目标库存天数，可能会导致不必要的库存积压。此时，企业通常会基于商品的重要性进行分类，如 ABC 分类，对不同分类的商品设置不同的库存策略。对重要商品设置较高的目标库存以保障供应，而对重要性低的商品设置相对较低的目标库存。

相比于前一阶段，该方式能够在一定程度上降低库存。但是，同一分类里的商品的需求特性仍可能有很大的区别，当某个波动性较大的商品出现缺货时，管理人员会将该分类的库存天数调高，导致其他波动性较小的商品出现不必要的库存积压。

6.4.3　基于 Excel 的库存设置阶段

当企业规模进一步扩大，或者行业竞争从营销销售端延伸到了供应链运营端时，企业会开始雇佣有一定库存管理方法背景的人员来专门管理。企业认识到安全库存的设置与需求的不确定性、供应的不确定性以及期望的目标服务水平有关。当管理商品数量较多时，依靠手工计算库存策略管理难度依然很大。管理人员基于 Excel 统计日均需求、平均提前期、需求和提前期标准差，并按照通用的理论公式计算安全库存，从而能够为波动性不同的商品设置不同的安全库存。

6.4.4　基于管理系统的库存设置阶段

随着企业规模的再进一步扩大，企业的商品范围较大，一方面，单个 Excel 无法承载过多的数据；另一方面，供应链各个环节的功能不断细化，管理流程变长，一个环节中涉及的管理人员较多，对库存管理提出了需要支持多人、多环节高效协作，以及流程规范的要求。由于使用 Excel 具有编辑数据的高度自由，难以适应新的管理需求，因此，企业会考虑引进管理系统。系统供应商基于其服务多家企业的经验，在系统交付阶段对企业进行培训，为企业对库存管理的理解带来新的输入。

6.4.5　基于管理系统的库存优化阶段

系统的存在，使得海量数据的积累成为可能，从而也为后续进一步的"智能化"奠定了基础。很多管理系统提供了库存管理模块，但由于是标准化产品，其设计的目的是满足一般场景，因此存在库存优化的空间。供应链管理水平较高或者有前瞻性的企业，会自建团队或者引入外部专业的供应链决策优化供应商，基于企业的特性进行库存优化，从而进一步降低库存，提高服务水平，创造持续的供应链优势。

第 7 章 周期库存优化

在订货或安排生产时,会产生两类成本:一类是每次订货都会产生的固定订货成本,另一类是与订购的数量有关的可变成本。每次的订货批量越大,产生的规模效应越大,越有助于分摊固定订货成本,但同时也会让库存变高,使得库存持货成本上升。周期库存优化的目标是通过优化订货批量、权衡固定订货成本与持货成本,找到使得总成本最小的补货批量与周期库存。

本章的模型将忽略需求不确定性的影响。7.1 节介绍基础的经济订货批量(Economic Order Quantity,EOQ)模型;7.2 节介绍时变需求下的经济订货批量模型;7.3 节介绍联合补货模型。

7.1 经济订货批量模型

7.1.1 基础模型

例 7-1:一家便利店平均每周售出 2 箱某款啤酒。店长每两周补货一次,每次的订货批量为 4 箱,每次订货的固定成本是 60 元,主要为运输成本。已知每箱啤酒的采购价为 100 元,由于便利店的仓储费用较高,店长认为该啤酒的持货成本率为 80% 每年,即单位持货成本为每年 80 元。在当前的补货策略下,该啤酒每年的库存成本是多少?最优的订货批量是多少?

定义如下符号:订货批量为 Q;年需求量为 D;单位采购成本为 C;固定订货成本为 K;单位持货成本为 H,$H = 0.8C$。

在例 7-1 中,订货批量 $Q = 4$,以年作为单位时间,则年需求量 $D = 2 \times 52 = 104$。图 7-1 所示为啤酒的库存水平随时间变化的情况。可以看到,每次补货后,啤酒的库存达到 Q,随后的一段时间内,库存匀速地被消耗,直到降低到 0,然后再次进行补货,从而构成一个周期,如此往复下去。

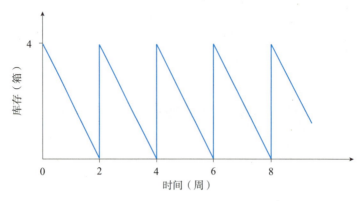

图 7-1 啤酒的库存水平随时间变化的情况

周期库存衡量的是库存系统由于批量补货而产生的平均库存。因此，周期库存的优化问题即订货批量的优化问题。在需求平稳的情况下，周期库存与订货批量的关系为

$$周期库存 = \frac{Q}{2} = 2箱$$

因此，该啤酒的平均库存是 2 箱。进一步地，可以计算库存周转天数如下：

$$库存周转天数 = \frac{平均库存}{平均需求} = 1周$$

这表明，1 箱啤酒会在便利店存放平均 1 周后被销售出去。

相应地，年持货成本为 $2 \times 80 = 160$ 元。由于店长每两周补货一次，一年需要补货 26 次，年补货成本为 $26 \times 60 = 1560$ 元。因此，一年的总库存成本为 1720 元。

接下来建立 EOQ 模型，计算啤酒的最优订货批量。模型考虑以下 3 部分成本：年商品采购成本、年固定订货成本以及年持货成本。

1）年需求量 D 为确定常量，因此年商品采购成本与订货批量无关，为

$$年商品采购成本 = CD$$

2）年固定订货成本与订货次数有关，给定订货批量 Q，一年的订货次数为 D/Q，因此年固定订货成本为

$$年固定订货成本 = \frac{KD}{Q}$$

3）年持货成本为平均库存（周期库存）与单位持货成本的乘积，即

$$年持货成本 = \frac{HQ}{2}$$

由于商品采购成本与订货批量无关，因此在优化订货批量时可以忽略这部分成本，仅考虑固定订货成本与持货成本。以订货批量 Q 为决策变量，年库存总成本为

$$f(Q) = \frac{KD}{Q} + \frac{HQ}{2}$$

下面使用 Python 绘制各项成本随订货批量 Q 变化的曲线，具体步骤如下。

首先，导入 Python 中关于画图、设置画图风格、设置字体的工具包。

```python
# 导入绘图包
import matplotlib.pyplot as plt
import seaborn as sns
# 设置画图风格
sns.set_theme(style='darkgrid')
# 设置画图颜色
color_list = ['#1c79d9', '#9dc7f2', '#787878']
# 设置画布大小
plt.rcParams['figure.figsize'] = (12.0, 6.0)
# 设置清晰度
plt.rcParams['figure.dpi'] = 500
# 设置画图字体

import matplotlib
matplotlib.rc('font', family='Songti SC')
parameters = {'figure.figsize': [12.0, 6.0],
              'figure.dpi': 500,
              'axes.labelsize': 14,
              'xtick.labelsize': 14,
              'ytick.labelsize': 14,
              'legend.fontsize': 14,
              'font.weight': 'bold'
              }
plt.rcParams.update(parameters)
```

然后，设定相关的成本参数和需求参数，并生成从 5~40 的所有整数作为可能的订货量，保存在列表中，之后计算各个订货量下的年固定订货成本、年持货成本和年总成本，保存在相应的列表中。

```python
# H表示年单位持货成本，设为80
H = 80
# K表示固定订货成本，设为60
K = 60
# D表示每期需求，设为104
D = 104
# 使用Python列表生成式生成Q可能的取值列表
Q_list = [Q for Q in range(5, 25, 1)]
# 定义空列表fix_cost_list、holding_cost_list、total_cost_list
# 分别用于存储对应订货量的取值下的年固定订货成本、持货成本、总成本
fix_cost_list = []
holding_cost_list = []
total_cost_list = []
# 对于每个可能的订货量的取值，按照公式计算相关成本，并存储
for Q in Q_list:
    fix_cost_list.append(K * D / Q)
    holding_cost_list.append(H * Q /2)
    total_cost_list.append(K * D / Q + H * Q /2)
```

最后，运用 matplotlib.pyplot 工具包，绘制横坐标为订货量，纵坐标为各类成本的函数图像，并标注坐标轴名称、图例，结果如图 7-2 所示。

```
# 绘制成本与订货批量Q的关系图
# 生成新图
plt.figure()
# 绘制固定成本图像,线型设置为点画线
plt.plot(Q_list, fix_cost_list, ls="-.", color='#9dc7f2', linewidth=2,
         label='年固定订货成本')
# 绘制持货成本图像,线型设置为虚线
plt.plot(Q_list, holding_cost_list, ls="--", color='#787878', linewidth=2,
         label='年持货成本')
# 绘制总成本图像,线型设置为实线
plt.plot(Q_list, total_cost_list, ls="-", color='#1c79d9', linewidth=2,
         label='年总成本')
# 添加横坐标标题
plt.xlabel('订货量')
# 添加纵坐标标题
plt.ylabel('成本')
# 添加图例
plt.legend()
# 显示图像
plt.show()
```

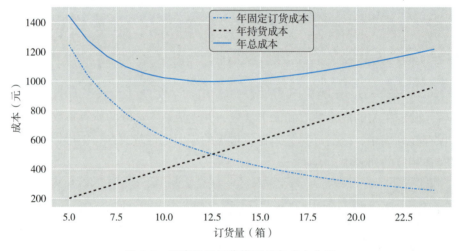

图 7-2 经济批量订货模型的各成本曲线

在图 7-2 中,点画线表示年固定订货成本,虚线表示年持货成本,实线表示年总成本。可以观察到:

1)年固定订货成本随着订货批量的增加而减小,并且减小速率逐渐降低。

2)年持货成本随着订货批量的增加而增加,并且增加速率不变。

3)年总成本随着订货批量的增加出现先减小再增加的趋势。

4)年总成本达到最低时,平均订货成本和平均持货成本恰好相等。

最优的订货批量是使得总成本函数 $f(Q)$ 最小的订货批量。由于 $f(Q)$ 是关于 Q 的凸函数,对其求导并令导数为 0 可得到最优的订货批量 Q^*。$f(Q)$ 的一阶导数为

$$f'(Q) = -\frac{KD}{Q^2} + \frac{H}{2}$$

令该式为 0，得到最优订货批量 Q^* 为

$$Q^* = \sqrt{\frac{2KD}{H}}$$

在最优订货批量下，周期库存为 $Q^*/2 = \sqrt{KD/2H}$，年固定订货成本为 $KD/Q^* = \sqrt{KDH/2}$，年持货成本为 $HQ^*/2 = \sqrt{KDH/2}$。在最优的订货批量下，年固定订货成本与年持货成本是相等的，并且总成本最低。年总成本为 $f(Q^*) = \sqrt{2KDH}$。相应地，最优的补货周期 T^* 为

$$T^* = \frac{Q^*}{D} = \sqrt{\frac{2K}{HD}}$$

利用上述公式，通过计算可以得到例 7-1 中啤酒的最优订货批量与最优订货周期：

```
# 计算最优订货批量
optimal_quantity = (2 * K * D / H) ** 0.5
print('最优的订货批量为: %.2f 箱' % optimal_quantity)
# 计算最优订货周期
opt_period = (2 * K / H / D) ** 0.5 * 52
print('最优的订货周期为: %.2f 周' % opt_period)
# 计算最优总成本
opt_total_cost = (2 * K * H * D) ** 0.5
print('最优的总成本为: %.2f 元' % opt_total_cost)
```

```
最优的订货批量为: 12.49 箱
最优的订货周期为: 6.24 周
最优的总成本为: 999.20 元
```

啤酒的最优订货批量是 12.49 箱，每 6.24 周补货一次。与当前的补货策略相比，总成本可降低约 720 元。在实际应用中，补货量通常需要以箱为单位，由于总成本函数是凸函数，因此只需要比较订货量为 12 箱与 13 箱的成本，两者中成本更低的即为使得总库存成本最小的整箱补货批量。在例 7-1 中，最优的整箱补货批量为 12 箱。

实际应用中，有时需要根据实际情况对补货的周期进行调整，在某些特定的时间点补货更利于供应链上下游的协调以及人员安排。例如，便利店可能希望在周五下午进行啤酒的补货，因此，啤酒的补货周期需要是 7 天的整数倍。这种情况下，需要对订货周期的优化做出一定调整。Power-of-two 策略是一种常用的将订货周期控制在一定节奏上的策略。

7.1.2 Power-of-two 策略

Power-of-two(POT) 策略将补货周期限制在如下可行集：

$$T = T_B \cdot 2^k, \ k \in Z$$

式中，T_B为最小补货周期，可以是一天、一周或者是一个月。以$T_B=1$天为例，则可行的补货周期为1天、2天、4天、8天等，每个可行的补货周期都是最小补货周期的倍数，而倍数总是2的幂次，从而使得补货工作变得规律且易于计划。此时，补货周期的优化需要比较可行集中与全局最优的补货周期$\sqrt{2K/HD}$距离最近的两个点的成本。在例7-1中，啤酒的最优补货周期是6.24周，如果以周作为最小补货周期，则POT策略下可行的补货周期为4周和8周，它们对应的总成本分别是1100元和1047元。因此，最优的POT策略是每8周补货一次，相比于最优的补货周期，成本仅仅上升了48元。

下面对批量订货问题的成本函数进行敏感性分析，从而说明POT策略的鲁棒性。令Q^{POT}表示POT策略下的最优订货批量，该订货批量的成本$f(Q^{\mathrm{POT}})$与最优成本之间的比值为

$$\frac{f(Q^{\mathrm{POT}})}{f(Q^*)} = \frac{\dfrac{KD}{Q^{\mathrm{POT}}} + \dfrac{HQ^{\mathrm{POT}}}{2}}{\dfrac{KD}{Q^*} + \dfrac{HQ^*}{2}} = \frac{1}{2}\left(\frac{Q^*}{Q^{\mathrm{POT}}} + \frac{Q^{\mathrm{POT}}}{Q^*}\right)$$

表7-1给出了Q^{POT}/Q^*的不同取值下$f(Q^{\mathrm{POT}})/f(Q^*)$的值。

表7-1 不同订货量下的成本比例

$\dfrac{Q^{\mathrm{POT}}}{Q^*}$	0.5	$\dfrac{1}{\sqrt{2}}\approx 0.71$	0.9	1	1.1	$\sqrt{2}\approx 1.41$	1.5	2
$\dfrac{f(Q^{\mathrm{POT}})}{f(Q^*)}$	1.250	1.061	1.006	1.000	1.005	1.061	1.083	1.250

可以看到，当实际订货量与理论最优订货批量之间存在10%的误差时，成本的增加量不到1%，这表明批量订货模型具有鲁棒性。由于成本估算误差、实践约束等原因，实际的订货量无法与理论最优的订货量保持严格一致，但是只要两者较为接近，实际运行得到的成本与理论上的最低成本会较为接近。

事实上，在POT策略下，最差的情况是理论最优补货周期T^*落在了两个可行的补货周期T和$2T$之间，并且恰好这两个补货周期的成本相等。此时有$T=T^*/\sqrt{2}$，$Q=\sqrt{2}Q^*$，$f(Q)/f(Q^*)=1.061$。因此，POT策略下最差情况的成本在理论上仅比全局最低成本高6%。详细的分析过程可在参考文献[21]中找到。

在实际应用过程中，SKU颗粒度的成本参数估计可能存在误差，经济订货批量模型对于成本参数估计的误差具有鲁棒性。例如，如果固定成本K被高估50%，那么错误的固定成本会使得订货量被高估22%，而最终高估的订货量只会让总库存成本增加2%。

7.2 时变需求下的经济订货批量模型

7.2.1 基础模型

7.1 节的模型中每一期的需求都是恒定的。实际中，需求可能存在一定的周期性和趋势性，使得需求具有时变性。本小节考虑时变需求下的经济订货批量模型。

已知未来 T 期的需求为 d_t，$t=1,\cdots,T$，决策者需要制定未来 T 期的补货策略即每一期是否都订货，如果订货则订货量是多少，使得在不出现缺货的情况下，最小化 T 期的总成本，包括采购成本、订货成本和持货成本。

定义 $\delta_t \in \{0,1\}$，表示第 t 期是否订货，如果订货其值为 1，不订货其值为 0。第 t 期的订货成本可以表示为 $K\delta_t$。令 x_t 与 y_t 分别表示第 t 期补货前与补货后系统的库存量。第 t 期的订货量为 $y_t - x_t$，相应的采购成本为 $C(y_t - x_t)$。第 t 期满足需求后的剩余库存量为 $y_t - d_t$，相应的持货成本为 $H(y_t - d_t)$。于是，第 t 期的总成本为 $K\delta_t + C(y_t - x_t) + H(y_t - d_t)$。决策的目标是优化 y_t，$t=1,\cdots,T$，从而最小化 T 期的总成本：

$$\sum_{t=1}^{T}\left[K\delta_t + C(y_t - x_t) + H(y_t - d_t)\right]$$

在决策的过程中需要满足如下的约束条件：

1）补货量为非负数，即补货后的库存量大于或等于补货前的库存量：$y_1 \geq x_1, y_2 \geq x_2, \cdots, y_T \geq x_T$。

2）不会出现缺货，即补货后的库存量要大于或等于当期需求量：$y_1 \geq d_1, y_2 \geq d_2, \cdots, y_T \geq d_T$。

3）每天的起始库存在经历了补货、满足需求后，会成为第二天的起始库存，即 $x_{t+1} = y_t - d_t, t=1,2,\cdots,T$。

时变需求下的经济订货批量模型可以写成如下的数学规划问题：

$$\begin{aligned}\min \quad & \sum_{t=1}^{T}\left[K\delta_t + C(y_t - x_t) + H(y_t - d_t)\right]\\ \text{s.t.} \quad & y_1 \geq x_1, y_2 \geq x_2, \cdots, y_T \geq x_T\\ & y_1 \geq d_1, y_2 \geq d_2, \cdots, y_T \geq d_T\\ & x_{t+1} = y_t - d_t, t=1,2,\cdots,T\end{aligned}$$

这里首先通过一个 4 期的例子来分析最优补货策略的性质。

例 7-2：考虑一个 4 期的问题，各期的需求分别为 $d_1 = 10, d_2 = 25, d_3 = 20, d_4 = 30$。

表 7-2 给出了一个可行补货策略下系统的库存与成本情况。

表 7-2 一个可行的补货策略下系统的库存与成本情况

期数	1	2	3	4
需求量 (d_t)	10	25	20	30
订货量 ($y_t - x_t$)	35	0	25	30
订货前的库存量 (x_t)	0	25	0	5
满足需求后的库存量 (x_{t+1})	25	0	5	5
第 t 期的成本	$K+35C+25H$	0	$K+25C+5H$	$K+30C+5H$

如表 7-2 所示，4 期的需求分别为 10、25、20、30，补货发生在第 1、3、4 期，补货量分别为 35、25、30。特别地，第 3 期的期初库存为 0，其订货量大于需求量，但不能完全满足第 3 期和第 4 期的总需求，因此第 4 期也进行了补货，并且最终库存剩余 5。显然，该策略并不是最优的。首先，给定前 3 期的补货量，第 4 期只需补 25 就足够了，这样可以将成本降低 $5(C+H)$。其次，第 3 期的补货量中超出其需求量的 5 个单位只是徒增持货成本，因为第 4 期仍然需要补货才可以满足需求。事实上，只需要将第 3 期的订货量减少 5 个单位，其余不变，就可以得到一个更优的补货策略，见表 7-3。

表 7-3 一个更优的补货策略

期数	1	2	3	4
需求量 (d_t)	10	25	20	30
订货量 ($y_t - x_t$)	35	0	20	30
订货前的库存量 (x_t)	0	25	0	0
满足需求后的库存量 (x_{t+1})	25	0	0	0
第 t 期的成本	$K+35C+25H$	$20C$	$K+20C$	$K+30C$

经过调整后，总成本下降了 $5C+10H$。通过例 7-2 的分析，可以总结出最优策略的以下性质：

性质 1 一个周期如果补货，那么它的期初库存一定是 0，因为可以将期初库存推迟到当期来补货，这样可以降低库存持货成本。

性质 2 最后一期的期末库存一定是 0，因为如果最后一期有剩余库存，那么在最后一次订货时会将剩余库存的量扣除，既不会出现缺货，还可以降低成本。

性质 3 在最优策略下，如果第 t 期的需求由第 s 期的订货量来满足（$s<t$），那么 $s \sim t$ 之间的所有需求也由第 s 期的订货量来满足。

性质 2 表明，T 期的总订货量等于 T 期的总需求量。因此，总采购成本等于 $C\sum_{t=1}^{T} d_t$，这是一个常数，将其从目标函数中去除不会改变最优策略的结果。数学规划问题可更新为：

$$\min \sum_{t=1}^{T}\left[K\delta_t + H(y_t - d_t)\right]$$
$$\text{s.t.} \quad y_1 \geq x_1, y_2 \geq x_2, \cdots, y_T \geq x_T$$
$$y_1 \geq d_1, y_2 \geq d_2, \cdots, y_T \geq d_T$$
$$x_{t+1} = y_t - d_t, t = 1, 2, \cdots, T$$
$$X_{T+1} = 0$$

7.2.2　Wagner-Whitin 算法（WW 算法）

Wagner 和 Whitin 提出了一个求解 7.2.1 小节中问题的迭代算法，称为 Wagner-Whitin 算法（WW 算法）[22]。令 F_t 表示决策周期为 t 期的问题的最优总成本（满足第 t 期结束时库存为0），令 ρ_t^s 表示在决策周期为 t 期的问题中，第 t 期的需求由第 s（$s \leq t$）期的订货量来满足的条件下的最优总成本。于是，F_t 与 ρ_t^s 有如下关系：

$$\rho_t^s = F_{s-1} + K + H(d_{s+1} + \cdots + d_t) + H(d_{s+2} + \cdots + d_t) + \cdots + H(d_t)$$

给定第 t 期的需求由第 s 期的订货量来满足，t 期的总成本可以拆分成 3 部分。第一部分是前 $s-1$ 期的最优总成本，并且第 $s-1$ 期的期末库存为 0；第二部分是第 s 期的订货成本 K；第三部分是从第 s 期到第 t 期的总持货成本。第 t 期的需求可以通过第 1 期到第 t 期中任何一期的订货量来满足，因此，最优成本 F_t 可以表示为

$$F_t = \min\left[\rho_t^1, \rho_t^2, \cdots, \rho_t^{t-1}, \rho_t^t\right]$$

此外，Wagner 和 Whitin 还在论文 [22] 中指出了该问题具有 "有限规划范围定理" 的重要性质。即对于一个总期数为 t 期的子问题，若在最优策略中，第 t_1 期的需求是通过第 t_2（$t_2 \leq t_1$）期的订货来满足的，则关于从第 t_1+1 到第 t 期的最优决策，只与从第 t_2 期到第 t 期的需求量等信息有关，而与从第 1 期第 t_2-1 期的信息无关。

上述性质可以被直观理解为，在最优策略中，若第 t_2 期进行了订货且用于满足第 t_1 期的需求，则说明第 t_2 期之前的订货均已被消耗完毕，未被带入第 t_2 期及之后。因此，第 t_2 期之前的需求量不会对第 t_1 期之后的各期成本及最优订货策略产生任何影响。

定义 v_t 表示对于前 t 期的子问题，最优策略是在第 v_t 期进行最后一次订货。假设现在已知 v_{t-1} 的数值，即对于前 $t-1$ 期的子问题，最优策略是在第 v_{t-1} 期进行最后一次订货。结合有限规划范围定理可知，对于前 t 期的子问题，最后一次订货一定发生在第 v_{t-1} 期及其之后。因此，只需分别计算出最后一次订货发生在第 v_{t-1} 期、第 $v_{t-1}+1$ 期、……、第 t 期的总成本，找出其中最小的，即为最优策略，从而可以找出前 t 期的子问题的最优策略中最后一次订货发生在第 v_t 期。于是，可以得到下述关于 F_t 和 v_t 的关系式：

$$F_t = \min\left\{\rho_t^{v_{t-1}}, \rho_t^{v_{t-1}+1}, \cdots, \rho_t^t\right\} \quad (7\text{-}1)$$

$$v_t = \underset{k}{\arg\min}\left\{\rho_t^k, k = v_{t-1}, v_{t-1}+1, \cdots, t\right\} \quad (7\text{-}2)$$

由定义可知，$v_1 = 1$。只需将上面两个式子的下标从 1 迭代计算到 T，那么总期数为 T 期的问题的最优总成本即为 F_T，且最后一次订货发生在第 v_T 期。并且，倒数第 2 次补货发生在第 v_{v_T-1} 期，倒数第 3 次补货发生在第 $v_{v_{v_T-1}-1}$ 期，等等。

以下是 WW 算法的完整步骤：

第一步：初始化。设置 $F_1 = K$, $v_1 = 1$，表明对于只包含第 1 期的子问题，最优成本为 $F_1 = K$，最后的订货周期是第 1 期。

第二步：对 $t = 2, \cdots, T$，迭代计算只包含前 t 期的子问题的最优成本。决定使用 $v_{t-1}, v_{t-1}+1, \cdots, t$ 中哪一期的订货量来满足第 t 期的需求的成本更低，确定前 t 期子问题中最后一次补货的最优周期 v_t 以及最优总成本 F_t，计算公式见式（7-1）和式（7-2）。

例如，当 $t = 2$ 时，当前考虑的是只包含前两期的子问题。此时需要决策用第 1 期还是第 2 期的订货量来满足第 2 期的需求。如果用第 1 期的订货量满足，则总成本为 $K + Hd_2$；如果用第 2 期的订货量来满足，则总成本为 $2K$。通过选择总成本最低的方案，计算前两期子问题的最优总成本，即

$$F_2 = \min\{K + Hd_2, 2K\}$$

然后，确定前两期子问题的最后一次订货的最优周期。如果 $K + Hd_2 < 2K$，则说明用第 1 期的订货量来满足第 2 期的需求更优，因此 $v_1 = 1$；如果 $K + Hd_2 \geqslant 2K$，则说明用第 2 期的订货量来满足第 2 期的需求，因此 $v_2 = 2$。

第三步：根据系列子问题的最优成本 F_t 与订货策略 $v_t(t = 1, \cdots, T)$，确定原问题的最优订货策略及其成本。

下面通过一个具体的例子来帮助读者更好地理解 WW 算法。

例 7-3：考虑一个 6 期的问题。假设订货成本 $K = 200$ 元，单位持货成本 $H = 1$ 元。各期的需求为 $d_1 = 20, d_2 = 80, d_3 = 50, d_4 = 70, d_5 = 100, d_6 = 90$。

第一步，初始化。

$$F_1 = K = 200, v_1 = 1$$

第二步，对于 $t = 2, \cdots, T$，迭代求解只包含前 t 期的子问题。

$t = 2$:

$\rho_2^1 = K + Hd_2 = 200 + 1 \times 80 = 280$

$\rho_2^2 = F_1 + K = 200 + 200 = 400$

因此，$F_2 = \min\{\rho_2^1, \rho_2^2\} = 280$，$v_2 = 1$

$t = 3$：

$\rho_3^1 = K + H(d_2 + d_3) + Hd_3 = 200 + 1 \times (80 + 50) + 1 \times 50 = 380$

$\rho_3^2 = F_1 + K + Hd_3 = 200 + 200 + 1 \times 50 = 450$

$\rho_3^3 = F_2 + K = 280 + 200 = 480$

因此，$F_3 = \min\{\rho_3^1, \rho_3^2, \rho_3^3\} = 380$，$v_3 = 1$

$t = 4$：

$\rho_4^1 = K + H(d_2 + d_3 + d_4) + H(d_3 + d_4) + Hd_4 = 200 + (80 + 50 + 70) + (50 + 70) + 70 = 590$

$\rho_4^2 = F_1 + K + H(d_3 + d_4) + Hd_4 = 200 + 200 + 1 \times (50 + 70) + 1 \times 70 = 590$

$\rho_4^3 = F_2 + K + Hd_4 = 280 + 200 + 1 \times 70 = 550$

$\rho_4^4 = F_3 + K = 380 + 200 = 580$

因此，$F_4 = \min\{\rho_4^1, \rho_4^2, \rho_4^3, \rho_4^4\} = 550$，$v_4 = 3$

$t = 5$：

$\rho_5^3 = F_2 + K + H(d_4 + d_5) + Hd_5 = 280 + 200 + 1 \times (70 + 100) + 1 \times 100 = 750$

$\rho_5^4 = F_3 + K + Hd_5 = 380 + 200 + 1 \times 100 = 680$

$\rho_5^5 = F_4 + K = 550 + 200 = 750$

因此，$F_5 = \min\{\rho_5^3, \rho_5^4, \rho_5^5\} = 680$，$v_5 = 4$

$t = 6$：

$\rho_6^4 = F_3 + K + H(d_5 + d_6) + Hd_6 = 380 + 200 + 1 \times (100 + 90) + 1 \times 90 = 860$

$\rho_6^5 = F_4 + K + Hd_6 = 550 + 200 + 1 \times 90 = 840$

$\rho_6^6 = F_5 + K = 680 + 200 = 880$

因此，$F_6 = \min\{\rho_6^4, \rho_6^5, \rho_6^6\} = 840$，$v_6 = 5$

第三步：根据系列子问题的最优成本F_t和订货策略$v_t(t=1,\cdots,T)$确定原问题的最优订货策略。

对于 6 期的子问题，因为 v_6=5，表明最优策略是用第 5 期的订货量满足第 5、6 期的需求；对于剩余的前 4 期的子问题，因为 v_4=3，表明最优策略是用第 3 期的订货量满足第 3、4 期的需求；对于剩余的前 2 期的子问题，因为 v_2=1，表明最优策略是用第 1 期的订货量满足第 1、2 期的需求。最终，原问题的最优补货策略为：在第 1、3、5 期进行订货，订货量分别为 100、120、190，最优总成本为 840。

下面定义了 time_varying_eoq() 函数，运用 Python 实现了上述的 WW 算法。

```
def time_varying_eoq(D_list, K, H):
    """
    Args:
```

```
            D_list: 计划周期内各期的需求
            K: 固定订货成本
            H: 单位持货成本
    Return:
        opt_cost: 最优成本
        order_dict: 最优策略
    """
    # 初始化迭代周期列表,从第2期开始
    iter_list = [i + 1 for i in range(len(D_list))]
    # 初始化最优成本函数F值字典
    F_dict = {t: None for t in iter_list}
    # 初始化rho值字典,键值第一维表示O*中的t,第二维表示s
    rho_dict = {(t, s + 1): float('inf') for t in iter_list[1:] for s in range(t)}
    # 初始化子问题最优补货时刻字典
    sub_problem_v_dict = {}
    # 初始化最优策略字典
    order_dict = {}
    sub_problem_v_dict[1] = 1

    # 迭代第1步
    F_dict[1] = K
    current_v = 1
    # 迭代第2~T步
    for iter_num in iter_list[1:]:
        # 首先判断可行方案集合
        candidate_v = [j + 1 for j in range(iter_num) if j + 1 >= current_v]
        # 计算每个可行方案集合的成本
        for v in candidate_v:
            rho_dict[iter_num, v] = F_dict.get(v - 1, 0) + K + H * sum(
                [sum(D_list[x:iter_num]) for x in range(v, iter_num, 1)])
        # 提取成本最小的方案,并记录
        iter_rho_dict = {v: cost for (i, v), cost in rho_dict.items() if i == iter_num}
        current_v = min(iter_rho_dict, key=iter_rho_dict.get)
        F_dict[iter_num] = iter_rho_dict[current_v]
        sub_problem_v_dict[iter_num] = current_v

    # 计算最优的成本
    iter_num = iter_list[-1]
    opt_cost = F_dict[iter_num]
    # 从T开始,提取最优的策略
    while iter_num > 0:
        # 提取最优的补货期
        order_period = sub_problem_v_dict[iter_num]
        # 计算补货量
        order_dict[order_period] = sum(D_list[order_period - 1:iter_num])
        # 跳转到剩余子问题
        iter_num = order_period - 1
    return opt_cost, order_dict
```

接下来,通过调用 time_varying_eoq() 函数计算例 7-3 的最优成本与最优策略:

```
# D_list表示第1~6期的需求量
D_list = [20, 80, 50, 70, 100, 90]
# 固定订货成本
K = 200
```

```
# 单位持货成本
H = 1
opt_cost, opt_order_dict = time_varying_eoq(D_list, K, H)
print('最优成本为: %.2f' % opt_cost)
print('最优订货策略为: %s' % str(opt_order_dict))
```

```
最优成本为: 840.00
最优订货策略为: {5: 190, 3: 120, 1: 100}
```

当然，求解时变下的经济订货批量模型的方法不只有 WW 算法一种，该问题也可以通过混合整数规划进行求解，熟悉数学建模与学有余力的读者可以自行实现。

7.3 联合补货模型

7.1 节和 7.2 节讨论的是单种商品的批量订货问题。实际运营管理中，运营者需要同时管理多种商品，一些商品由同一供应商供货。为了分摊订货成本，运营者往往在同一个订货订单中同时对多种商品进行补货。本节讨论多商品联合补货的经济批量模型。

一次完整的订货流程包含下单、运输、接收、登记、搬运等多个环节，每个环节都会产生成本。其中的一部分成本在每次订货时都会产生，与订货订单中的商品种类无关，称为不变固定订货成本，如从供应商到零售商的点对点运输成本、高度电子化运作系统中的下单成本；另一部分成本与订货订单中的商品种类数量有关，随着商品种类数量的增加，订货成本也会增加，称为可变固定订货成本，如登记、搬运成本。这里用 K 表示订货时与订货商品种类无关的不变固定订货成本，用 k_i 表示由于订货订单包含商品 i 而产生的可变固定订货成本。例如，若某个订货订单仅包含商品 A，则其固定订货成本为 $K+k_A$；若某个订货订单包含商品 B 和商品 C，则其固定订货成本为 $K+k_B+k_C$。接下来通过例 7-4 讨论在已知商品 i 的需求率 D_i 的情况下，不同订货策略所产生的总成本。

例 7-4：某零售公司旗下有 3 款商品 A、B、C。这 3 种商品的年均需求量分别为 2000、800、100 件，记为 $D_A=2000$，$D_B=800$，$D_C=100$。每次订货时，不变固定订货成本都为 $K=200$ 元。根据商品种类的不同，还会产生额外的装卸成本，3 种商品的装卸成本分别为 100、80、70 元，记为 $k_A=100, k_B=80, k_C=70$。3 种商品的年持货成本分别为 10、9、8 元，记为 $H_A=10$，$H_B=9$，$H_C=8$。现在需要制定 3 种商品的订货策略。

根据订单包含的商品情况，可以将补货策略分为如下 3 类：

第一类：每个订单都只包含一种商品，即每种产品独立补货。

第二类：每个订单都包含所有商品，即每次都同时为 3 种商品进行补货。

第三类：补货订单包含单一、部分或全部商品，即允许一部分补货订单只包含一种商品，另一部分订单包含部分商品，剩下一部分订单包含全部商品。

本节将分别对 3 类策略下的成本进行分析和计算。

7.3.1 策略一：每个订单都只包含一种商品

这种做法相当于每种商品都独立补货，只需要分别针对每种商品应用批量订货公式即可。这种情况下，商品 i 的固定订货成本为 $K + k_i$。

应用批量订货公式，可得第 i 种商品的最优订货批量为

$$Q_i = \sqrt{\frac{2D_i(K+k_i)}{H_i}}$$

第 i 种商品的订货频率为

$$n_i = \frac{D_i}{Q_i} = \sqrt{\frac{D_i hc_i}{2(K+k_i)}}$$

第 i 种商品的固定订货成本为

$$n_i(K+k_i) = \sqrt{\frac{D_i H_i(K+k_i)}{2}}$$

第 i 种商品的持货成本为

$$\frac{Q_i H_i}{2} = \sqrt{\frac{D_i H_i(K+k_i)}{2}}$$

将案例中的数值代入以上公式，并汇总于表 7-4。

表 7-4 策略一的结果

	A	B	C
年需求量 D	2000	800	100
不变固定订货成本 K	200	200	200
可变固定订货成本 k_i	100	80	70
单位持货成本 H_i	10	9	8
订货批量 Q_i	346	223	82
订货频率 n_i	5.8	3.6	1.2
年持货成本	1732	1004	329
年固定订货成本	1732	1004	329

策略一的年总成本为 6129 元。

7.3.2 策略二：每个订单都包含所有商品

该策略下的每个订单都包含所有商品，因此每个订单的固定订货成本为 $\hat{K} = K + k_A + k_B + k_C$。在该策略下，只需要确定最优补货频率 n^*，即可根据 n^* 计算出各个商品的补货数量。首先写出各项成本关于补货频率 n 的函数关系。

年固定订货成本：

$$\hat{K}n$$

年持货成本：

$$\sum_i \frac{D_i H_i}{2n}$$

年总成本：

$$\sum_i \frac{D_i H_i}{2n} + \hat{K}n$$

最优订货频率 n^* 为使得年总成本最小的订货频率，由于年总成本是关于 n 的凸函数，因此对其求导并令导数为 0 即可求出最优的补货频率 n^*：

$$n^* = \sqrt{\frac{\sum_i D_i H_i}{2\hat{K}}}$$

第 i 种商品的订货数量为

$$Q_i = \frac{D_i}{n^*}$$

第 i 种商品的持货成本为

$$\frac{Q_i H_i}{2}$$

将案例中的数值代入以上公式，并汇总于表 7-5。

表 7-5 策略二的结果

	A	B	C
年需求量 D	2000	800	100
不变固定订货成本 K	200	200	200
可变固定订货成本 k_i	100	80	70
单位持货成本 H_i	10	9	8
订货批量 Q_i	359	143	18
订货频率 n_i	5.6	5.6	5.6
年持货成本	1793	645	72

策略二的年固定订货成本为 2510 元,总成本为 5020 元,相比于策略一节省了约 18% 的成本。

7.3.3 策略三:补货订单包含单一、部分或全部商品

策略三较为灵活,精确求解该策略要求解一个较为复杂的组合优化问题。这里介绍一种简单易行,且成本接近于最优成本的启发式方法。该方法共包含 5 步:

第一步:首先假设每种商品都是独立订货的,计算出每种商品的订货频率,找出订货频率最高的商品。第 i 种商品独立订货的订货频率为

$$\bar{n}_i = \sqrt{\frac{D_i H_i}{2(K+k_i)}}$$

对所有商品计算完成后,记订货频率最高的商品为 i^*,其对应的补货频率为 $\bar{n}$。

第二步:假设其他所有商品都与订货频率最高的商品 i^* 合并在同一个订单订货,计算每种商品的订货频率,此时不重复考虑不变固定订货成本,只考虑每种商品自身的可变固定订货成本。

$$n_i = \begin{cases} \sqrt{\dfrac{D_i H_i}{2k_i}}, & i \neq i^* \\ \bar{n}, & i = i^* \end{cases}$$

第三步:计算订货频率最高的商品和其他商品订货频率的比值,并向上取整。

$$m_i = \left\lceil \frac{\bar{n}}{n_i} \right\rceil$$

第四步:基于第三步中计算出的订货频率比例,重新修正第 i^* 种商品的订货频率。设第 i^* 种商品的订货频率为 n,则其他商品的订货频率为 $n_i = n / m_i$。写出各项成本关于 n 的函数关系,并通过优化总成本函数得到第 i^* 种商品的最优订货频率 n^*。

年固定订货成本:

$$\sum_i n_i k_i + nK = \sum_i \frac{n}{m_i} k_i + nK$$

年持货成本:

$$\sum_i \frac{D_i H_i}{2n_i} = \sum_i \frac{D_i H_i m_i}{2n}$$

年总成本:

$$\sum_i \frac{n}{m_i} k_i + nK + \sum_i \frac{D_i H_i m_i}{2n}$$

年总成本是关于 n 的凸函数，因此对其求导并令导数为 0，即可求出第 i 种商品的最优订货频率 n^*：

$$n^* = \sqrt{\frac{\sum_i D_i H_i m_i}{2\left(K + \sum_i \dfrac{k_i}{m_i}\right)}}$$

第五步：修正全部商品的订货频率与订货批量。

第 i 种商品的订货频率为

$$n_i = \frac{n^*}{m_i}$$

第 i 种商品的订货批量为

$$Q_i = \frac{D_i}{n_i}$$

第 i 种商品的持货成本为

$$\frac{Q_i H_i}{2}$$

将案例中的数值代入以上过程，并汇总于表 7-6。

表 7-6 策略三的结果

	A	B	C
年需求量 D	2000	800	100
不变固定订货成本 K	200	200	200
可变固定订货成本 k_i	100	80	70
单位持货成本 H_i	10	9	8
订货批量 Q_i	330	132	50
订货频率 n_i	6.1	6.1	2
年持货成本	1793	645	72

策略三的年固定订货成本为 2443 元，年总成本为 4886 元，相比策略二进一步节省了约 3% 的成本。

基于上面的案例研究，可以发现，允许同一个订单包含多种商品的策略二、策略三的成本要低于同一个订单只包含一种商品的策略一。这是因为，当一个订单包含多种商品时，固定订货成本被分摊了，因此有效地降低了成本。需要注意的是，策略三是一种启发式方法，其结果不是最优的。在某些问题中，策略二的表现甚至会优于策略三。因此，使用者需要根据应用场景，对这两种策略的绩效进行评估，选择成本更低的方法进行实践。本书第 8 章将利用联合补货模型测算某物流企业 B 在某地仓库采用联合补货方法所带来的收益。

最后需要说明的是，本节讨论的联合补货模型不仅适用于同一供应商的多商品补货，也适用其他具有类似固定成本结构的场景。例如，在多供应商的联合补货场景或者同一种商品面向多零售商的联合配送场景中，每多向一个供应商补货或者多向一个零售商配送，都将增加一笔固定的物流费用。此时，同样可以通过联合补货的经济批量模型优化多供应商的联合补货策略和多零售商的联合配送策略。

第8章 物流企业B仓内拣货区联合补货优化实战

企业B是一家大型物流服务提供商。除了传统的快递、物流及仓储综合服务之外，企业近年来意识到智能化决策支持系统的重要性，开始向数智化转型升级。公司成立了专门的大数据决策部门（简称为部门），希望通过大数据技术、智能决策方法打造行业解决方案，从而为第三方客户提供一站式的智慧供应链解决方案。针对第三方电商客户的智慧仓储管理体系的构建是解决方案的重要模块。部门的算法团队以某地仓库中一家以美发、洗护、护肤为主营商品的第三方租赁客户的数据为例，打造智慧仓储的解决方案。

该第三方客户共有3000余种SKU需要管理。在仓库内，商品会存放在整存区和拣货区两个区域。整存区放置的是层数较多的高位货架，货架上码放着整箱的商品，存取货通过叉车进行作业。拣货区放置的是两层高度较低的货架。商品入库后，首先存放于整存区，补货员每天根据拣货区各SKU的库存与需求情况定时定量地从整存区往拣货区补货。仓库接到消费者的订单后，将订单进行组合，然后分配给拣货员，由拣货员将订单中包含的商品从拣货区运至分拣区，按订单分拣好的商品被传递到打包区进行打包出库。仓库的示意图如图8-1所示。

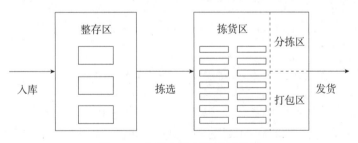

图8-1 仓库内库存流转示意图

针对该场景，算法团队需要研究包括拣货区货位分配、补货策略、拣货集合单生成、路径优化等问题。算法团队目前正在对拣货区的货位分配与补货策略展开研究。对于库位分配，团队主要考虑两方面原则。一个是热度准则，即在订单中越常出现、拣货越频繁的商品应该放置在离分拣区距离越近的货架。另一个是相关准则，即客户喜欢一并下单购买的商品，应尽量放在相临近的货位。团队提出的一种方案是：首先基于各

SKU 在订单中出现的比例定义 SKU 的热度，挑选出热度较高的一批商品作为拣货区分配的关键 SKU；然后依次计算其他 SKU 与关键 SKU 之间的关联性（即同时出现在一个订单里的可能性），将关联度较高的 SKU 与关键 SKU 搭配在临近货架放置。

对于拣货区的补货问题，由于拣货区与整存区之间有一定距离，加之上下架与信息输入等处理时间，拣货员一次补货需要耗费 30~50min 的时间。由于管理的 SKU 数量多，补货员在每次补货时都需要针对多个 SKU 一起补货，因此设计合理的多 SKU 联合补货策略是算法团队面临的主要问题。由于补货员单人单次补货的容量有限，因此算法团队考虑基于货架分配中关键 SKU 与关联 SKU 形成的分组，按组采用经济订货批量模型设计多 SKU 联合补货策略，优化 SKU 的补货批量与补货频次。

本案例的目的是实现上述拣货区的库位分配方案，并针对各 SKU 分组探讨联合补货策略的价值。案例用到的数据包括订单数据表（order_df）和产品数据表（sku_df）。订单数据表记录了每笔订单的编号、发生时间，涉及的产品编号及订购数量；产品数据表记录了各个产品的持货成本信息。

8.1 数据导入及预处理

```python
import pandas as pd
import numpy as np
import matplotlib.pyplot as plt
import seaborn as sns
sns.set_theme(style="darkgrid")
plt.rcParams['figure.figsize'] = (12.0, 6.0)
plt.rcParams['figure.dpi'] =500

# 定义数据路径
data_dir = '../../data/replenishment_data/'
# 读取订单数据
order_df = pd.read_csv(data_dir + 'order_data.csv')
# 转换日期数据类型
order_df['date'] = pd.to_datetime(order_df['date'])
# 读取SKU数据
sku_df = pd.read_csv(data_dir + 'sku_data.csv')
```

order_df 为第三方客户在该仓库 2021 年 10 月的订单数据，共有 448432 条。order_id 和 sku_id 分别表示订单 id 和 SKU 的 id，共有 146752 个订单，包含 3246 种 SKU。一个订单中可能会包含多个 SKU，date 表示订单时间。

```python
# 将所有SKU存储成列表
all_sku_list = list(order_df['sku_id'].unique())
# 记录订单总量
order_num = len(order_df['order_id'].unique())
print(order_df.head(10))

     order_id       date      sku_id   qty
0  ORDER0293391  2021-10-23  SKU69718  1.0
```

```
1  ORDER0678850  2021-10-24  SKU69718  1.0
2  ORDER0874745  2021-10-07  SKU69718  1.0
3  ORDER0572931  2021-10-26  SKU69718  1.0
4  ORDER0573583  2021-10-27  SKU69718  2.0
5  ORDER0931378  2021-10-21  SKU69718  1.0
6  ORDER0886495  2021-10-26  SKU69718  1.0
7  ORDER0678866  2021-10-07  SKU69718  1.0
8  ORDER0982541  2021-10-14  SKU69718  3.0
9  ORDER0431986  2021-10-14  SKU69718  1.0
```

每一次补货都需要耗费补货员 30～50min 的时间，以补货员 20min 的工资来估算不变固定补货成本，约为 10 元。每多补一个 SKU，都需要有额外的整存区作业、上下架及信息更新等处理时间。经过测算，每多补一个 SKU 需要额外 1～2min 的时间，可变的固定补货成本估算为 2 元。

```
# 不变固定补货成本
K = 10
# 可变固定补货成本
k = 2
```

由于考虑的是从整存区往拣货区补货，因此持货成本主要是拣货区的仓储费率，它主要与商品的体积有关，而与商品本身的货值没有直接关系。sku_df 展示了各个 SKU 的持货成本与需求信息。H 表示单位持货成本。这里使用 Pandas 提供的 groupby() 方法汇总每个 SKU 的月需求，并以 month_demand 存储于 sku_df 中，便于后续使用。

```
month_df = order_df.groupby('sku_id')['qty'].agg(['sum']).reset_index().\
    rename(columns={'sum': 'month_demand'})
sku_df = sku_df.merge(month_df, on='sku_id', how='left')
print(sku_df.head(10))
      sku_id         H  month_demand
0  SKU68765  0.040247       17601.0
1  SKU90051  0.039536       10617.0
2  SKU94303  0.041149        9978.0
3  SKU97449  0.049655        8508.0
4  SKU87804  0.036120        4766.0
5  SKU69718  0.036380        4724.0
6  SKU83526  0.032544        4497.0
7  SKU57042  0.029106        3521.0
8  SKU64080  0.045673        3179.0
9  SKU83795  0.028616        3083.0
```

8.2 拣货区商品布局

本节首先分析 SKU 的热度，并挑选出热度最高的 100 个 SKU 作为拣货区的关键 SKU。而后计算 SKU 之间的关联性，将关键 SKU 和与其关联度较高的 SKU 搭配放置在相邻货架，形成多 SKU 联合补货策略优化的 SKU 组合。

```
# 关键SKU数量
key_sku_num = 100
```

8.2.1 SKU 热度分析

任意 SKU_i 的热度定义为某一时间段内该 SKU 在全部订单中出现的比例，出现比例越高的商品热度越高，即

$$\text{heat ratio}_i = \frac{\text{包含}SKU_i\text{的订单总数}}{\text{订单总数}}$$

```
# 计算包含每个SKU的订单总数
heat_df = order_df.groupby('sku_id')['order_id'].count().reset_index().\
    rename(columns={'order_id': 'order_count'})
# 根据公式计算热度
heat_df['heat_ratio'] = heat_df['order_count'] / order_num
# 从高到低排序
heat_df = heat_df.sort_values(by='heat_ratio', ascending=False).\
    reset_index(drop=True)
print(heat_df.head(10))

      sku_id  order_count  heat_ratio
0   SKU97449         6998    0.047686
1   SKU68765         6559    0.044694
2   SKU69718         4232    0.028838
3   SKU94303         4036    0.027502
4   SKU83526         3954    0.026943
5   SKU53743         2221    0.015134
6   SKU87804         2068    0.014092
7   SKU69299         2014    0.013724
8   SKU57042         1993    0.013581
9   SKU89273         1807    0.012313
```

由热度表可以看出，热度最高的两个商品，在超过 4% 的订单中都出现过。根据热度排序，挑选出 100 个关键 SKU：

```
key_sku_list = heat_df['sku_id'].to_list()[:key_sku_num]
```

计算 100 个关键 SKU 的累计热度，即包含这 100 个 SKU 中的至少一个 SKU 的订单数占总订单数的比例。此时发现超过 51% 的订单包含了这 100 个关键 SKU 中的至少一个。

```
len(set(order_df[order_df['sku_id'].isin(key_sku_list)]['order_id'])) \
    / order_num
```

```
0.5145210968163977
```

接下来确定与各个关键 SKU 关联度较高的 SKU，将它们与关键 SKU 进行组合，放置在相邻货架上并由相同补货员进行管理。

8.2.2 SKU 相关性分析

两个 SKU 的相关性系数定义为两个 SKU 的订单交集个数与两个 SKU 的订单并集

个数的比值,具体如下:

$$r(\text{SKU}_i, \text{SKU}_j) = \frac{|\text{SKU}_i \cap \text{SKU}_j|}{|\text{SKU}_i \cup \text{SKU}_j|}$$

首先汇总每个 SKU 出现的订单列表:

```
sku_order_dict = order_df.groupby('sku_id')['order_id'].agg(list).to_dict()
```

定义函数 cal_sku_corr() 来计算两个 SKU 之间的相关性:

```
def cal_sku_corr(sku_order_dict, sku_i, sku_j):
    num_intersection = len(set(sku_order_dict[sku_i]) &
                           set(sku_order_dict[sku_j]))
    num_union = len(set(sku_order_dict[sku_i]) | set(sku_order_dict[sku_j]))
    if num_union != 0:
        corr = num_intersection / num_union
    else:
        corr = 0
    return corr
```

根据 SKU 之间的相关性,得到 SKU 的组合:

```
# 定义拣货区列表
picking_list = ['PICK'+str(i + 1) for i in range(key_sku_num)]
# 定义每个拣货区的关键SKU字典,便于读取数据
picking_key_sku_dict = dict(zip(picking_list, key_sku_list))
# 计算每个SKU组合中的SKU数目
picking_size = int(len(all_sku_list) / key_sku_num) + 1
# 初始化拣货区字典,key为拣货区中的SKU组合,value为组合中的SKU列表
picking_dict = {picking_list[i]: [key_sku_list[i]] for i in range(key_sku_num)}
# 初始化没有被分配到货架的SKU集合
non_picking_set = set(order_df['sku_id']) - set(key_sku_list)
# 对于每个SKU组合
for picking_id in picking_list:
    key_sku = picking_key_sku_dict[picking_id]
    # 计算没有被分配到货架的SKU与关键SKU的相关性
    remain_corr_dict = {sku: cal_sku_corr(sku_order_dict, key_sku, sku)
                        for sku in non_picking_set}
    # 选择相关性最高的SKU加入该组合
    selected_skus = sorted(remain_corr_dict.keys(), key=remain_corr_dict.get,
                           reverse = True)[:picking_size - 1]
    picking_dict[picking_id].extend(selected_skus)
    # 更新没有分配到货架的SKU集合
    non_picking_set = non_picking_set - set(selected_skus)
```

8.3 联合补货策略优化

本节考虑下面 3 种补货策略:

策略一:每个补货单都只包含一种商品,即每种产品独立补货。

策略二:每个补货单都包含所有商品,即每次都同时为所有种类的商品进行补货。

策略三：启发式策略，补货订单包含单一、部分或全部商品。

下面分别定义了 picking_separately() 函数、picking_together() 函数和 picking_heuristic() 函数来实现 3 种策略下补货频次、补货批量与总库存成本的计算。以组合 PICK2 为例，调用 3 个函数，即可得到对应的成本。

```python
# 将拣货区PICK2的SKU数据读取出来
picking_id = 'PICK2'
picking_sku_df = sku_df[sku_df['sku_id'].isin(picking_dict[picking_id])]

def picking_separately(picking_sku_df, K, k):
    # 月需求字典
    demand_dict = dict(zip(picking_sku_df['sku_id'],
                           picking_sku_df['month_demand']))
    # 持货成本字典
    hc_dict = dict(zip(picking_sku_df['sku_id'], picking_sku_df['H']))
    # SKU列表
    sku_list = picking_sku_df['sku_id'].to_list()

    # 根据第7章中的公式，分别计算以下内容
    # 补货批量
    sku_batch_qty_dict = {sku: np.sqrt((2 * demand_dict[sku] * (K + k)) /
                                        hc_dict[sku]) for sku in sku_list}
    # 补货频率
    sku_picking_freq_dict = {sku: demand_dict[sku] / sku_batch_qty_dict[sku]
                             for sku in sku_list}
    # 补货成本
    picking_cost_dict = {sku: sku_picking_freq_dict[sku] * (K + k)
                         for sku in sku_list}
    # 持货成本
    holding_cost_dict = {sku: sku_batch_qty_dict[sku] / 2 * hc_dict[sku]
                         for sku in sku_list}

    # 汇总结果与成本
    sku_batch_qty_df = pd.DataFrame.from_dict\
        (sku_batch_qty_dict, orient='index').reset_index().\
        rename(columns={'index': 'sku_id', 0: 'batch_qty'})
    sku_picking_freq_df = pd.DataFrame.from_dict\
        (sku_picking_freq_dict, orient='index').reset_index().\
        rename(columns={'index': 'sku_id', 0: 'picking_freq'})
    picking_sku_df = picking_sku_df.merge(sku_batch_qty_df,
                                          on='sku_id', how='left')
    picking_sku_df = picking_sku_df.merge(sku_picking_freq_df,
                                          on='sku_id', how='left')
    sum_cost = sum(picking_cost_dict.values()) + \
               sum(holding_cost_dict.values())
    return picking_sku_df, sum_cost
separately_df, separately_cost = picking_separately(picking_sku_df, K, k)
print('对于组合 %s, 使用独立补货策略的总成本为: %.2f' %
      (picking_id, separately_cost))
```

对于组合 PICK2, 使用独立补货策略的总成本为: 774.30

```python
def picking_together(picking_sku_df, K, k):
    demand_dict = dict(zip(picking_sku_df['sku_id'],
                           picking_sku_df['month_demand']))
    hc_dict = dict(zip(picking_sku_df['sku_id'], picking_sku_df['H']))
    sku_list = picking_sku_df['sku_id'].to_list()

    # 该策略下每个拣货单都包含所有SKU，计算总固定订货成本
    fix_picking_cost = K + len(sku_list) * k
    # 补货频率
    picking_freq = np.sqrt(sum([demand_dict[sku] * hc_dict[sku]
                                for sku in sku_list]) / (2 * fix_picking_cost))
    # 补货批量
    sku_batch_qty_dict = {sku: demand_dict[sku] / picking_freq
                          for sku in sku_list}
    # 持货成本
    holding_cost_dict = {sku: sku_batch_qty_dict[sku] / 2 * hc_dict[sku]
                         for sku in sku_list}

    # 汇总成本与结果
    sku_batch_qty_df = pd.DataFrame.from_dict\
        (sku_batch_qty_dict, orient='index').reset_index().\
        rename(columns={'index': 'sku_id', 0: 'batch_qty'})
    picking_sku_df = picking_sku_df.merge(sku_batch_qty_df,
                                          on='sku_id', how='left')
    picking_sku_df['picking_freq'] = picking_freq
    sum_cost = picking_freq * fix_picking_cost + \
               sum(holding_cost_dict.values())
    return picking_sku_df, sum_cost

together_df, together_cost = picking_together(picking_sku_df, K, k)
print('对于组合 %s，使用同时补货策略的总成本为：%.2f' % (picking_id, together_cost))
```

对于组合 PICK2，使用同时补货策略的总成本为：444.98

```python
def picking_heuristic(picking_sku_df, K, k):
    demand_dict = dict(zip(picking_sku_df['sku_id'],
                           picking_sku_df['month_demand']))
    hc_dict = dict(zip(picking_sku_df['sku_id'], picking_sku_df['H']))
    sku_list = picking_sku_df['sku_id'].to_list()

    # step1 找出补货频率最高的SKU
    sku_picking_freq_bar_dict = {sku: np.sqrt((demand_dict[sku]
                                               * hc_dict[sku]) / (2 * (K + k)))
                                 for sku in sku_list}
    bar_sku = max(sku_picking_freq_bar_dict, key=sku_picking_freq_bar_dict.get)
    bar_sku_freq = sku_picking_freq_bar_dict[bar_sku]

    # step2 不考虑不变固定订货成本，计算每种SKU的补货频率
    sku_picking_freq_dict = {sku: np.sqrt(
        (demand_dict[sku] * hc_dict[sku]) / (2 * k))
        if sku != bar_sku else bar_sku_freq for sku in sku_list}

    # step3 计算补货频率最高的SKU和其他SKU补货频率的比值，并向上取整
    m_dict = {sku: np.ceil(bar_sku_freq / freq)
```

```python
                    for sku, freq in sku_picking_freq_dict.items()}

    # step4 修正补货频率最高的商品的补货频率
    bar_sku_freq = np.sqrt(sum([demand_dict[sku] * hc_dict[sku] * m_dict[sku]
                                for sku in sku_list])
                           / (2 * (K + sum([k / m_dict[sku]
                                            for sku in sku_list]))))

    # step5 计算所有SKU的补货频率与批量
    sku_picking_freq_dict = {sku: bar_sku_freq / m_dict[sku]
                             for sku in sku_list}
    sku_batch_qty_dict = {sku: demand_dict[sku] / sku_picking_freq_dict[sku]
                          for sku in sku_list}
    picking_cost_dict = {sku: sku_picking_freq_dict[sku] * k
                         for sku in sku_list}
    holding_cost_dict = {sku: sku_batch_qty_dict[sku] / 2 * hc_dict[sku]
                         for sku in sku_list}

    # 汇总成本与结果
    sku_batch_qty_df = pd.DataFrame.from_dict\
        (sku_batch_qty_dict, orient='index').reset_index().\
        rename(columns={'index': 'sku_id', 0: 'batch_qty'})
    sku_picking_freq_df = pd.DataFrame.from_dict\
        (sku_picking_freq_dict, orient='index').reset_index().\
        rename(columns={'index': 'sku_id', 0: 'picking_freq'})
    picking_sku_df = picking_sku_df.merge(sku_batch_qty_df,
                                          on='sku_id', how='left')
    picking_sku_df = picking_sku_df.merge(sku_picking_freq_df,
                                          on='sku_id', how='left')
    sum_cost = sum(picking_cost_dict.values()) + bar_sku_freq * K \
               + sum(holding_cost_dict.values())
    return picking_sku_df, sum_cost

heuristic_df, heuristic_cost = picking_heuristic(picking_sku_df, K, k)
print('对于组合 %s, 使用启发式策略进行联合补货的总成本为: %.2f' %
      (picking_id, heuristic_cost))
```

```
对于组合 PICK2, 使用启发式策略进行联合补货的总成本为: 397.57
```

可以看出，对于组合 PICK2 来说，使用启发式策略进行联合补货的总成本相较于独立补货与同时补货更低。其中，联合补货的策略与同时补货的策略有相似之处，这两种策略都大大降低了固定成本，所以联合补货和同时补货要明显优于独立补货。但值得注意的是，策略三是一种启发式算法，并不能够提供该联合补货问题的最优解，不过该启发式算法提供了易于理解和实现的思路，因此在实际中更易于使用。接下来，为所有的 SKU 组合找到成本最低的补货策略。

```python
# 初始化成本记录字典
cost_dict = {picking_id: {} for picking_id in picking_list}
# 对于每个组合, 分别计算3种策略下的成本, 并记录
for picking_id in picking_list:
    picking_sku_df = sku_df[sku_df['sku_id'].isin(picking_dict[picking_id])]
    separately_df, cost_dict[picking_id]['separately'] = \
```

```
            picking_separately(picking_sku_df, K, k)
        together_df, cost_dict[picking_id]['together'] = \
            picking_together(picking_sku_df, K, k)
        heuristic_df, cost_dict[picking_id]['heuristic'] = \
            picking_heuristic(picking_sku_df, K, k)
# 计算3种策略下的总成本
sum_separately_cost = sum([cost_dict[picking_id]['separately']
                           for picking_id in picking_list])
print('使用独立补货策略的总成本为: %.2f' % sum_separately_cost)
sum_together_cost = sum([cost_dict[picking_id]['together']
                         for picking_id in picking_list])
print('使用同时补货策略的总成本为: %.2f' % sum_together_cost)
sum_heuristic_cost = sum([cost_dict[picking_id]['heuristic']
                          for picking_id in picking_list])
print('使用启发式联合补货策略的总成本为: %.2f' % sum_heuristic_cost)
```

```
使用独立补货策略的总成本为: 33378.62
使用同时补货策略的总成本为: 16657.62
使用启发式联合补货策略的总成本为: 16066.72
```

```
# 找到每个组合成本最低的策略
picking_best_strategy = {picking_id: min(cost_dict[picking_id],
                                         key=cost_dict[picking_id].get)
                         for picking_id in picking_list}
# 计算相应的比例
separately_percent = len([picking_id for picking_id, best_strategy
                          in picking_best_strategy.items()
                          if best_strategy == 'separately']) / key_sku_num
print('使用独立补货策略的总成本最低的比例为: %.4f' % separately_percent)
together_percent = len([picking_id for picking_id, best_strategy
                        in picking_best_strategy.items()
                        if best_strategy == 'together']) / key_sku_num
print('使用同时补货策略的总成本最低的比例为: %.4f' % together_percent)
heuristic_percent = len([picking_id for picking_id, best_strategy
                         in picking_best_strategy.items()
                         if best_strategy == 'heuristic']) / key_sku_num
print('使用启发式联合补货策略的总成本最低的比例为: %.4f' % heuristic_percent)
```

```
使用独立补货策略的总成本最低的比例为: 0.0000
使用同时补货策略的总成本最低的比例为: 0.0800
使用启发式联合补货策略的总成本最低的比例为: 0.9200
```

总体上，启发式联合补货策略的总成本是最低的，而独立补货策略的总成本要远高于另外两种联合补货策略的总成本。其中，启发式联合补货策略在92%的分组下成本最低，而在其余的8%的分组下，同时补货策略的成本最低。事实上，3种策略的总成本以及它们之间的大小关系会受到补货成本、持货成本、分组情况等因素的影响。例如，随着不变的固定补货成本 K 的减小，独立补货策略相比于两个联合补货策略的劣势会随之缩小，而启发式联合补货策略相比于同时补货策略的优势会增加；随着可变的固定补货成本 k 的减小，同时补货策略相比于启发式联合补货策略的劣势会随之减小。因此，企业需要结合具体的场景，针对不同的分组选择最适合的联合补货策略。

第 9 章 安全库存优化

第 7 章讨论的周期库存优化忽略了需求不确定性的影响。实际中，如果仅根据需求的预测值（均值）设置库存，当实际需求超过预测值时，就会发生缺货。因此，在周期库存的基础上，企业需要持有一定的额外库存以应对需求的不确定性。安全库存指的是在需求均值之上额外持有的以应对需求不确定性的库存，它能够有效降低由于需求不确定性造成的供应链风险，降低由缺货导致的损失。从模型上来说，对于 (ROP,Q) 和 (OUL,T) 策略，本章讨论的是在给定订货批量 Q 或者盘货周期 T 的情况下，对于再补货点 ROP 或者目标库存水平 OUL 的计算问题。

9.1 节介绍安全库存的基本知识。9.2 节和 9.3 节分别分析了 (ROP,Q) 策略和 (OUL,T) 策略。9.4 节介绍了需求分布的刻画。9.5 节讨论给定需求满足率下安全库存的计算问题。9.6 节讨论了供应不确定下的随机提前期。

9.1 安全库存概述

例 9-1：一家电子产品零售门店某款手机的日需求均值为 5 台。门店每周补货一次，每次补货，供应商都需要花 3 天时间将手机送达门店。如果忽略需求的波动性，那么门店可以在该手机的库存还剩 15 台时向供应商订货 35 台。在需求恒定的假设下，订购的手机将在 3 天后（即该手机的库存刚好销售一空时）到达门店。这种情况下，门店只需要持有由于周期（批量）补货所产生的周期库存即可。

然而，在实际的运营中，需求往往具有不确定性，具体表现在，需求的预测值与真实值之间存在一定差距，或者说预测存在一定误差。当需求的真实值超过预测值（均值）时，在忽略需求不确定性的库存策略下，将有部分需求因为无法得到及时满足而流失，从而造成门店利润的损失。为了尽量避免缺货发生，门店可以在该手机的库存还剩 30 台时就进行补货，此时只有当该手机 3 天内的实际需求超过 30 台时，才会发生缺货，这可以大大降低缺货发生的概率。但与此同时，每次到货时，该手机平均还有 15 台的在售库存。因此，门店除了周期库存，还持有了一部分额外的库存（如图 9-1 所示）。这额外的 15 台库存即为安全库存，用于缓冲实际需求的波动性。很显然，安全库存量越高，缺货的风险越小，需求满足率越高，但库存成本也越高。

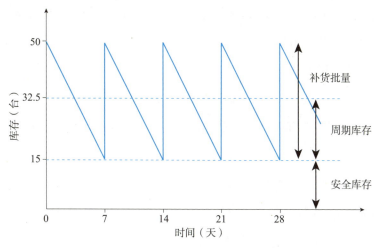

图 9-1　库存状态变化图

如果手机的日需求恒定为 5 台，那么门店每次补货 35 台和每周补货一次是等价的。但是，当需求具有不确定性时，每次（定量）补货 35 台和每周（定期）补货一次，对应着不同的库存状态变化，因为一周的实际需求不一定等于 35 台。这两种不同的补货方式对应着(ROP,Q)和(OUL,T)两种策略。

周期服务水平和需求满足率反映了企业用现货满足消费者需求的能力。想要周期服务水平和需求满足率更高，就需要持有更多的安全库存。同时，需求的不确定性越大（需求预测的误差越大），要实现同样的周期服务水平或者需求满足率，需要的安全库存越多。本章围绕两种库存策略，回答以下两个问题：

1）给定库存策略，如何计算系统的安全库存量以及周期服务水平和需求满足率。

2）给定期望的周期服务水平或需求满足率，如何计算不同库存策略下所需的安全库存量。

9.2　(ROP,Q) 策略分析

在(ROP,Q)策略下，再补货点ROP决定了安全库存量，本质是建立再补货点与周期服务水平和需求满足率之间的关系。

9.2.1　安全库存与周期服务水平

周期服务水平（Cycle Service Level，CSL）是指没有发生缺货的周期数占总周期数的比例，即一个周期不发生缺货的概率。这里的周期是指补货周期，周期的长度对应连续两次补货之间的平均时间间隔。在(ROP,Q)策略下，库存水平一旦低于或等于再补货

点 ROP，就会触发一次补货，相应的周期是否发生缺货取决于再补货点是否足以支撑接下来 L 期的总需求，其中 L 表示补货的提前期。令 D_L 表示 L 期的总需求，也称为提前期需求，将其累积分布函数记为 $F_L(\cdot)$。

周期服务水平公式为

$$CSL = P(D_L \leqslant ROP) = F_L(ROP)$$

令 $F_L^{-1}(\cdot)$ 表示 D_L 的分布函数的逆函数，也称为分位数函数。对于任意 $\tau \in (0,1)$：

$$F_L^{-1}(\tau) = \inf\{x : F_L(x) \geqslant \tau\}$$

该值也称为提前期需求的 τ - 分位数。

给定周期服务水平 CSL，再补货点由提前期需求的 CSL - 分位数决定，即

$$ROP = F_L^{-1}(CSL)$$

再补货点可以拆分为提前期需求均值与安全库存两部分。给定周期服务水平 CSL，所需的安全库存量为

$$ss = F_L^{-1}(CSL) - \mu_L$$

因此，要确定安全库存量，需要刻画的两个关键变量是提前期需求的均值和 CSL - 分位数。

如果每期的需求独立同分布，且服从均值为 μ、标准差为 σ 的正态分布，记为 $N(\mu, \sigma^2)$。根据正态分布的性质，提前期需求 D_L 也服从正态分布，即 $D_L \sim N(\mu_L, \sigma_L^2)$，其中 $\mu_L = \mu L, \sigma_L = \sigma L^{1/2}$。令 Φ 表示均值为 0、标准差为 1 的标准正态分布的累积分布函数，安全库存量 ss 与周期服务水平满足如下关系：

$$CSL = P(D_L \leqslant ROP) = \Phi\left(\frac{ROP - \mu_L}{\sigma_L}\right) = \Phi\left(\frac{ss}{\sigma_L}\right) \quad (9\text{-}1)$$

式中，第二个等式成立是因为 $\frac{D_L - \mu_L}{\sigma_L} \sim N(0,1)$。

此时，给定周期服务水平 CSL 对应的安全库存量为

$$ss = \Phi^{-1}(CSL) \cdot \sigma_L$$

再补货点为

$$ROP = \mu_L + \Phi^{-1}(CSL) \cdot \sigma_L$$

上式表明，当需求服从正态分布时，再补货点刚好等于提前期需求均值加上提前期需求标准差乘以一个服务水平系数。

实际中，需求并不总是服从正态分布的，一个更一般的再补货点的（近似）计算公式是：

第 9 章 安全库存优化

$$ROP = \mu_L + k \cdot \sigma_L$$

式中，安全系数k是可调参数，可以根据商品需求特性以及目标周期服务水平等进行设置。由于计算简单，并且有直观的管理学解释，因此该公式在实际中有着广泛的应用。但是，在这样的近似计算下，再补货点与周期服务水平之间不再有直接的对应关系，库存策略的绩效依赖安全系数k的选取，而k值选取的好坏很大程度上会受到管理者经验的影响。

当需求不服从正态分布时，更加科学的方式是对提前期需求的分布函数（分位数函数）进行估计，从而对再补货点（安全库存量）与周期服务水平之间的关系进行更准确的刻画。9.4 节将具体介绍需求分布刻画的方法。

例 9-2：零售卖场 A 的一款洗涤剂的周需求服从均值为 250 瓶、标准差为 70 瓶的正态分布。每当其库存水平低于 600 瓶时，采购人员补货 1000 瓶，补货提前期为两周。该产品的安全库存是多少？平均库存是多少？周期服务水平是多少？

洗涤剂的补货提前期$L=2$周，提前期需求均值为$\mu_L = 500$瓶，标准差为$\sigma_L = 70\sqrt{2}$瓶，再补货点为 600 瓶，因此：

安全库存瓶 =600−500=100 瓶

平均库存 = 安全库存 + 周期库存 =100+500=600 瓶

周期服务水平 = $\varPhi\left(\dfrac{100}{70\sqrt{2}}\right)$=84%

下面用代码实现上述计算过程。在 Python 中，Scipy 的 stats 模块包含正态分布等多种常用的统计分布，9.4 节会详细介绍。这里先调用 stats 模块中的正态分布的相关函数。

```
# 导入stats模块
import numpy as np
import scipy.stats as stats

# (ROP,Q)策略
ROP = 600
Q = 1000
# 提前期
L = 2
# 周需求均值、标准差
mu = 250
sigma = 70
# 补货提前期均值、标准差
mu_L = mu * L
sigma_L = sigma * np.sqrt(L)
# 计算安全库存
ss = ROP - mu_L
# 计算平均库存
inv = ss + Q / 2
# 生成标准正态分布
norm_dist = stats.norm(0, 1)
# 调用累积分布函数，计算周期服务水平
csl = norm_dist.cdf(ss / sigma_L)
```

```
print('例9-2计算结果: ')
print('安全库存为: %.2f' % ss)
print('平均库存为: %.2f' % inv)
print('周期服务水平为: %.2f' % csl)
```

```
例9-2计算结果:
安全库存为: 100.00
平均库存为: 600.00
周期服务水平为: 0.84
```

例 9-3：卖场的销售主管利用该洗涤剂过去一年的库存数据，计算了产品实际的周期服务水平。由于平均每月补货一次，因此销售主管以月为时间颗粒度来统计周期服务水平。他检查了洗涤剂过去一年的库存记录，发现有 2 个月发生过缺货，其余 10 个月都未曾缺货，因此得出洗涤剂的周期服务水平为 $10/12 = 0.875$。使用这种方式计算的周期服务水平与例 9-2 的计算结果存在差异，原因是什么？

首先，需求存在不确定性，历史数据只是若干潜在可能性下的一次实现结果。如果刚好遇到较低的需求，则可能会达到接近于百分百的周期服务水平。反之，即使持有了非常充足的安全库存，也可能因为个别极端需求的出现，导致较低的周期服务水平。理论上，当系统的运作时间足够长时，实际的周期服务水平才会逼近理论的周期服务水平。因此，例 9-3 中基于历史数据的计算会受到来自需求随机性的干扰，并不能完全地代表库存策略的表现，当历史数据较少时，这样的问题会尤为明显。其次，周期服务水平的理论计算依赖需求分布的假设。当需求分布的估计存在一定误差时，理论计算的周期服务水平同样可能与实际数据表现出的周期服务水平存在差异。

尽管周期服务水平的理论计算公式得出的结果可能与实际统计出的周期服务水平之间存在一定差异，但它的优势是可以为管理者提供丰富的场景分析，从而指导管理者做出更好的决策。

例 9-4：卖场的销售主管对于洗涤剂当前的周期服务水平并不满意。他想要知道安全库存量与周期服务水平之间的关系，从而基于期望的周期服务水平来决定需要增加多少安全库存。为了解决该问题，可以通过式（9-1）计算出不同安全库存量（再补货点）对应的周期服务水平。以安全库存量 $ss = 150$ 为例，相应的周期服务水平为

$$CSL = \Phi(ss/\sigma_L) = \Phi(150/99) = 93.5\%$$

将其他安全库存量带入公式，可以求出对应的周期服务水平，结果如图 9-2 所示。可以发现，安全库存设置得越高，货品越不容易出现缺货，但随着周期服务水平的提高，增加同样数量的安全库存，对于周期服务水平的提升越来越小。当安全库存量大于 300 瓶时，继续增加安全库存对周期服务水平的提升不再明显。企业一般将周期服务水平维持在 85%~95% 之间，在保证较低的缺货率的同时，企业也能通过增加安全库存来达到显著提升周期服务水平的目的。

```
import matplotlib.pyplot as plt
import seaborn as sns
```

```python
sns.set_theme(style="darkgrid")

import matplotlib
matplotlib.rc('font', family='Songti SC')
parameters = {'figure.figsize': [12.0, 6.0],
              'figure.dpi': 500,
              'axes.titlesize': 14,
              'axes.labelsize': 14,
              'axes.titleweight': 'bold',
              'xtick.labelsize': 14,
              'ytick.labelsize': 14,
              'legend.fontsize': 14,
              'font.weight': 'bold'
              }
plt.rcParams.update(parameters)
# 给定安全库存量，计算周期服务水平
ss = 150
csl = norm_dist.cdf(ss / sigma_L)
print('例9-4计算结果：')
print('当安全库存量为：%.2f时，周期服务水平值为：%.4f'% (ss, csl))

ss_list = [ss for ss in np.arange(50, 450, 50)]
csl_list = [norm_dist.cdf(ss / sigma_L) for ss in ss_list]
plt.plot(ss_list, csl_list, color='#1c79d9')
plt.xlabel('安全库存量')
plt.ylabel('周期服务水平')
plt.show()
```

例9-4计算结果：
当安全库存量为：150.00时，周期服务水平值为：0.9351

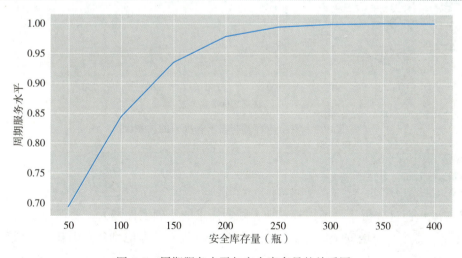

图9-2　周期服务水平与安全库存量的关系图

例9-5：基于安全库存量与周期服务水平的关系，卖场的销售主管从库存成本、行业竞争等角度进行了分析研判，决定将该款洗涤剂的目标周期服务水平定为0.95。由于各种因素的影响，卖场客流量的不确定性可能会有所增加，卖场主管想要分析需求的不确定性对安全库存量的影响。应用式（9-1），他计算了需求标准差对所需安全库存量的影响，结果如图9-3所示。

可以发现，若周需求标准差从100瓶增加到200瓶，则安全库存量将从233瓶增加到465瓶。

```python
csl = 0.95
# 不同的需求标准差
sigma_list = [sigma for sigma in np.arange(0, 350, 50)]
sigma_L_dict = {sigma: sigma * np.sqrt(L) for sigma in sigma_list}
# 计算安全库存量
sigma_ss_dict = {sigma: norm_dist.ppf(csl) * sigma_L_dict[sigma]
                 for sigma in sigma_list}
plt.plot(sigma_ss_dict.keys(), sigma_ss_dict.values(),
         color='#1c79d9', marker='o')
plt.xlabel('周需求标准差')
plt.ylabel('安全库存量')
plt.show()
print('例9-5计算结果：')
print('周需求标准差为：100 瓶，安全库存量：%.f 瓶' % sigma_ss_dict[100])
print('周需求标准差为：200 瓶，安全库存量：%.f 瓶' % sigma_ss_dict[200])
```

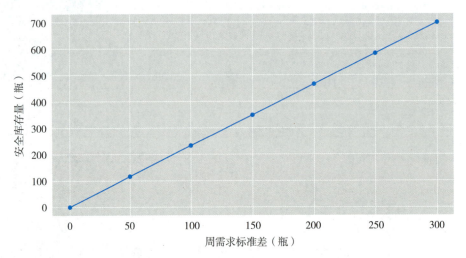

图9-3　安全库存量与需求标准差的关系图

```
例9-5计算结果：
周需求标准差为：100 瓶，安全库存量：233 瓶
周需求标准差为：200 瓶，安全库存量：465 瓶
```

例9-6：通过分析，卖场主管发现，随着需求的不确定性增大，要保证较高的周期服务水平，需要持有的安全库存量可能会导致仓库爆仓。考虑到各种因素对卖场销量的影响还会持续一段时间，为了减少需求的不确定性，卖场雇用了专业的预测团队为其进行了更精准的市场需求预测，并将该洗涤剂的需求分布修正为均值为240瓶、标准差为65瓶的正态分布。于是可以计算出，提前期需求服从均值为480瓶、标准差为85瓶的正态分布，给定周期服务水平为0.95，安全库存量为$\Phi^{-1}(0.95) \times 85 = 140$瓶。

9.2.2 安全库存与需求满足率

需求满足率 fr（Fill Rate）表示通过现货库存满足的需求占总需求的比例。

$$fr = \frac{需求满足量}{总需求量} = 1 - \frac{缺货量}{总需求量}$$

由于需求满足率反映有货率的同时也反映对应的缺货数量，它的计算比周期服务水平要复杂。需求满足率的计算有不同的方法。本书从周期的视角来计算需求满足率，计算一个补货批量 Q 中用来满足候补需求的部分，即一个周期内无法由现货满足的期望需求量，以此来计算需求满足率。

当一个补货批量到达时，需要满足的候补需求为在相应周期内提前期需求 D_L 超过再补货点 ROP 的部分，将其称为期望缺货量（Expected Shortage，ES），它可以表示为

$$ES = \mathrm{E}\left[(D_L - ROP)^+\right] = \int_{x=ROP}^{\infty} (x - ROP) f_L(x) \mathrm{d}x \tag{9-2}$$

式中，$f_L(x)$ 为提前期需求的概率密度函数。

需求满足率的计算形式为

$$fr = 1 - \frac{ES}{Q}$$

给定再补货点 ROP 或者安全库存量 ss，可以通过式（9-2）的积分得到期望缺货量 ES，进而求得对应的需求满足率。当提前期需求服从正态分布 $N(\mu_L, \sigma_L^2)$ 时，期望缺货量可以简化为

$$ES = -ss\left[1 - \Phi\left(\frac{ss}{\sigma_L}\right)\right] + \sigma_L \phi\left(\frac{ss}{\sigma_L}\right)$$

反过来，在给定需求满足率的情况下，可以计算出期望缺货量：

$$ES = (1 - fr)Q$$

然后，将期望缺货量的值带入式（9-2）中，通过求解积分方程，可以求出对应的安全库存量和再补货点。9.5 节将介绍如何利用数值积分以及二分查找计算给定需求满足率对应的安全库存量。

例 9-7：零售卖场 A 的一个明星产品是一款盲盒，该款盲盒的日销量服从均值为 50 个、标准差为 30 个的正态分布。采购人员每当库存水平低于 600 个时补货 800 个，补货提前期为 10 天。该卖场的销售主管想要知道，若长期使用这样的补货策略，周期服务水平和需求满足率是多少？

盲盒的补货提前期 $L=10$ 天，提前期需求服从均值为 500 个、标准差为 95 个的正态分布。于是：

安全库存量 $ss = 600 - 500 = 100$ 个

周期服务水平 $CSL = \Phi\left(\dfrac{ss}{\sigma_L}\right) = \Phi\left(\dfrac{100}{95}\right) = 0.85$

期望缺货量 $ES = -ss\left[1-\Phi\left(\dfrac{ss}{\sigma_L}\right)\right] + \sigma_W \phi\left(\dfrac{ss}{\sigma_L}\right) = -100\left[1-\Phi\left(\dfrac{100}{95}\right)\right] + 95\phi\left(\dfrac{100}{95}\right) = 7.2$ 个

需求满足率 $fr = 1 - \dfrac{ES}{Q} = 1 - \dfrac{7.2}{800} = 0.99$

应用类似方法,销售主管计算了在不同的再补货点(安全库存)下,该款盲盒具有怎样的周期服务水平和需求满足率,结果如图9-4所示。可以看到,同样的库存策略下,需求满足率的值总是大于周期服务水平的值。在该例子中,即使安全库存量为0,周期服务水平仅为0.5,需求满足率也能达到0.95左右。其原因在于,在周期服务水平的计算中,一个周期只要缺货,即使只缺货1个单位,该周期还是缺货的周期,但是如果该周期的需求量本身很大,那么缺货1个单位对于需求满足率几乎没有影响。但需要说明的是,需求满足率并不一定总高于周期服务水平。例如,一共10个补货周期,其中1个补货周期缺货,周期服务水平是0.9。在剩下的9个补货周期中,需求量分别是1,都被满足了。在出现缺货的周期中,需求量是11,被满足了1。此时,需求满足率为0.5,反而是低于周期服务水平的。所以,在评估安全库存策略时,可以将周期服务水平和需求满足率两个指标综合起来考虑。在实际应用中,周期服务水平比需求满足率更容易统计。这是因为,当缺货发生时,销量并不等于需求量,而流失的需求量往往很难被精确地记录下来。因此,仅通过历史的销量和库存数据并不能统计出需求满足率。

```
# (ROP,Q)策略
ROP = 600
Q = 800
# 提前期
L = 10
# 日需求均值,标准差
mu = 50
sigma = 30
# 补货提前期均值,标准差
mu_L = mu * L
sigma_L = sigma * np.sqrt(L)
# 计算安全库存
ss = ROP - mu_L
# 计算周期服务水平
csl = norm_dist.cdf(ss / sigma_L)
# 计算需求满足率
es = (-1.0) * ss * (1- norm_dist.cdf(ss / sigma_L)) + sigma_L *\
    norm_dist.pdf(ss / sigma_L)
fr = 1 - es / Q
print('例9-7计算结果: ')
print('安全库存量为: %.2f' % ss)
print('周期服务水平为: %.2f' % csl)
```

```
print('需求满足率为:%.2f' % fr)
```

例9-7计算结果:
安全库存量为: 100.00
周期服务水平为: 0.85
需求满足率为: 0.99

```
# 给定安全库存量
ss_list = [ss for ss in np.arange(0, 280, 20)]
# 相应的再补货点
ROP_list = [mu_L + ss for ss in ss_list]
# 计算周期服务水平
csl_list = [norm_dist.cdf(ss / sigma_L) for ss in ss_list]
# 计算需求满足率
es_list = [(-1.0) * ss * (1 - norm_dist.cdf(ss / sigma_L)) +
           sigma_L * norm_dist.pdf(ss / sigma_L) for ss in ss_list]
fr_list = [1 - es / Q for es in es_list]
plt.plot(ROP_list, csl_list, color='#1c79d9', label='周期服务水平', marker='o')
plt.plot(ROP_list, fr_list, color='#787878', label='需求满足率', marker='^')
plt.xlabel('再补货点')
plt.ylabel('周期服务水平 / 需求满足率')
plt.legend()
plt.show()
```

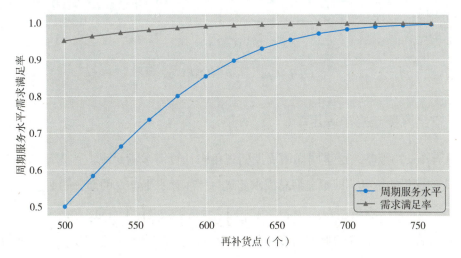

图 9-4 周期服务水平/需求满足率与再补货点的关系图

9.3 (OUL,T) 策略分析

(OUL,T)策略的分析基本上和(ROP,Q)策略类似，但由于盘货周期 T 的存在，该策略对于需求波动的响应更慢，因此在设置安全库存量时，除了要考虑补货的提前期外，还要考虑补货周期。

9.3.1 安全库存与周期服务水平

在(OUL, T)策略下，只在固定时间点补货，补货后需要经过提前期L后送达，所以在一次补货后，下一次补货要到T期之后，而其到货时间是$T+L$期之后。因此，目标库存水平OUL需要应对$T+L$期的需求。本书将$T+L$称为覆盖期W。

令D_{L+T}表示覆盖期的总需求，其累积分布函数记为$F_{L+T}(\cdot)$，分位数函数记为$F_{L+T}^{-1}(\cdot)$。周期服务水平为

$$CSL = P\left(D_{L+T} \leqslant OUL\right) = F_{L+T}(OUL)$$

给定周期服务水平CSL，相应的目标库存水平为

$$OUL = F_{L+T}^{-1}(CSL)$$

安全库存量为

$$ss = F_{L+T}^{-1}(CSL) - \mu_{L+T}$$

如果覆盖期需求服从正态分布，即$D_{L+T} \sim N\left(\mu_{L+T}, \sigma_{L+T}^2\right)$，那么安全库存量与目标库存水平分别为

$$ss = \Phi^{-1}(CSL) \cdot \sigma_{L+T}$$

$$OUL = \mu_{L+T} + \Phi^{-1}(CSL) \cdot \sigma_{L+T}$$

9.3.2 安全库存与需求满足率

对于(OUL, T)策略，这里同样用周期的视角来计算需求满足率。首先计算一个补货周期对应的期望缺货量，即覆盖期总需求超过目标库存水平OUL的部分的期望：

$$ES = E\left[\left(D_{L+T} - OUL\right)^+\right] = \int_{x=OUL}^{\infty}(x - OUL)f_{L+T}(x)dx$$

式中，$f_{L+T}(x)$为覆盖需求的概率密度函数。一个补货周期的平均需求为μ_T，需求满足率的计算形式为

$$fr = 1 - \frac{ES}{\mu_T}$$

例 9-8：零售卖场 A 采用周期盘货策略对一款榨汁机进行补货，卖场每隔 3 周订一次货，供货提前期为 1 周，该榨汁机的周需求服从正态分布，均值为 30 台，标准差为 10 台。如果卖场将目标库存水平设为 135 台，则榨汁机的安全库存是多少？实现的周期服务水平是多少？

榨汁机的补货提前期$L=1$周，补货周期为$T=3$周，覆盖期为$W=L+T=4$，补货周

期需求均值为 $\mu_T = 90$ 台，覆盖期需求均值为 $\mu_W = 120$ 台，标准差为 $\sigma_W = 20$ 台，目标库存水平为 135 台。于是：

$$安全库存 = 135 - 120 = 15 台$$

$$周期服务水平 = \Phi\left(\frac{15}{20}\right) = 77\%$$

在正态分布下，期望缺货量可以写成：

$$ES = \sigma_W \phi\left(\frac{OUL - \mu_W}{\sigma_W}\right) - (OUL - \mu_W)\left(1 - \Phi\left(\frac{OUL - \mu_W}{\sigma_W}\right)\right)$$

将变量代入公式，则有：

$$期望缺货量 = 20 \times \phi\left(\frac{15}{20}\right) - 15 \times \left(1 - \Phi\left(\frac{15}{20}\right)\right) = 2.6$$

$$需求满足率 = 1 - \frac{2.6}{90} = 0.97$$

下面在 Python 中实现例 9-8 的整个计算过程。

```
# (OUL,T)策略
OUL = 135
T = 3
# 补货提前期
L = 1
# 覆盖期
W = L + T
mu = 30
sigma = 10
# 补货周期均值
mu_T = mu * T
# 覆盖期均值、标准差
mu_W = mu * W
sigma_W = sigma * np.sqrt(W)
# 计算安全库存
ss = OUL - mu_W
# 计算周期服务水平
csl= norm_dist.cdf(ss / sigma_W)
# 计算需求满足率
es = sigma_W * norm_dist.pdf(ss / sigma_W) - \
     ss * (1 - norm_dist.cdf(ss / sigma_W))
fr = 1 - es / mu_T
print('例9-8计算结果: ')
print('安全库存量为: %.2f' % ss)
print('周期服务水平为: %.2f' % csl)
print('需求满足率为: %.2f' % fr)
```

```
例9-8计算结果：
安全库存量为: 15.00
周期服务水平为: 0.77
需求满足率为: 0.97
```

9.4　需求分布的刻画

通过前面几节的分析可以看到，要确定安全库存量，只有需求均值是不够的，还需要对需求的不确定性进行分析，或者说需要对需求的分布进行刻画。特别地，(ROP,Q) 策略需要对提前期需求的分布进行刻画，而 (OUL,T) 策略需要对覆盖期需求的分布进行刻画。接下来的讨论中，将目标库存水平 OUL 或者再补货点 ROP 需要覆盖的需求的期数统称为覆盖期 W。

9.4.1 小节和 9.4.2 小节将分别讨论使用参数和非参数两种方法估计需求分布。参数方法在假设需求服从某一分布族的情况下估计分布的参数，非参数方法则不对需求分布进行假设，直接从数据中估计所需的统计指标。9.4.3 小节将介绍使用分位数回归直接计算需求分位数的方法。

需要说明的是，选择哪种分布来对产品需求进行建模，需要在实际管理实践中不断尝试与调整。本书第 10 章将使用多种方式拟合一家零食企业产品的需求分布，通过模拟仿真，比较不同的需求拟合方案下库存策略的绩效。

9.4.1　使用参数方法估计需求分布

参数方法需要首先根据产品的特性选择合适的分布形式，然后利用数据对其中未知的参数进行估计。实际中最为常用的分布是正态分布，不过，并不是所有产品的需求都适合使用正态分布来刻画。本小节将讨论正态、伽马、泊松及厚尾等分布的特点，并利用 Python 对某食品企业 3 个产品（SKU）的需求分布进行参数估计。

首先，读入销量数据表格，打印出表格前 5 行，其中 SKU1、SKU2 和 SKU3 表示产品 id，数值表示对应产品的销量。考虑到本节主要探讨需求分布的估计方法，为了简单起见，这里隐藏数据的具体时间信息，用序号标识表示时序性，3 种产品的销量数据的时间颗粒度均与其覆盖期保持一致。

```
import pandas as pd
# 定义数据存储路径
data_dir = '../../data/ss_data/'
# 读取3种产品的销量数据
sales_data = pd.read_csv(data_dir + 'ss_data.csv')
print(sales_data.head())
```

```
   SKU1  SKU2  SKU3
0   404    29  2299
1   638    27  1280
2  1132     0   374
3   251    69   178
4   497    33    81
```

数据可视化可以让管理者直观地了解需求的分布情况，这里定义函数 plot_data() 来绘制历史销量随时间变化的图像及直方图，并绘制出 3 种产品的销量的趋势图和直方图，如图 9-5、图 9-6 和图 9-7 所示。

```python
def plot_data(sales_data, bins=30):
    """
    Args:
        sales_data: 销量数据
        bins: 直方图区间数
    """
    fig, (ax1, ax2) = plt.subplots(1, 2)
    ax1.plot(sales_data, color='#1c79d9', label='销量', marker='o')
    ax1.set_xlabel('时间')
    ax1.set_ylabel('销量')
    ax2.hist(sales_data, bins=bins, color='#1c79d9')
    ax2.set_xlabel('销量')
    ax2.set_ylabel('计数')
    plt.show()

plot_data(sales_data['SKU1'])
```

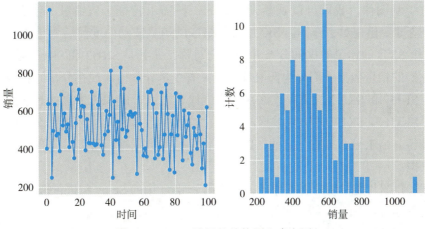

图 9-5　SKU1 销量的趋势图和直方图

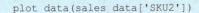

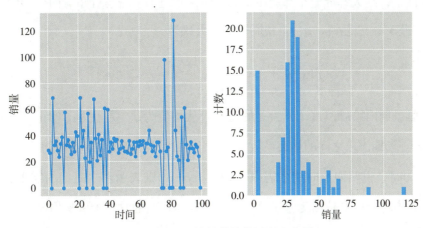

图 9-6　SKU2 销量的趋势图和直方图

```
plot_data(sales_data['SKU3'])
```

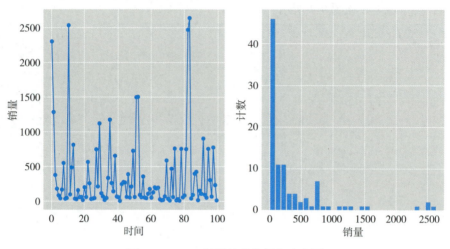

图 9-7 SKU3 销量的趋势图和直方图

通过绘制图像，我们可以观察到产品的一些需求特征。从销量图像中可以看出，SKU1 的销量变化相对平稳，而 SKU2 和 SKU3 的销量波动幅度前后变化较大。在直方图上，3 个 SKU 的销量数据的分布并非完全对称，尤其是 SKU2 和 SKU3 是正偏度的，这表示它们的销量数据大部分为低值数据点，有少量异常值出现在分布的右侧。从连续性上看，SKU1 和 SKU3 的销量数据在取值上比较连续，而 SKU2 的数据分布在间断的区间上。SKU1 和 SKU2 的销量数据的分布比较集中，而 SKU3 的销量数据存在较多异常值，使得其需求分布具有一定的"厚尾"性。这些数据特征可以为分布函数的选择提供一定依据。

接下来介绍几类常用的需求分布，并使用 Python 中的 Scipy 包进行拟合。

1. 正态分布

正态分布是最为常用的概率分布，在整个统计学中占据中心地位。正态分布的图像为钟形，有良好的解析性质，容易分析处理。中心极限定理表明，对于较大的样本，在适当的条件下，绝大部分分布都能用正态分布进行近似。正态分布有两个参数，分别是均值 μ 与方差 σ^2，记为 $N(\mu, \sigma^2)$。其概率密度函数为

$$f(x \mid \mu, \sigma^2) = \frac{1}{\sqrt{2\pi}\sigma} e^{-\frac{(x-\mu)^2}{2\sigma^2}}, -\infty < x < \infty$$

假设覆盖期内第 i 期（$i = 1, \cdots, W$）的需求服从均值为 μ_i、方差为 σ_i^2 的正态分布，ρ_{ij} 为第 i 期需求与第 j 期需求之间的相关系数。当 $0 < \rho_{ij} \leq 1$ 时，说明 i、j 两个时期的需求正相关；当 $-1 \leq \rho_{ij} < 0$ 时，说明两个时期的需求负相关。$\rho_{ij} = 0$ 则表示两个时期的需求相互独立。由于多个正态分布的和依然为正态分布，因此覆盖期内的总需求服从均值为 μ_W、方差为

σ_W^2 的正态分布，其中

$$\mu_W = \sum_{i=1}^{W} \mu_i, \sigma_W = \sqrt{\sum_{i=1}^{W} \sigma_i^2 + 2\sum_{i>j} \rho_{ij}\sigma_i\sigma_j}$$

如果覆盖期内的各期需求独立同分布，均值为 μ_0，方差为 σ_0^2，则覆盖期内的总需求均值与标准差分别为

$$\mu_W = W \cdot \mu_0, \ \sigma_W = \sqrt{W}\sigma_0$$

分布的变异系数为

$$CV_W = \frac{1}{\sqrt{W}}\frac{\sigma_0}{\mu_0}$$

相比于单期的需求，覆盖期内总需求的变异系数更小，为单期需求的 $1/\sqrt{W}$ 倍。因此，直接对覆盖期内的总需求进行预测往往能够提升预测的准确率。例如，覆盖期为 1 周，可以将天颗粒度的数据聚合成周颗粒度进行预测。在接下来的内容中，将默认所使用或生成的数据的时间颗粒度为覆盖期。

在 Python 中，Scipy 的 stats 模块提供了多种分布的统计相关函数。接下来以正态分布为例，介绍使用 stats 模块定义分布、生成随机样本、调用相关概率函数以及使用极大似然估计（Maximum Likelihood Estimation，MLE）估计分布参数的方法。更多关于 stats 模块的使用可以参考文献 [23]。

调用 stats 模块的正态分布 norm，读者可以自定义参数来设定分布的形状。图 9-8 所示为标准正态分布的概率密度函数图像。

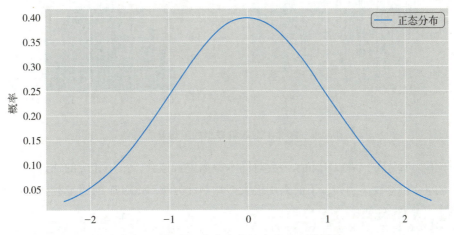

图 9-8　标准正态分布的概率密度函数图像

对于 stats 模块中的各种分布，常用的函数有 pdf() 和 cdf()，分别表示概率密度函数（连续型分布）和累积分布函数。ppf() 表示逆累积分布函数，用于计算指定概率下该分布的分位点。

```
# 概率密度函数
pdf_value = norm_dist.pdf(0)
# 累积分布函数
cdf_value = norm_dist.cdf(0)
# 分位数函数（累积分布函数的逆函数）
quantile_value = norm_dist.ppf(0.9)
print("对于标准正态分布，在x=0处的概率密度函数为：%.2f，累积分布函数为：%.2f；"
      % (pdf_value, cdf_value))
print('0.9-分位点为：%.2f' % quantile_value)
```

```
对于标准正态分布，在x=0处的概率密度函数为：0.40，累积分布函数为：0.50；
0.9-分位点为：1.28
```

对于指定分布，rvs() 用于生成服从该分布的随机样本。图 9-9 所示为一组标准正态随机样本的图像及直方图。该函数可以用来生成需求的样本数据，从而对库存系统进行模拟仿真。

```
# 指定参数的正态分布
norm_dist = stats.norm(100, 20)
# 生成随机样本
norm_sample = norm_dist.rvs(200)
plot_data(norm_sample)
```

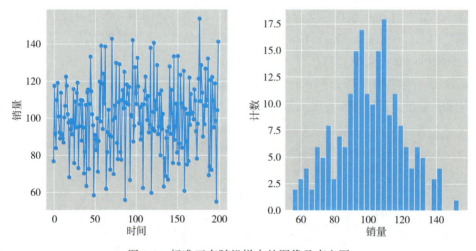

图 9-9　标准正态随机样本的图像及直方图

对于连续型分布，可以用 fit() 函数对样本数据进行拟合，采用相应的估计方法找到最符合样本的分布参数。例如，下面采用极大似然估计方法对 SKU1 的销量数据进行拟合。

```
# 使用极大似然估计进行拟合
normal_fitted_mu, normal_fitted_sigma = stats.norm.fit(sales_data['SKU1'],
                                                        method='MLE')
print("使用正态分布对SKU1的需求进行拟合，得到均值估计值为：%.2f，标准差估计值为：%.2f"
      % (normal_fitted_mu, normal_fitted_sigma))
```

```
使用正态分布对SKU1的需求进行拟合，得到均值估计值为：522.67，标准差估计值为：150.22
```

图 9-10 所示为随机样本（历史销量数据）的频率直方图和正态分布拟合后的概率密度函数。可以看到，正态分布能够刻画出销量数据的一些特征。

```python
def plot_fitted_pdf(sales_data, fitted_dist):
    """
    Args:
        sales_data: 销量数据
        fitted_dist: 拟合分布
    """
    x = np.linspace(fitted_dist.ppf(0.005), fitted_dist.ppf(0.995),
                    len(sales_data))
    plt.hist(sales_data, bins=30, color='#9dc7f2',
             density=True, label='历史销量数据')
    plt.plot(x, fitted_dist.pdf(x), color='black',
             label='拟合的概率密度函数', linewidth=3)
    plt.ylabel('概率')
    plt.legend()
    plt.show()

# 生成拟合的分布
normal_fitted_dist = stats.norm(normal_fitted_mu, normal_fitted_sigma)
# 绘制拟合出的概率密度函数
plot_fitted_pdf(sales_data['SKU1'], normal_fitted_dist)
```

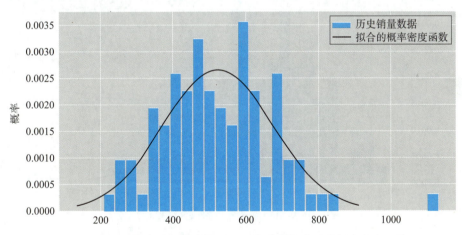

图 9-10　随机样本的频率直方图和正态分布拟合后的概率密度函数

给定零售商对于 SKU1 期望的周期服务水平，根据安全库存计算公式，调用分位点函数 ppf() 就能计算出相应的安全库存量。

```python
# 给定服务满足水平
given_csl = 0.95
# 调用ppf()计算指定以95%的概率覆盖需求的库存水平
inv_level = normal_fitted_dist.ppf(given_csl)
safety_inventory = inv_level - normal_fitted_mu
print('假设需求服从正态分布，在给定服务水平%.2f时，补货周期内现货库存应为：%.2f，'
      '安全库存量为：%.2f' % (given_csl, inv_level, safety_inventory))
```

假设需求服从正态分布，在给定服务水平0.95时，补货周期内现货库存应为：769.76，安全库存量为：247.09

2. 伽马分布

尽管正态分布的适用范围非常广，具有良好的性质，但是正态分布的取值范围为从负无穷到正无穷，可能出现负值。此外，正态分布是对称的，而实际销量数据常常表现出偏态。伽马分布是另一个供应链管理中的常用分布，它的取值范围为 0 到正无穷。它有两个参数，分别是形状参数 α 和尺度参数 β，记为 Γ(α,β)。其概率密度函数为

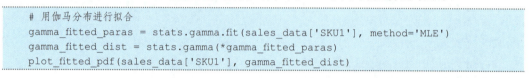

$$f(x|\alpha,\beta) = \frac{x^{\alpha-1}e^{-x/\beta}}{\Gamma(\alpha)\beta^{\alpha}}, \ 0 \leqslant x < \infty, \ \alpha, \beta > 0$$

式中，$\Gamma(\alpha) = \int_0^\infty t^{\alpha-1}e^{-t}dt$，形状参数 α 主要影响分布的峰起状态，β 主要影响分布的散度情况。

用伽马分布对 SKU1 的销量数据进行拟合，图 9-11 所示为拟合的结果。

```
# 用伽马分布进行拟合
gamma_fitted_paras = stats.gamma.fit(sales_data['SKU1'], method='MLE')
gamma_fitted_dist = stats.gamma(*gamma_fitted_paras)
plot_fitted_pdf(sales_data['SKU1'], gamma_fitted_dist)
```

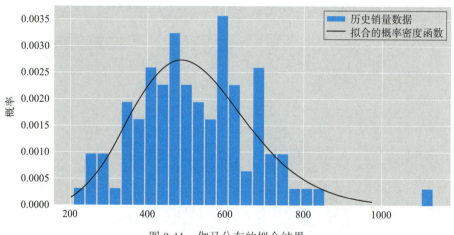

图 9-11 伽马分布的拟合结果

3. 泊松分布与复合泊松分布

泊松分布是一类应用广泛的离散分布，在库存管理中，可以用来拟合慢消品（Slow-Moving）的需求分布。当产品的库存周转速度较慢，0 需求周期的比例较高时，可以考虑使用泊松分布进行拟合。泊松分布有一个非负参数 λ，称为强度参量，记为 P(λ)。其概率质量函数为

$$P(X=x|\lambda) = \frac{e^{-\lambda}\lambda^x}{x!}, \ x=0,1,\cdots$$

泊松分布是离散型分布，在使用 Scipy 中的 stats 模块进行与概念相关的计算时，区别于连续分布使用的概率密度函数 pdf()，离散分布使用的概率质量函数是 pmf()，表示

分布在各特定取值点上的概率。

```
poisson_dist = stats.poisson(10)
# 概率质量函数
pmf_value = poisson_dist.pmf(5)
print('对于参数为10的泊松分布，在x=5处的概率质量函数为: %.2f' % (pmf_value))
```

```
对于参数为10的泊松分布，在x=5处的概率质量函数为: 0.04
```

泊松分布参数 λ 的极大似然估计值为样本均值。通过计算历史需求样本的均值，即可拟合泊松分布的参数。图 9-12 所示为 SKU2 销量数据的拟合结果。可以看出，泊松分布拟合出了数据的峰度和偏度。

```
# 用泊松分布进行拟合
poisson_fitted_lambda = np.mean(sales_data['SKU2'])
poisson_fitted_dist = stats.poisson(poisson_fitted_lambda)

# 绘制泊松分布拟合图像
plt.hist(sales_data['SKU2'], bins=30, color='#9dc7f2',
         density=True, label='历史销量数据')
x = [int(i) for i in np.linspace(min(sales_data['SKU2']),
                                 max(sales_data['SKU2']), 100)]
plt.plot(x, poisson_fitted_dist.pmf(x), marker='o',
         label='拟合的概率质量函数', color='black')
plt.ylabel('概率')
plt.legend()
plt.show()
```

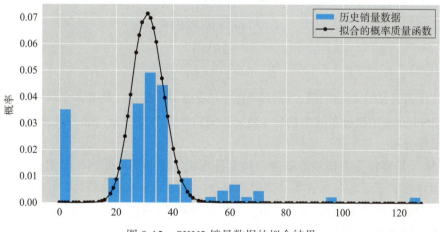

图 9-12　SKU2 销量数据的拟合结果

泊松分布的参数单一，其期望与方差均等于 λ，这使得泊松分布在实际数据上的表现不一定尽如人意。复合泊松分布将泊松分布拓展到更一般的情况。令 Z 表示单位周期内的订单总数，每个订单 i 中包含的产品个数记为 X_i（$i=1,\cdots,Z$），为独立同分布的随机变量，令 Y 表示单位周期内产品的总销量，有

$$Y = \sum_{i=1}^{Z} X_i$$

复合泊松分布假设订单总数服从泊松分布，记为 $Z \sim P(\lambda)$。利用重期望与重方差公式，可以计算出复合泊松分布的期望与方差：

$$E[Y] = E[E[Y|Z]] = E[Z] \cdot E[X]$$
$$Var[Y] = E[Var[Y|Z]] + Var[E[Y|Z]]$$
$$= E[Z] \cdot Var[X] + Var[Z \cdot E[X]]$$
$$= E[Z] \cdot Var[X] + (E[X])^2 Var[Z]$$
$$= \lambda \left((E[X])^2 + Var[X]\right)$$

通过设定 X_i 为不同的分布，可以构造出不同的复合泊松分布，如 Stuttering 泊松分布和负二项泊松分布等。Stuttering 泊松分布是最早提出的用于建模慢流品需求的分布之一。它假设 X_i 独立同分布，服从参数为 p 的几何分布，其概率质量函数为

$$P(X = x | p) = p(1-p)^{x-1}, x = 1, 2, \cdots; 0 \leqslant p \leqslant 1$$

几何分布的期望等于 $1/p$，方差等于 $(1-p)/p^2$，从而可以推导出 Stuttering 泊松分布的参数与其期望及方差的关系：

$$\lambda = \frac{2(E[Y])^2}{Var[Y] + E[Y]}$$

$$p = \frac{2E[Y]}{Var[Y] + E[Y]}$$

相比于直接估计 λ 与 p 的值，估计均值与方差更易于操作，将相关估计值带入上式即可得到 Stuttering 泊松分布的参数估计值，相关估计方法可参考文献 [24] 和 [25] 等。

4. 厚尾分布

"厚尾"是零售企业销量数据的一种常见现象。在厚尾分布下，尾部极端大的需求出现的概率要大于正态分布这类"薄尾"分布。在厚尾分布下，样本均值收敛的速度远慢于正态分布。图 9-13 所示为样本量从 0 增至 1000 时，在正态分布和厚尾分布下样本均值随样本量变化的情况。可以看出，正态分布的样本均值已明显收敛到期望值，而厚尾分布样本均值的波动仍然明显。

```
norm_dist = stats.norm(10, 5)
ht_dist = stats.lognorm(5, 2)
sample_size_list = list(range(1, 1000))
# 计算正态分布下的样本均值
norm_sample_mean = [np.mean(norm_dist.rvs(n)) for n in sample_size_list]
# 计算厚尾分布下的样本均值
ht_sample_mean = [np.mean(ht_dist.rvs(n)) for n in sample_size_list]
```

```
fig, (ax1, ax2) = plt.subplots(1, 2)
ax1.plot(sample_size_list, norm_sample_mean, color='#1c79d9', linewidth=0.5)
ax1.set_xlabel('n')
ax1.set_ylabel('$\dfrac{1}{n} \ sum_{i=1}^n x_i$')
ax1.set_title('正态分布')
ax2.plot(sample_size_list, ht_sample_mean, color='#1c79d9', linewidth=0.5)
ax2.set_xlabel('n')
ax2.set_title('厚尾分布')
plt.show()
```

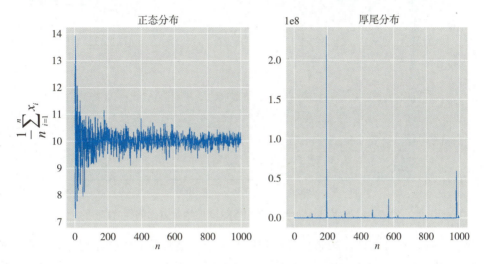

图 9-13　正态分布和厚尾分布下样本均值与样本量的关系

统计学中有多种定义厚尾分布的方式，例如尾部厚度大于指数分布，或是方差不存在（无穷大）。一般认为，如果一个随机变量 X 的矩母函数 $M_X(t)$ 对于任意 $t>0$，取值均为无穷，则认为该分布为厚尾分布，即

$$\int_{-\infty}^{\infty} e^{tx} f(x) dx = \infty, \forall t > 0$$

在厚尾分布下，大数定律依然有效，但是收敛速度非常慢，导致样本均值常常偏离分布的真实均值，其他依据样本计算出的统计量也很有可能失效。

对数正态分布的形状与伽马分布类似，它广泛应用于右偏数据的建模。与伽马分布不同的是，对数正态分布是一种厚尾分布，能够拟合存在厚尾现象的需求。如果随机变量 X 的自然对数服从正态分布，即 $\log X \sim N(\mu, \sigma^2)$，则称 X 服从对数正态分布，其概率密度函数为

$$f(x|\mu, \sigma^2) = \frac{1}{\sqrt{2\pi}\sigma} \frac{1}{x} e^{-\frac{(\log x - \mu)^2}{2\sigma^2}}, 0 < x < \infty$$

调用 stats 模块的 lognorm 分布，使用 fit() 对 SKU3 的销量数据进行拟合，图 9-14 所示为拟合的结果。可以发现，lognorm 分布刻画出了 SKU3 的销量数据的非对称性和

厚尾性。

```
# 用厚尾分布进行拟合
lognormal_fitted_paras = stats.lognorm.fit(sales_data['SKU3'], method='MLE')
lognormal_fitted_dist = stats.lognorm(*lognormal_fitted_paras)
plot_fitted_pdf(sales_data['SKU3'], lognormal_fitted_dist)
```

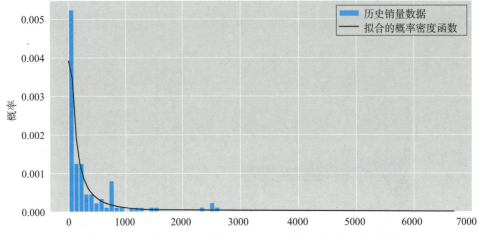

图 9-14 使用 lognorm 分布对 SKU3 的销量数据的拟合结果

除了对数正态分布外，帕累托分布和柯西分布也是常见的两种厚尾分布。这两种分布可以使用稳定分布来统一描述。稳定分布是一类适用于对分布的厚尾和偏度进行描述的连续性概率分布。在稳定分布下，独立同分布的随机变量之和与单个变量的分布形式相同。正态分布就是一种特殊的稳定分布。

稳定分布的分布函数为 $S_\alpha(\mu,\sigma,\beta)$，参数 α、β、μ、σ 分别刻画了稳定分布的一些分布特点：参数 $\alpha\in(0,2]$ 决定稳定分布的概率密度函数拖尾厚度，它的值越小，分布的拖尾也就越厚；参数 $\beta\in[-1,1]$ 决定稳定分布的概率密度函数的偏度，它的值大于 0 表明概率密度函数向右偏，小于 0 表明概率密度函数向左偏；参数 $\mu\in\mathbf{R}$ 刻画稳定分布的位置，对于正态分布而言，它刻画的就是分布的均值；参数 $\sigma>0$，为尺度参数，它是关于分布样本偏离其均值的一种度量，其意义类似于正态分布的方差。参数 α 的值越小，分布的拖尾厚度越厚，当 $\alpha=2$ 时，分布会退化成正态分布。当 $\alpha<2$ 时，对应分布的方差不存在。当 $\alpha\leqslant1$ 时，对应分布的期望值不存在。在 $\alpha=1$，$\beta=0$ 时，稳定分布退化为柯西分布。为了清晰表现稳定分布的性质，图 9-15 所示为不同参数下稳定分布的概率密度函数，从中可以看出稳定分布的非对称性和厚尾性。

在本书所介绍的需求分布之外，Scipy 的 stats 包还提供了很多需求分布，读者可以自行阅读 API 文档进行尝试。

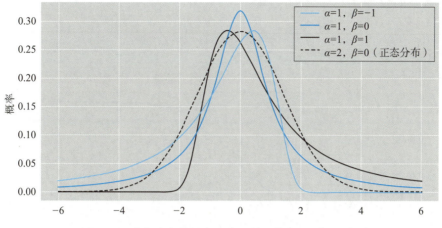

图 9-15 稳定分布的概率密度函数（其中 $\mu=0$，$\sigma=1$）

9.4.2 使用非参数方法估计需求分布

9.4.1 小节介绍了需求分布估计的参数方法。参数方法假设需求服从某一分布，从历史数据中估计相应的参数。如果数据生成过程满足所假设的需求分布，那么这种估计方法是有效的，否则估计出的统计量将与真实值不一致。本小节将介绍的非参数方法则更为通用，它不假设需求服从某一特定分布。一般而言，非参数方法在小样本下的表现不如假设正确的参数方法有效。但是无论数据的生成过程是什么样的，非参数方法都有一致的表现。因此，在实际应用中，当对需求的分布形式毫无头绪时，非参数方法是非常值得尝试的方法。

1. 经验分布与经验分位数

令 $X_1,\cdots,X_n$ 表示独立同分布的随机变量，累积分布函数为 $F(x)$，概率密度函数为 $f(x)$。考虑如下经验分布函数：

$$F_n(x) = \frac{1}{n}\sum_{i=1}^{n} I(X_i \leqslant x)$$

式中，$I()$ 为示性函数，满足

$$I(X \in A) = \begin{cases} 0, & X \notin A \\ 1, & X \in A \end{cases}$$

依据大数定律可知，$F_n(x) \to F(x)$ 对于任意 x 几乎处处收敛。因此，经验分布 $F_n(x)$ 是 $F(x)$ 的一致估计量。

在 Python 中，可以调用 statsmodels 包中的 ECDF() 函数来得到经验分布。用该函数绘制 SKU1 销量数据的经验分布，结果如图 9-16 所示。

```
from statsmodels.distributions.empirical_distribution import ECDF
# 使用ECDF()获得SKU1的经验分布
```

```
ecdf = ECDF(sales_data['SKU1'])
# 绘制经验分布的图像
plt.plot(ecdf.x, ecdf.y, color='#1c79d9', linewidth=2)
plt.ylabel('累积分布概率')
plt.show()
```

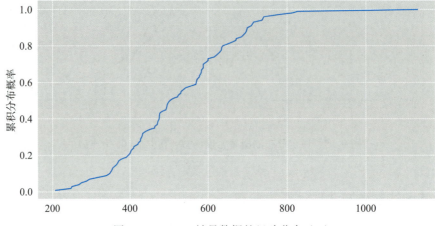

图 9-16　SKU1 销量数据的经验分布（1）

在使用周期服务水平指标管理安全库存时，需要计算覆盖期需求对应周期服务水平的分位数值。在 Python 中，可以使用 numpy 的 quantile() 方法获得经验分位数值。

```
quantile_value = np.quantile(sales_data['SKU1'], 0.95)
print("对于SKU1,使用经验分布计算的0.95-分位点为: %.2f" % (quantile_value))
```

```
对于SKU1,使用经验分布计算的0.95-分位点为: 739.15
```

2. 核密度估计

在数据可视化时，常用直方图来观察数据的分布情况。直方图中每一区间的"高度"反映了数据在该区间内的频数。图 9-17 所示为 SKU1 销量数据的经验分布。

```
fig, axes = plt.subplots(2, 2)
plt.subplots_adjust(hspace=0.5)
sns.histplot(x=sales_data['SKU1'], bins=5,  ax=axes[0,0], color='#1c79d9')
sns.histplot(x=sales_data['SKU1'], bins=10, ax=axes[0,1], color='#1c79d9')
sns.histplot(x=sales_data['SKU1'], bins=20, ax=axes[1,0], color='#1c79d9')
sns.histplot(x=sales_data['SKU1'], bins=50, ax=axes[1,1], color='#1c79d9')
axes[0, 0].set_ylabel('计数')
axes[0, 1].set_ylabel('计数')
axes[1, 0].set_ylabel('计数')
axes[1, 1].set_ylabel('计数')
plt.show()
```

利用微积分的思想，如果直方图的每一区间的"宽度"充分小，那么即可用该区间的频率近似该区间的概率密度。令 h 表示带宽（区间的宽度为$2h$），上述过程可以表示为

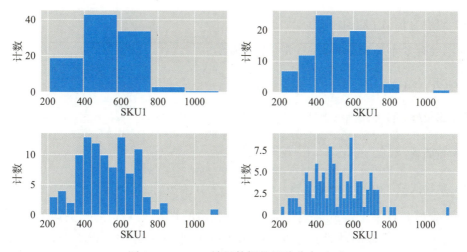

图9-17　SKU1销量数据的经验分布（2）

$$f(x) \approx \frac{F(x+h)-F(x-h)}{2h} \qquad (9\text{-}3)$$

使用经验分布$F_n(x)$替代式（9-3）中的$F(x)$可以得到

$$\hat{f}_n(x) \approx \frac{F_n(x+h)-F_n(x-h)}{2h}$$

该式等价于

$$\begin{aligned}\hat{f}_n(x) &= \frac{1}{2nh}\sum_{i=1}^{n}I(x-h<X_i<x+h)\\ \hat{f}_n(x) &= \frac{1}{nh}\sum_{i=1}^{n}\frac{1}{2}I\left(-1<\frac{X_i-x}{h}<1\right)\\ &=\frac{1}{nh}\sum_{i=1}^{n}K_0\left(\frac{X_i-x}{h}\right)\end{aligned}$$

式中，$K_0(z)=(1/2)I(-1<z<1)$被称为核函数（Kernel Function）。$K_0(\cdot)$在$(-1,1)$区间上服从均匀分布，称为均匀核函数。这说明在估计中对选取的样本$X_1,\cdots,X_N$都给予了相同的权重。为了使该方法适用于更一般的场景，定义了通用的核函数$K(\cdot)$，得到核密度估计函数：

$$\hat{f}_n(x)=\frac{1}{nh}\sum_{i=1}^{n}K\left(\frac{X_i-x}{h}\right)$$

核函数需要满足4个基本条件：

1）全域积分为1，且恒大于或等于0：$\int K(z)\mathrm{d}z=1, K(z)\geqslant 0$。

2）对称性：$K(z)=K(-z)$。

3）单调性：如果$z>0$，则$K'(z)<0$；反之，如果$z\leqslant 0$，则$K'(z)>0$。

4）期望为 0：$\mathrm{E}(K(z)) = 0$。

核函数有多种，下面列举一些常用的核函数：

1）均匀核：$\frac{1}{2}I(|z|<1)$。

2）三角核：$(1-|z|)I(|z|<1)$。

3）高斯核：$\frac{1}{\sqrt{2\pi}}\exp\left(-\frac{z^2}{2}\right)$。

4）抛物线核（Epanechnikov 核）：$(3/4)(1-z^2)I(|z|<1)$。

在选定好核函数的形式后，还需要选择合适的带宽 h。目标是选择最优的带宽 h 使得核密度估计函数的估计误差最小。这里采用平均积分均方误差 (Mean Integrated Squared Error，MISE) 来衡量 $\hat{f}_n$ 的准确度：

$$\mathrm{MISE}(h) := \mathrm{E}\left[\int \left(\hat{f}_n(x) - f(x)\right)^2 \mathrm{d}x\right]$$

最优的带宽 h^* 是使得 MISE(h) 值最小的带宽，即

$$h^* := \underset{h>0}{\operatorname{argmin}}\ \mathrm{MISE}(h)$$

MISE(h) 的大小取决于未知的真实的概率密度函数 $f(x)$，因此无法直接最小化。常用的一种方式是最小化 MISE(h) 的无偏估计量。将 MISE(h) 的式子展开，可以写成如下形式：

$$\mathrm{MISE}(h) = \mathrm{E}\left[\int \hat{f}_n(x)^2 \mathrm{d}x - 2\int \hat{f}_n(x)f(x)\mathrm{d}x\right] + \mathrm{E}\int f(x)^2 \mathrm{d}x$$

由于 $f(x)$ 与 h 无关，因此最小化 MISE(h) 等价于最小化函数 $J(h)$：

$$J(h) := \mathrm{E}\left[\int \hat{f}_n(x)^2 \mathrm{d}x - 2\int \hat{f}_n(x)f(x)\mathrm{d}x\right]$$

定义 $J(h)$ 的一个无偏估计量为

$$CV(h) = \int \hat{f}_n(x)^2 \mathrm{d}x - \frac{2}{n}\sum_{i=1}^{n}\hat{f}_{n,-i}(X_i)$$

式中，$\hat{f}_{n,-i}(x) = 1/(n-1)h\sum_{j\neq i}K\left[(X_j - x)/h\right]$。该估计量称为留一交叉验证（Leave-One-Out Cross-Validation）无偏估计量，无偏估计的证明可参考文献 [26]。由于 $f(x)$ 与 h 无关，因此 $CV(h)$ 是 MISE(h) 的无偏估计量。读者可以基于历史观测样本来估计 $\mathrm{E}(CV(h))$，并找到近似最优的带宽 h^{CV} 作为 h^* 的估计量。

接下来使用高斯核估计来估计 SKU1 的核密度估计函数，利用留一交叉验证的方法确定最优的带宽并从中采样，计算出 0.95 的分位数。在 Python 中，可以调用 Sklearn 包中的相应函数来实现相应功能。最终，以 SKU1 为例，画出其核密度估计函数图像，如图 9-18 所示。

```
# 调用kde计算包
from sklearn.neighbors import KernelDensity
# 调用交叉估计验证计算包
from sklearn.model_selection import GridSearchCV, LeaveOneOut
bandwidth_choices = {'bandwidth': np.linspace(0.5, 200, 200)}
grid = GridSearchCV(KernelDensity(kernel='gaussian'),
                    bandwidth_choices, cv=LeaveOneOut())
sku1_data = sales_data['SKU1'].values.reshape(-1, 1)
grid.fit(sku1_data)
print('使用留一交叉验证法得到最优带宽为: %.2f' % (grid.best_estimator_.bandwidth))
```

使用留一交叉验证法得到最优带宽为: 96.74

```
kde = grid.best_estimator_
kde_samples = kde.sample(1000)
kde_quantile_value = np.quantile(kde_samples, 0.95)
print('对于SKU1,使用kde计算的0.95-分位点为: %.2f' % (kde_quantile_value))
```

对于SKU1,使用kde计算的0.95-分位点为: 817.25

```
# 绘制核密度估计函数图像
x = np.linspace(min(sku1_data), max(sku1_data), 1000)
density = np.exp(kde.score_samples(x))
plt.plot(x, density, color='black', label='核密度估计函数', linewidth=3)
plt.hist(sku1_data, bins=30, color='#9dc7f2', density=True,
         label='历史销量数据')
plt.ylabel('概率')
plt.legend()
plt.show()
```

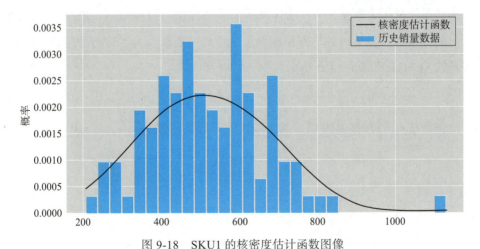

图9-18 SKU1的核密度估计函数图像

9.4.3 分位数回归

9.4.1和9.4.2小节介绍了如何利用参数与非参数方法对需求的分布进行刻画。本书的需求预测部分讨论了一些可以拓展到多维特征的方法来预测需求的均值。实际中，企业可以将对需求均值的预测与对需求分布的估计结合起来，通过计算得到相应策略结构下的策略参数（再补货点或目标库存水平）。在使用周期服务水平指标管理安全库存时，需要计算覆盖期需求对应周期服务水平的分位数值。本小节将介绍线性分位数回归以及集成树分位数回归。这两种方法都可以拓展到多维特征的情况。

1. 线性分位数回归

令Y表示需求（被解释变量），X表示特征变量，建立线性回归模型$Y=\beta X$，估计的是给定特征$X=x$下的条件期望$E[Y|X=x]$。通过最小化均方误差的损失函数$L(\beta)$，可以得到最优的估计值

$$L(\beta)=\sum_{i=1}^{n}(y_i-x_i\beta)^2$$

分位数回归要估计的是变量的条件分位数。τ-条件分位数$Y_\tau(x)$描述了在给定特征$X=x$的条件下，随机变量Y小于或等于$Y_\tau(x)$的概率为τ，即

$$Y_\tau(x)=\inf\{y:F(y|X=x)\geqslant\tau\}$$

相较于经典的线性回归仅估计条件均值，分位数回归能够获得更多关于Y的信息。类似于线性回归模型，线性分位数回归模型可以表示为

$$Y_\tau=\beta_\tau X$$

和线性回归不同，分位数回归模型中的系数β依赖分位数值τ。从分位数的概念上理解，估计出的$\hat{\beta}_\tau$要使得历史数据中有τ的比例低于所估计出的分位数值，使$1-\tau$的比例高于所估计出的分位数值。传统的均方误差无法满足这一需求。为了进行分位数回归，引入了检查函数（Check Function）$\rho_\tau(u)$：

$$\rho_\tau(u)=u(\tau-I(u<0))=\tau\max(u,0)+(1-\tau)\max(-u,0)$$

式中，检查函数$\rho_\tau(u)$为图9-19所示的分段线性函数的图像。

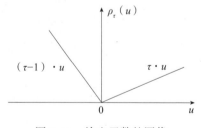

图 9-19　检查函数的图像

通过最小化给定分位数τ下的损失函数$L_\tau(\beta_\tau)$，可以得到最优的估计值

$$L_\tau(\beta_\tau) = \sum_{i=1}^{n} \rho_\tau(y_i - x_i\beta_\tau)$$

由于$\rho_\tau(u)$为分段线性函数，因此该问题无法像经典的线性回归问题一样使用最小二乘法求得显式解。但是通过增加松弛变量，可以将该问题转换为一个线性规划问题：

$$\min \quad \tau e'u + (1-\tau)e'v$$
$$\text{s.t.} \quad y - x\beta_\tau = u - v$$
$$u, v \geqslant 0$$

读者可以自行调用求解器求解该问题。不过，Python 的 Sklearn 和 Statsmodel 包中都有已实现好的分位数回归工具，下面通过一个例子来介绍如何在 Python 中使用 Sklearn 进行分位数回归，结果如图 9-20 所示。

```python
from sklearn.linear_model import QuantileRegressor
# 读取用于分位数回归的数据
quantile_data = pd.read_csv(data_dir + 'quantile_data.csv')
# X表示特征变量，Y表示被解释变量
X = quantile_data['X'].values.reshape((len(quantile_data), 1))
Y = quantile_data['Y'].values
x_to_predict = np.arange(0, 50, 5).reshape(-1, 1)
quantile_list = [0.6, 0.75, 0.9]
linear_qr_dict = {}
# 调用线性分位数回归模型
for tau in quantile_list:
    linear_qr = QuantileRegressor(quantile=tau)
    linear_qr.fit(X, Y)
    linear_qr_dict[tau] = linear_qr.predict(x_to_predict)
linear_qr_df = pd.DataFrame(linear_qr_dict)
linear_qr_df.columns = ['q_'+ str(tau) for tau in quantile_list]
linear_qr_df['X'] = x_to_predict
```

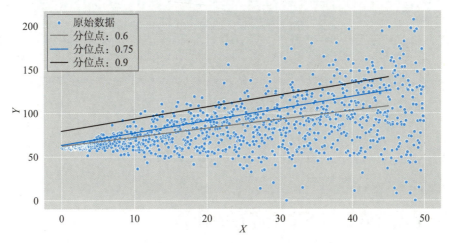

图 9-20 线性分位数模型的结果

2. 集成树分位数回归

第 4 章介绍了使用随机森林、梯度提升树、XGBoost、LightGBM 等集成树模型预测需求均值的方法。Python 中的工具包也提供了分位数的预测功能。将线性回归中原有的均方误差损失函数替换为分位数损失函数,可以得到线性分位数回归模型。相似的思路也可以应用在其他方法中。对于每一种方法的分位数估计的实现细节,这里不进行展开。下面以梯度提升树(Gradient Boosting Decision Tree,GBDT)为例介绍集成树分位数回归的使用,并将集成树分位数回归的结果展示在图 9-21 中。对梯度提升算法感兴趣的读者可以阅读参考文献 [27]。

```python
from sklearn.ensemble import GradientBoostingRegressor

gbdt_qr_dict = {}
for tau in quantile_list:
    # 设置GBDT模型,损失函数设置为分位数损失函数
    gbdt_qr = GradientBoostingRegressor(loss='quantile', alpha=tau,
                                        n_estimators=200, max_depth=8,
                                        learning_rate=.01,
                                        min_samples_leaf=20,
                                        min_samples_split=20)
    gbdt_qr.fit(X, Y)
    gbdt_qr_dict[tau] = gbdt_qr.predict(x_to_predict)
gbdt_qr_df = pd.DataFrame(gbdt_qr_dict)
gbdt_qr_df.columns = ['q_'+str(tau) for tau in quantile_list]
gbdt_qr_df['X'] = x_to_predict
```

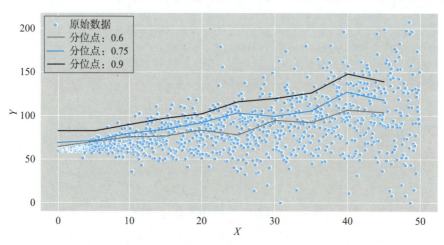

图 9-21　集成树分位数回归的结果

9.5　给定需求满足率下安全库存的计算

回顾 9.2 节,给定需求满足率,可以计算出期望的缺货量 ES,再通过求解积分方程式(9-2)得到相应的再补货点 ROP 或者目标库存水平 OUL。本节以 (ROP, Q) 策略为例,

介绍如何在给定需求满足率的情况下确定再补货点ROP及其相应的安全库存量。期望的缺货量ES为

$$ES = \int_{x=ROP}^{\infty} (x - ROP) f_L(x) \mathrm{d}x$$

尽管在大多数情况下无法得到该积分方程的解析解，但是可以从数值上对该积分进行计算。例如，可以利用蒙特卡洛模拟法估计积分。

蒙特卡洛模拟的主要思想是通过大量独立的随机抽样结果的算术平均值来逼近期望值$E(X)$，这些抽样样本与X具有相同的分布，该方法的理论基础是大数定律[28]。

考虑如下积分：

$$M = \int_a^b g(x) \mathrm{d}x$$

假设$U_i(i=1,\cdots,N)$为$[a,b]$区间上均匀分布的样本，则上式的蒙特卡洛估计值为

$$\hat{M} = \frac{b-a}{N} \sum_{i=1}^{N} g(U_i)$$

利用上述蒙特卡洛求积分的方法给定再补货点ROP，在$[ROP, \overline{ROP}]$区间上生成N个均匀分布样本$U_i(i=1,\cdots,N)$，则期望缺货量的蒙特卡洛估计值为

$$\hat{ES} = \frac{\overline{ROP} - ROP}{N} \sum_{i=1}^{N} (U_i - ROP) f_L(U_i)$$

定义函数 cal_es_value() 实现期望缺货量蒙特卡洛估计值的计算，该函数支持输入前文所讨论的4种参数分布（正态分布、伽马分布、泊松分布和对数正态分布）以及核密度函数。

```python
def cal_es_value(level, level_ub, dist_type, dist, N):
    """
    Args:
        level: 库存水平
        level_ub: 库存水平值上界
        dist_type: 需求分布名称
        dist: 需求分布
        N: 均匀分布样本个数
    Return:
        es: 期望缺货量的蒙特卡洛估计值
    """
    # 生成均匀分布
    uni_samples = stats.uniform(level, level_ub).rvs(N)
    if dist_type in ['normal', 'gamma', 'poisson', 'lognormal']:
        pdf_samples = [dist.pdf(u) for u in uni_samples]
        es = ((level_ub - level) / N) * sum([(uni_samples[i] - level)
                                              * pdf_samples[i]
                                              for i in range(N)])
    elif dist_type == 'kde':
        uni_samples = uni_samples.reshape(-1, 1)
```

```python
                pdf_samples = np.exp(dist.score_samples(uni_samples))
                es = ((level_ub - level) / N) * sum([(uni_samples[i] - level)
                                                    * pdf_samples[i]
                                                    for i in range(N)])[0]
        else:
            raise Exception
        return es
es_value_gamma = cal_es_value(100, 10000, 'gamma', gamma_fitted_dist, 10000)
print('对于SKU1, 采用伽马分布拟合后, 期望缺货量蒙特卡洛估计值为: %.2f'
      % es_value_gamma)
```

对于SKU1, 采用伽马分布拟合后, 期望缺货量蒙特卡洛估计值为: 427.78

```python
es_value_kde = cal_es_value(100, 10000, 'kde', kde, 10000)
print('对于SKU1, 采用核估计拟合后, 期望缺货量蒙特卡洛估计值为: %.2f' % es_value_kde)
```

对于SKU1, 采用核估计拟合后, 期望缺货量蒙特卡洛估计值为: 423.20

由于期望的缺货量关于再补货点是单调递减的，因此可以通过二分查找搜索的方式逐步逼近给定的期望缺货量。面对严格有序序列时，二分查找搜索算法可以利用序列的有序性质减少每次搜索的比较次数，当序列包含 N 个元素时，找到目标元素最多需要比较 $\lceil \log N \rceil$ 次。二分查找搜索算法的思想是：在给定严格单调递增目标序列时，比较被查找元素和目标序列的中间位置元素。如果相等，则找到目标，停止搜索；如果被查找元素的值小于中间位置元素的值，则选取目标数组的左子数组作为下一轮的搜索目标序列，否则选取右子数组作为目标序列，开始下一轮搜索。

下面是二分查找搜索算法的步骤：

1）选取完整的有序序列为目标序列 SL，SL[mid] 表示目标序列的中间位置元素，被查找元素为 P。

2）如果 P = SL[mid]，则找到目标元素，搜索结束，否则进入步骤3）。

3）如果 P < SL[mid]，则选取目标序列 SL 的左子数组（SL[1:mid]）为新的目标序列 SL，否则选取目标序列 SL 的右子数组（SL[mid:]）为新的目标序列 SL，重新回到步骤2）。

下面定义的函数 binary_search() 实现了基于二分查找的再补货点计算过程。为了防止迭代次数过多，当再补货点的上下界的差值在 10^{-2} 以下时，取相应的中间值作为再补货点的最终取值。

```python
level = 0
cur_es = 1000
def binary_search(left, right, level_ub, tar_es, dist_type, dist, N):
    """
    Args:
        left: 目标水平搜索区间最小值
        right: 目标水平搜索区间最大值
        level_ub: 目标水平值上界
        tar_es: 目标期望需求量
        dist_type: 需求分布名称
```

```
            dist: 需求分布
            N: 均匀分布样本个数
        """
        global level, cur_es
        level = left + (right - left) / 2
        cur_es = cal_es_value(level, level_ub, dist_type, dist, N)
        if abs(cur_es - tar_es) <= 1e-2 or (right - left) <= 1e-2:
            return
        elif cur_es - tar_es > 0:
            left = level
            right = right
            binary_search(left, right, level_ub, tar_es, dist_type, dist, N)
        else:
            left = left
            right = level
            binary_search(left, right, level_ub, tar_es, dist_type, dist, N)

binary_search(0, 10000, 10000, 200, 'gamma', gamma_fitted_dist, 10000)
print('对于SKU1, 采用伽马分布拟合后, 目标水平值为: %.2f' % (level))
```

对于SKU1, 采用伽马分布拟合后, 目标水平值为: 321.88

9.6　供应的不确定性：随机提前期

实际管理中，供应的不确定性也会对企业的库存管理造成影响，产能、物流运输状况都会导致提前期的不确定。相较于确定提前期场景，随机提前期下的库存管理更为复杂，也是库存管理领域的一个难点。本节以(ROP,Q)策略为例，介绍复合分布法和Bootstrap自助法两种方法估计随机提前期下的提前期内需求。

9.6.1　复合分布法

首先，提前期需求可以表示为

$$D_L = \sum_{t=1}^{L} D_t$$

复合分布法假设提前期L和每一期的需求D_t各自服从一定的分布形式，从而建立提前期内需求D_L的复合分布。这里假设提前期的均值为L，方差为s_L^2，每一期需求独立同分布，均值为μ_D，方差为σ_D。根据重期望和重方差公式，提前期需求的均值μ_L、标准差σ_L分别为

$$\mu_L = \mu_D L$$

$$\sigma_L = \sqrt{L\sigma_D^2 + \mu_D^2 s_L^2}$$

基于以上均值和方差，假设提前期需求服从正态分布，就可以用和确定提前期库存系统中同样的方法计算再补货点和安全库存量。

复合泊松分布也可以用于提前期需求的建模，也有一些研究使用伽马分布等形式拟合提前期需求，有兴趣的读者可以阅读参考文献 [29–31] 等来详细学习。

9.6.2 Bootstrap 自助法

Bootstrap 自助法是一种在原始样本的基础上进行有放回抽样，获得新样本后，利用新样本来估计总体的统计方法。想更深入地学习该方法，可以阅读参考文献 [32]。下面采用这种非参数方法，利用历史提前期样本和需求样本获得经验提前期需求样本。

令 n 表示想要生成的提前期内需求样本量。首先，从历史提前期数据中有放回抽样出 n 个提前期样本，记为 $l_i(i=1,\cdots,n)$，根据每个提前期样本 l_i 的值，从历史销量数据中有放回抽样出相应数目的需求样本 $d_{ij}(j=1,\cdots,l_i)$，将其和作为提前期需求样本 $\hat{D}_i$ 的值：

$$\hat{D}_i = \sum_{j=1}^{l_i} d_{ij}$$

首先，从数据文件中读入历史提前期数据表和历史销量数据表。考虑到本任务和历史数据的其他特征无关，因此表中没有注明数据的其他信息，仅包含了历史数据的基本数值信息。

```
sto_lt_data = pd.read_csv(data_dir + 'sto_lt_data.csv')
print(sto_lt_data.head())
```

```
   lead_time  sales_qty
0          5         31
1          1         34
2          1         38
3          2         47
4          1         23
```

接下来，使用 Bootstrap 自助法生成提前期需求样本集，图 9-22 所示为提前期内需求样本的直方图及 kde 方法估计的分布曲线。

```
# 提前内需求样本容量
lt_demand_size = 1000
# 对提前期样本有放回抽样
lt_samples = np.random.choice(sto_lt_data['lead_time'], lt_demand_size,
                              replace=True)
# 对需求样本有放回抽样，生成提前期内需求样本
lt_demand_samples = [sum(np.random.choice(sto_lt_data['sales_qty'], lt,
                                          replace=True))
                     for lt in lt_samples]
ax = sns.histplot(lt_demand_samples, bins=30, kde=True, alpha=1,
                  color='#9dc7f2', label='历史销量数据',
                  line_kws={'linewidth': 3})
ax.lines[0].set_color('black')
```

```
ax.lines[0].set_label('核密度估计函数')
ax.set_ylabel('计数')
ax.legend()
plt.show()
```

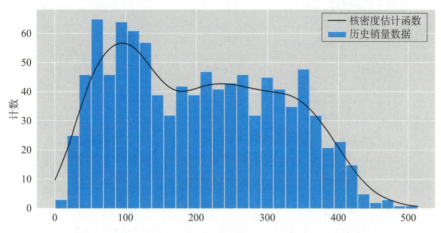

图 9-22 提前期内需求样本的直方图及 kde 方法估计的分布曲线

复合分布法和 Bootstrap 自助法同样适用于 (OUL,T) 系统。在该系统中，需要考虑覆盖期需求的复合随机变量：

$$D_{L+T} = \sum_{t=1}^{L+T} D_t$$

但需要注意的是，T 是已知数，只有 L 是不确定的随机变量。

例 9-9：回顾例 9-7，一款盲盒的日销量服从均值为 50 个、标准差为 30 个的正态分布。每当其库存水平低于 600 个时补货 800 个。例 9-7 假设补货提前期是确定的，为 10 天。因此，提前期需求服从均值为 500 瓶、标准差为 95 瓶的正态分布。这里通过计算得到了周期服务水平 $CSL = 0.85$，需求满足率 $fr = 0.99$。但是，采购人员发现，实际的周期服务水平和需求满足率都明显低于理论计算结果。经过检查发现，该产品的补货提前期并不总是 10 天，常常会提前或推迟 1～3 天。经过对历史数据的核查，采购人员得出提前期的均值是 10 天，标准差是 2 天。使用复合分布法并假设提前期需求服从正态分布，得到提前期需求服从均值为 500 个、标准差为 138 个的正态分布。于是，重新计算得到的周期服务水平 $CSL = 0.77$，需求满足率 $fr = 0.98$。在考虑提前期不确定性的情况下，若采购人员希望通过改变库存策略使得周期服务水平达到 0.85，则对应的安全库存量为 $ss_L = \Phi^{-1}(CSL)\sigma_L = \Phi^{-1}(0.85) \times 138 = 143$，对应的再补货点 $ROP = \mu_L + ss_L = 500 + 143 = 643$，比确定提前期的情况多出了 43 个。

从以上的例子可以看出，相比于确定提前期，若提前期具有随机性，则需要通过额外的安全库存来应对这部分不确定性。图 9-23 所示为安全库存量与周期服务水平、提前期波动的关系,可以看出,提前期波动越大,满足相同的周期服务水平所需要的安全库存量越大。

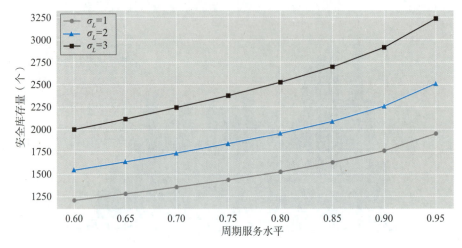

图 9-23　安全库存量与周期服务水平、提前期波动的关系

第 10 章　某食品企业 W 库存策略优化实战

　　W 公司是一家以糖果、蛋糕、饼干等为主要产品的食品企业。过去，W 公司在供应链管理与运作模式上相对传统，下单计划由运营人员手工完成。然而，在一段时间内，由于各种原因使得传统的线下商超与门店需求大幅减少，线上购物需求激增，给企业的库存管理带来了很大挑战。W 公司发现人工预测、手工计划的模式不仅效率低下，而且非常依赖业务人员的经验。需求环境的变化日趋复杂，人工模式很难快速利用关键数据高效决策。当需求存在较大波动时，人工决策往往存在滞后性，最终出现了非必要库存积压、热销商品缺货的现象。

　　同时，数字化转型已经成为零售行业的发展趋势。W 公司每日产生的数据越来越多，亟待将海量数据的价值充分利用起来。因此，W 公司组建了智慧供应链部门，致力于大数据与供应链优化算法在企业运作管理中的应用与落地。部门的一个重要项目是建立一套智能的补货系统。系统需要包括 3 方面的基本功能：①提供多种基于历史销量数据拟合产品需求分布的工具；②在给定的库存策略下，实现策略参数与安全库存量的自动化计算；③提供一套库存策略模拟仿真工具，支持不同库存策略下的成本评估。部门计划的实施路径是，首先以企业在某地区的经销中心作为试点，打造智能补货的解决方案及其评估体系，然后进行解决方案的系统化实施，并最终向全国各地区经销中心推广。

　　试点的经销中心（简称经销中心）管理着 200 余种 SKU 的库存。经销中心目前采取周期盘货策略管理产品的库存。由于不同产品的需求情况不同，企业目前将产品分为 3 类，盘货周期分别为 1 天（每天都可以下单补货）、3 天和 7 天。由于产品工艺、上游供货商供应情况的不同，不同产品的提前期为 2~7 天不等。

　　本案例的目的是采用参数方法与非参数方法对经销中心产品的需求分布进行拟合，并在 (*OUL*,*T*) 策略下确定目标库存水平，而后建立库存策略的模拟仿真系统，对库存策略的绩效进行评估。

10.1　数据导入及预处理

　　# 导入数据分析包

```python
import pandas as pd
import numpy as np
import scipy.stats as stats
# 导入绘图包
import matplotlib.pyplot as plt
import seaborn as sns
sns.set_theme(style='darkgrid')
plt.rcParams['figure.figsize'] = (12.0, 6.0)
plt.rcParams['figure.dpi'] = 500

import matplotlib
matplotlib.rc('font', family='Songti SC')
parameters = {'axes.labelsize': 14,
              'xtick.labelsize': 14,
              'ytick.labelsize': 14,
              'legend.fontsize': 14
              }
plt.rcParams.update(parameters)
# 定义数据路径
data_dir = '../../data/snack_data/'
# 读取过去半年的销量数据
train_df = pd.read_csv(data_dir + 'train_sales_data.csv')
test_df = pd.read_csv(data_dir + 'test_sales_data.csv')
# 读取SKU数据
sku_df = pd.read_csv(data_dir + 'sku_data.csv')
```

train_df 表和 test_df 表共收集了经销中心从 2020 年 8 月 1 日开始到 2021 年 1 月 31 日为止的 6 个月的销量数据。这里使用前 4 个月的数据作为训练集（train_df）并进行需求拟合与库存策略的计算，然后使用后两个月的数据进行策略绩效仿真评估（test_df）。两张表中，sku_id 表示对应的产品 id，date 和 sale 表示对应日期的销量数据，单位为箱。

```
# 将所有SKU存储成列表
all_sku_list = list(train_df['sku_id'].unique())
# 转换日数据类型
train_df['date'] = pd.to_datetime(train_df['date'])
test_df['date'] = pd.to_datetime(test_df['date'])
print(train_df.head())

        date   sku_id   sale
0 2020-08-01  SKU001    6.0
1 2020-08-01  SKU002  722.0
2 2020-08-01  SKU003   10.0
3 2020-08-01  SKU004    9.0
4 2020-08-01  SKU005    7.0
```

sku_df 为产品信息表，其中 cycle_time 表示对应 SKU 的盘货周期，lead_time 为提前期。hc 和 pc 分别为单箱产品的持货成本与缺货成本，均经过脱敏处理。

```
print(sku_df.head())

   sku_id  cycle_time  lead_time    hc     pc
0  SKU001           3          5  0.88  11.18
1  SKU002           0          3  0.46   4.36
2  SKU003           7          5  0.92   9.23
```

```
3  SKU004         7        2    0.44   2.35
4  SKU005         3        6    0.17   1.35
```

将后续会反复用到的 SKU 信息转换成字典格式，方便读取。

```
# 盘货周期
cycle_time_dict = dict(zip(sku_df['sku_id'], sku_df['cycle_time']))
# 提前期
lead_time_dict = dict(zip(sku_df['sku_id'], sku_df['lead_time']))
# 补货间隔
rep_time_dict = {sku: cycle_time_dict[sku] + lead_time_dict[sku]
                 for sku in all_sku_list}
# 单箱持货成本
hc_dict = dict(zip(sku_df['sku_id'], sku_df['hc']))
# 单箱缺货成本
pc_dict = dict(zip(sku_df['sku_id'], sku_df['pc']))
```

10.2 使用多种方法进行需求拟合并计算目标库存水平

本节使用第 9 章介绍的参数和非参数方法对产品需求分布进行拟合，并计算周期服务水平为 90% 情况下的目标库存水平及安全库存量。

10.2.1 参数化方法的需求拟合

在实际中，不同产品的需求分布特征有明显的差异。这里使用 Python 的 scipy.stats 统计工具包对 4 个常用参数分布（正态分布、伽马分布、泊松分布和对数正态分布）进行需求拟合。在完成参数拟合后，假设每天的需求独立，构造补货周期内的需求样本。使用样本的方法计算目标库存水平及安全库存量，定义函数 get_para_policy() 实现这一过程。

```
def get_para_policy(sales_qty, rep_time, dist_type, target_csl,
                    sample_size=1000):
    """
    Args:
        sales_qty: 销量数据
        rep_time: 补货周期
        dist_type: 指定拟合分布类型
        target_csl: 期望的周期服务水平
        sample_size: 样本量
    Return:
        dist_paras: 拟合出的需求分布参数
        oul: 目标库存水平
        ss: 安全库存量
    """
    if dist_type == 'normal':
        dist_paras = stats.norm.fit(sales_qty)
        dist = stats.norm(*dist_paras)
    elif dist_type == 'gamma':
        dist_paras = stats.gamma.fit(sales_qty)
```

```python
            dist = stats.gamma(*dist_paras)
        elif dist_type == 'poisson':
            dist_paras = np.mean(sales_qty)
            dist = stats.poisson(dist_paras)
        elif dist_type == 'lognormal':
            dist_paras = stats.lognorm.fit(sales_qty)
            dist = stats.lognorm(*dist_paras)
        else:
            raise Exception

        # 根据分布,构造补货周期内的需求样本
        rep_time_sample = [sum(dist.rvs(rep_time)) for _ in range(sample_size)]
        oul = np.quantile(rep_time_sample, target_csl)
        ss = oul - np.mean(rep_time_sample)
        return dist_paras, oul, ss
```

例如,对于SKU001,使用正态分布进行需求拟合,调用该函数可以得到:

```python
sku = 'SKU001'
sku_sales_qty = train_df[train_df['sku_id'] == sku]['sale'].values.tolist()
normal_dist_paras, normal_oul, normal_ss = get_para_policy(sku_sales_qty,
                                                            rep_time_dict[sku],
                                                            'normal', 0.9)

print('使用正态方法进行拟合,估计得到的均值为: %.2f, 标准差为: %.2f'
      % (normal_dist_paras[0], normal_dist_paras[1]))
print('目标库存水平为: %.2f' % normal_oul)
print('安全库存量为: %.2f' % normal_ss)
```

```
使用正态方法进行拟合,估计得到的均值为: 26.16, 标准差为: 61.42
目标库存水平为: 406.92
安全库存量为: 210.44
```

10.2.2 基于经验分布的非参数估计

在给定期望的周期服务水平的情况下,使用经验分布直接估计相应的需求分位数是最为简便的一种方式。定义函数get_empirical_policy(),使用重采样技术构造提前期需求样本,并计算样本分位数:

```python
def get_empirical_policy(sales_qty, rep_time, target_csl, sample_size=1000):
    """
    Args:
        sales_qty: 销量数据
        rep_time: 补货周期
        target_csl: 期望的周期服务水平
        sample_size: 样本量
    Return:
        oul: 目标库存水平
        ss: 安全库存量
    """
    # 使用重采样技术,构造提前期内的需求样本
    rep_time_sample = [sum(np.random.choice(sales_qty, rep_time,
                                             replace=True))
```

```python
                            for _ in range(sample_size)]
    oul = np.quantile(rep_time_sample, target_csl)
    ss = oul- np.mean(rep_time_sample)
    return oul, ss
empirical_oul, empirical_ss = get_empirical_policy(sku_sales_qty,
                                                    rep_time_dict[sku],
                                                    0.9)
print('使用经验分布的方法计算得到的目标库存水平为: %.2f' % empirical_oul)
print('使用经验分布的方法计算得到的安全库存量为: %.2f' % empirical_ss)
```

```
使用经验分布的方法计算得到的目标库存水平为: 493.10
使用经验分布的方法计算得到的安全库存量为: 288.88
```

10.2.3 基于核密度函数的非参数估计

相比于使用经验分布直接估计，核密度估计方法能够更加平滑地拟合数据点。定义函数 get_kde_policy() 对销量数据进行拟合，使用留一交叉验证方法选择合适的带宽，并计算相应的库存策略。

```python
# 调用kde计算包
from sklearn.neighbors import KernelDensity
# 调用交叉估计验证计算包
from sklearn.model_selection import GridSearchCV, LeaveOneOut

def get_kde_policy(sales_qty, rep_time, target_csl, sample_size=1000):
    """
    Args:
        sales_qty: 销量数据
        rep_time: 补货周期
        target_csl: 期望的周期服务水平
        sample_size: 样本量
    Return:
        best_bandwidth: 最优带宽
        oul: 目标库存水平
        ss: 安全库存量
    """
    sales_qty = np.array(sales_qty).reshape(-1, 1)
    bandwidth_choices = {'bandwidth': np.linspace(1, 100, 20)}
    grid = GridSearchCV(KernelDensity(kernel='gaussian'), bandwidth_choices,
                        cv=LeaveOneOut())
    grid.fit(sales_qty)
    best_bandwidth = grid.best_estimator_.bandwidth
    kde = grid.best_estimator_
    # 根据分布，构造补货周期内的需求样本
    rep_time_sample = [sum(kde.sample(rep_time)) for _ in range(sample_size)]
    oul = np.quantile(rep_time_sample, target_csl)
    ss = oul - np.mean(rep_time_sample)
    return best_bandwidth, oul, ss

best_bandwidth, kde_oul, kde_ss = get_kde_policy(sku_sales_qty,
                                                  rep_time_dict[sku],
                                                  0.9)
```

```
print('使用留一交叉验证法得到的最优带宽为: %.2f' % best_bandwidth)
print('使用核函数估计法计算得到的目标库存水平为: %.2f' % kde_oul)
print('使用核函数估计法计算得到的安全库存量为: %.2f' % kde_ss)
```

```
使用留一交叉验证法得到的最优带宽为: 16.63
使用核函数估计法计算得到的目标库存水平为: 479.97
使用核函数估计法计算得到的安全库存量为: 263.78
```

10.2.4　应用3种方法计算全部产品的库存策略量

本小节对全部产品应用10.2.1~10.2.3小节介绍的3种需求分布拟合方法，计算相应的库存策略量。

```python
# 定义策略字典，用于记录
policy_dict = {sku: {} for sku in all_sku_list}
# 参数分布列表
para_dist_list = ['normal', 'gamma', 'poisson', 'lognormal']
for sku in all_sku_list:
    sku_sales_qty = train_df[train_df['sku_id'] == sku]['sale'].values.tolist()
    # 应用参数方法，计算策略量
    for dist_type in para_dist_list:
        dist_paras, oul, ss = get_para_policy(sku_sales_qty,
                                              rep_time_dict[sku], dist_type,
                                              0.9)
        policy_dict[sku][dist_type + '_paras'] = dist_paras
        policy_dict[sku][dist_type + '_oul'] = oul
        policy_dict[sku][dist_type + '_ss'] = ss

    # 应用经验分布方法，计算策略量
    oul, ss = get_empirical_policy(sku_sales_qty, rep_time_dict[sku], 0.9)
    policy_dict[sku]['empirical_oul'] = oul
    policy_dict[sku]['empirical_ss'] = ss

    # 应用核密度估计方法，计算策略量
    dist_paras, oul, ss = get_kde_policy(sku_sales_qty, rep_time_dict[sku],
                                         0.9)
    policy_dict[sku]['kde_best_bandwidth'] = dist_paras
    policy_dict[sku]['kde_oul'] = oul
    policy_dict[sku]['kde_ss'] = ss

policy_df = pd.DataFrame(policy_dict).T
print(policy_df.head())
```

```
                                    normal_paras  normal_oul   normal_ss  \
SKU001    (26.15573770491803, 61.416345943453486)   439.248432   229.770615
SKU002    (93.47540983606558, 224.07713152112080)   741.841441   489.715204
SKU003     (6.459016393442623, 1.40926408526803)    83.913124     6.390042
SKU004    (6.385245901639344, 1.250879830106973)    62.276406     4.578243
SKU005    (33.15573770491803, 73.1685703030577)    582.850969   286.346227

                                    gamma_paras   gamma_oul  \
SKU001  (0.4649907005709002, 2.999999999999999, 49.139...  336.258479
```

```
SKU002   (0.246695939941488965, 2.9999999999999996, 815....   1474.401452
SKU003   (89.85646571346965, -6.8916085129829465, 0.148...    83.817279
SKU004   (636355.1100805379, -991.4731748451941, 0.0015...    62.231096
SKU005   (0.6347704592533903, 0.9999999999999998, 52.19...    479.071776

         gamma_ss   poisson_paras   poisson_oul   poisson_ss  \
SKU001   132.009845      26.155738        227.0       18.631
SKU002   867.312308      93.47541         302.0       21.225
SKU003     6.266998       6.459016         89.0       11.426
SKU004     4.734411       6.385246         67.0        9.577
SKU005   167.289727      33.155738        320.0       21.088

                                      lognormal_paras   lognormal_oul  \
SKU001   (1.4261146961336817, 2.9121517029827837, 5.288...    224.019197
SKU002   (1.982717647835695, 2.976427790882118, 8.85385...    388.087231
SKU003   (0.07288151903493573, -12.842714938854886, 19....     83.695122
SKU004   (0.008069131641160087, -148.4853447182541, 154...     62.505944
SKU005   (1.3071786968330086, 0.8702869742400017, 9.807...    376.458677

         lognormal_ss   empirical_oul   empirical_ss   kde_best_bandwidth   kde_oul  \
SKU001      87.922101          497.1        287.124            16.631579    473.860751
SKU002     182.165317          790.4        515.258            68.736842    827.300485
SKU003       6.107812           84.0          6.715             1.0          85.415584
SKU004       4.827239           63.0          5.349             1.0          63.263129
SKU005     163.700998          619.7        323.328            11.421053    600.33853

           kde_ss
SKU001   262.680957
SKU002   545.529678
SKU003     7.930236
SKU004     5.912068
SKU005   303.86897
```

从输出的前 5 个 SKU 的结果可以看出，不同的方法中设置的安全库存量有所差异，并且对于不同的产品，使用不同的方法得到的安全库存量的大小没有绝对的关系。由于产品属性的差异化，最合适的需求拟合方法是不固定的，10.3 节将在仿真流程中结合策略效果具体分析该问题。

10.3　库存策略模拟仿真

10.2 节为所有产品计算了不同拟合方法下的库存策略量。本节将使用测试集数据对每一种产品的库存水平变化进行模拟，并计算相应的库存成本。仿真系统中，假设需求可以候补。定义函数 inv_simulation() 来计算每个产品每一天的库存水平。仿真流程如下：

1）输入某种产品未来一段时间内的需求样本、目标库存水平、盘货周期和提前期。

2）初始化。令第 1 期的库存水平为目标库存水平，在途库存为 0。

3）对于每一期：

①更新期初现货库存。

②在途库存到货。

③更新库存水平，数值为负时表示缺货候补量。

④根据是否在盘货周期决定是否需要将库存水平补到目标库存水平。

4）计算库存成本。库存成本为总持货成本与总缺货成本之和，可定义函数 cal_inv_cost() 来计算。

```python
def inv_simulation(sales_qty, oul, cycle_time, lead_time):
    """
    Args:
        sales_qty: 销量数据
        oul: 补货目标库存水平
        cycle_time: 盘货周期
        lead_time: 提前期
    Return:
        onhand_list: 历史现货库存水平
    """
    # 计算仿真周期长度
    time_length = len(sales_qty)
    time_index = [idx for idx in range(time_length + 1)]

    # 初始化
    # 库存水平
    inv_pos = oul
    # 现货库存
    onhand = inv_pos
    # 在途库存
    intransit = 0
    # 订货
    order_flag = 0
    order_qty = 0
    # 订货到达信息
    order_arrive_dict = {}
    # 历史库存水平
    onhand_list = []

    # 根据需求样本进行库存水平迭代
    for idx in time_index[1:]:
        # 清算上一天库存
        onhand = onhand - sku_sales_qty[idx - 1]
        intransit = intransit + order_flag * order_qty
        onhand_list.append(onhand)
        # 判断当天是否有到货
        if idx in order_arrive_dict.keys() and idx < time_length:
            onhand = onhand + order_arrive_dict[idx]
            intransit = intransit - order_arrive_dict[idx]
            del order_arrive_dict[idx]
        inv_pos = onhand + intransit
        # 判断是否要订货和订货量
        if cycle_time == 0:
            if idx < time_length:
                order_flag = 1
```

```
                order_qty = max(0, oul - inv_pos)
                order_arrive_dict[idx + lead_time] = order_qty
            else:
                order_flag = 0
        else:
            if (idx % cycle_time == 0) and idx < time_length:
                order_flag = 1
                order_qty = max(0, oul - inv_pos)
                order_arrive_dict[idx + lead_time] = order_qty
            else:
                order_flag = 0
    return onhand_list
```

例如,对于SKU003,结合需求样本,设定目标库存水平为80,调用函数inv_simulation()进行仿真。图10-1所示为产品每日现货库存水平和需求随时间变化的曲线。

```
sku = 'SKU003'
sku_sales_qty = test_df[test_df['sku_id'] == sku]['sale'].values.tolist()
sku_onhand_list = inv_simulation(sku_sales_qty, 80, cycle_time_dict[sku],
                                 lead_time_dict[sku])
plt.plot(sku_sales_qty, marker='.', label='需求')
plt.plot(sku_onhand_list, marker='.', label='库存水平')
plt.xlabel('时间')
plt.ylabel('数量')
plt.legend()
plt.show()
```

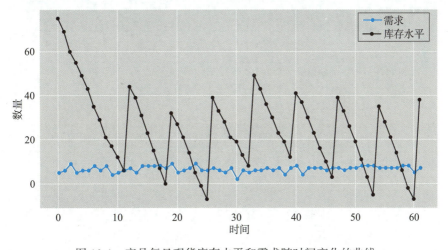

图 10-1　产品每日现货库存水平和需求随时间变化的曲线

下面定义函数 cal_inv_cost(),根据现货库存计算总库存成本。

```
def cal_inv_cost(onhand_list, hc, pc):
    """
    Args:
        onhand_list: 历史现货库存水平
        hc: 单箱持货成本
        pc: 单箱缺货成本
    Return:
```

```
        total_cost: 库存成本
        """
    holding_cost = hc * sum([max(0, onhand) for onhand in onhand_list])
    backorder_cost = pc * (-1) * sum([min(0, onhand) for onhand in onhand_list])
    total_cost = holding_cost + backorder_cost
    return total_cost
sku_inv_cost = cal_inv_cost(sku_onhand_list, hc_dict[sku], pc_dict[sku])
print('%s 在目标库存水平为 %.2f的情况下,库存总成本为: %.2f'
      % (sku, 80, sku_inv_cost))
SKU003 在目标库存水平为 80.00 的情况下,库存总成本为: 1615.26
```

下面使用多种方法比较库存成本,这里以总库存成本为评价指标找到使总库存成本最优的拟合方法。

```
method_list = ['normal', 'gamma', 'poisson', 'lognormal', 'empirical', 'kde']
```

对于每个产品,首先对需求进行拟合,然后计算(OUL,T)策略下的目标库存水平 OUL,并利用从 2020 年 12 月 1 日到 2021 年 1 月 31 日共两个月的需求数据进行模拟仿真,计算不同需求拟合方法下的总库存成本。

```
cost_dict = {sku: {} for sku in all_sku_list}
for sku in all_sku_list:
    sku_sales_qty = test_df[test_df['sku_id'] == sku]['sale'].values.tolist()
    for method in method_list:
        oul = policy_dict[sku][method + '_oul']
        sku_onhand_list = inv_simulation(sku_sales_qty, oul, cycle_time_dict[sku],
lead_time_dict[sku])
        cost_dict[sku][method] = cal_inv_cost(sku_onhand_list, hc_dict[sku], pc_
dict[sku])

cost_df = pd.DataFrame(cost_dict).T
cost_df['best_method'] = cost_df.idxmin(axis=1)
print(cost_df.head())

              normal        gamma     poisson    lognormal    empirical  \
SKU001  16514.434467  13758.939075  17898.66  18167.409205   19670.816
SKU002  23523.119169  34154.949398  35798.02  31874.881032   23737.748
SKU003   1688.859970   1686.311447   1905.32   1683.063291    1691.170
SKU004    669.688006    668.704787    780.56    674.668995     685.390
SKU005   3935.969212   2842.136518   1364.64   1813.097264    4324.358

                 kde  best_method
SKU001  18402.882557        gamma
SKU002  23900.848143       normal
SKU003   1733.028548    lognormal
SKU004    691.099906        gamma
SKU005   4120.288104      poisson
```

将总库存成本作为评价指标,对于每个产品,获得令库存成本取到最小的需求拟合方法。

```
best_method_count = cost_df['best_method'].value_counts().to_dict()
for method in method_list:
    print('采用 %s 方法获得最小库存成本的产品占比 %.2f'
```

```
            % (method, best_method_count[method] / len(all_sku_list)))
采用 normal 方法获得最小库存成本的产品占比 0.14
采用 gamma 方法获得最小库存成本的产品占比 0.18
采用 poisson 方法获得最小库存成本的产品占比 0.23
采用 lognormal 方法获得最小库存成本的产品占比 0.18
采用 empirical 方法获得最小库存成本的产品占比 0.20
采用 kde 方法获得最小库存成本的产品占比 0.07
```

通过统计可以发现，不同产品适用的拟合方法不同。在本案例中，没有哪种方法占据绝对优势。对于企业来说，没有绝对最优的需求拟合方法。在运营过程中，反复尝试调整不同方法是有必要的。

10.4　拓展思考

1）本章案例分析的是周期盘货的目标库存策略，如何分析连续盘点的批量补货策略？

2）在本章案例中，计算库存策略基于的是期望的周期服务水平，如果采用需求满足率指标，则该如何计算？如果同时考虑两种指标？

10.5　实战建议

1. 制定精细化、定制化的库存策略

没有一种完美的库存策略能够适用于所有产品。以数字化为核心的新消费业态驱动着企业不断进行产品多元化和渠道多样化探索，这对企业的精细化库存管理的能力提出了新的挑战。本书 6.3 节介绍了 ABC、XYZ 和 FSN 等产品分类方式，并在第 9 章给出了不同情况下需求分布的刻画方法以及相应库存策略计算方法。本书所给出的是一种量化的、标准化的管理方式。在实践中，应与企业的"战略"相融合，同时结合一线人员经验，为不同营销渠道的不同产品设计定制化的库存策略。例如，对于企业下一季度主推的导入期产品，如果仅从历史数据进行分析预测和优化，那么计算得到的目标库存水平可能远低于企业对于该产品的销售表现预期；而对于已经进入清货阶段的产品，即使需求存在较大波动，也不应该再设置安全库存。此外，如何调节产品分类中的阈值（如 XYZ 分类中的变异系数），也是需要反复沟通、尝试与调优的。

2. 采用动态的库存策略应对市场环境的变化

现如今，市场的需求变化非常快，过去的库存计划可以一年年做，但是今天已经不可能了，很多计划已经变成了月月做、周周做。一名网红的一场带货直播、一夜爆火的一个短视频都可能对一款产品甚至是一个品牌的市场产生巨大的影响。面对不断变化的市场环境，快速感知市场脉搏与敏捷应对是关键。因此，库存管理策略的实时性与动态性非常重要。例如，企业可以采用滚动时间窗的决策框架将静态的库存策略优化方法应用到动态的环境中，基于实时的市场信息，不断地更新对未来市场需求的预测，动态地调整和优化库存策略的参数。当然，要实现实时动态的库存策略优化，往往需要系统化决策工具的支持。这也正是企业进行数字化与智能化转型的一个方向。

3. 协调库存策略与补货计划

本部分所讨论的库存策略，无论是再补货点还是目标库存水平，都是在忽略了许多其他执行层面的因素的情况下得到的一个所应达到的理想水平值。实际运营过程中，要让库存策略被执行，需要经过向供应商订货、生产和运输调拨等多个环节。在订货环节，可能存在多个可用供货商，不同的供应商可能会给出不同的报价、最小起订量和承诺交付时间；在生产环节，受原料库存、产线产能约束等影响，可能会出现随机产量；在运输调拨环节，由于不同产品的质量、体积与存储要求不同，最终入库的量可能与计划量存在差异。企业应当根据自身运营场景，协调各环节、各类影响的因素，制订经济、高效的补货计划。

4. 库存策略的评估

什么是好的库存策略？偶尔的交货表现并不能有效反映库存策略的好坏。周期服务水平指标理论上是定义在期望（长期平均）意义下的，而实践中一般以多周期的平均值作为期望值的近似。对库存策略进行评价，仅依靠人工经验往往是比较困难的，特别是在产品种类、渠道复杂的场景下。因此，建立一个有效的库存仿真系统来评估库存策略很有必要。仿真系统能够通过对历史的回测和对未来数据的估计来评价给定策略，便于运营人员理解库存策略优化的逻辑与流程，有助于修正产品的分类，进而对库存策略进一步调优。不过，仿真终究仅是依据当前所掌握的有限信息并对未来做出了一系列假设的前提下进行的模拟。要得到库存策略的真实表现，还需要将其应用在真实的运营场景中，通常可采用 A/B 测试的方法来比较不同策略的效果。测试新策略时，企业需要投入一定成本并承担相应的风险，应根据自身情况选择合适的试点，并设计科学的评估方案。

第 11 章　周期服务水平优化

第 9 章假设周期服务水平外生给定，讨论了在给定周期服务水平的情况下，如何确定安全库存量。那么，对于一个商品，设置多高的周期服务水平才是最优的呢？本章讨论以最小化期望库存成本为目标的周期服务水平优化问题。11.1 节通过经典的报童模型讨论周期服务水平优化的权衡。11.2 节和 11.3 节分别讨论 (ROP, Q) 策略和 (OUL, T) 策略下的最优周期服务水平。11.4 节介绍了样本均值近似（Sample Average Approximation, SAA）方法，并用该方法优化 (OUL, T) 系统的周期服务水平。为了简便，本章将"周期服务水平"简称为"服务水平"。

11.1 报童模型

报童模型是单次补货模型。生命周期很短，库存只能持有一期的商品，就可以用报童模型来分析其补货问题。最典型的应用场景如报纸的订货问题（这也是模型名字的由来）以及机票超售的问题。报童模型也适用于补货提前期较长的季节性商品的补货问题，如中秋节期间月饼的备货问题。

例 11-1：2022 年初，我国召开了 2022 年北京冬季奥运会，带动了全国的冰雪运动发展。许多滑雪场被修建起来，前往滑雪的游客络绎不绝。一家滑雪场在为 2023 年的冬季冰雪运动进行准备，其中一项工作是向生产厂家订购滑雪板。由于涉及一些定制化因素，该滑雪板的生产周期较长，必须提前 3 个月进行订购。因此，滑雪场必须在冬季开始前进行一次性订购。每套滑雪板的订购成本是 2000 元，售价是 2800 元。若在整个冬季未能把所有的产品卖出，则该滑雪场会通过自有渠道进行降价变卖处理，每个滑雪板的变卖价格是 1800 元。滑雪场对其 2023 年冬季的滑雪板需求量进行了预测，预测结果为，需求量大致服从正态分布，并且均值为 1000 个，标准差为 300 个。滑雪场需要决定在冬季到来前，一次性向生产厂家订购多少滑雪板。

在例 11-1 中，若订购的滑雪板数量很多，则服务水平较高，可以满足更多的需求，但坏处是有可能需要降价处理未能售罄的产品，从而造成损失。另外，若滑雪场订购的数量很少，则服务水平较低，很可能出现缺货的情况，从而导致利润的损失，但好处是需要进行降价处理的可能性较低。因此，滑雪场需要在超储与缺货之间进行权衡，从而找到最优的服务水平。

滑雪场首先需要衡量超储和缺货所带来的损失（造成的成本）。

超储成本：滑雪板的订购成本为每套2000元，如果未能顺利出售，则只能以每套1800元的价格进行低价处理。因此，每超储一套滑雪板的损失为$H=2000-1800=200$元。

缺货成本：滑雪板的订购成本为每套2000元，其正常售价为每套2800元，所以每套的利润为$2800-2000=800$元。这也是由于库存不足而丢失的每个订单造成的缺货成本，记为p。

上述问题就是库存管理中经典的报童问题。令Q表示滑雪板的订货量，D表示滑雪板的需求量，其服从正态分布，分布函数记为$F()$。

在需求D实现后，根据D和Q的大小关系，有两种可能的结果：

1）$D \leq Q$，表示需求量小于或等于订货量，超储量为$Q-D$，因此将产生$H(Q-D)$的超储成本。

2）$D>Q$，表示需求量大于订货量，缺货量为$D-Q$，因此将产生$p(D-Q)$的缺货成本。

特别地，结果1）发生的概率就是服务水平CSL，订货量与服务水平满足如下关系：

$$F(Q) = CSL$$

给定订货量Q，期望的总库存成本为

$$C(Q) = \mathrm{E}\left[H(Q-D)^+ + p(D-Q)^+\right]$$

式中，$x^+ = \max\{x, 0\}$。

通过最小化期望总库存成本，可得到最优的订货量Q^*以及相应的最优服务水平CSL^*。

下面通过边际分析来确定最优的服务水平。这里给定某个订货量Q，相应的服务水平为CSL。在此基础上，若增加一个单位的订货量，那么会带来如下两种结果：

1）以CSL的概率，原先的订货量Q将无法售罄，增加一个单位的订货量将增加一个单位的超储量，因此超储成本增加H。

2）以$1-CSL$的概率，原先的订货量Q将无法满足所有需求，增加一个单位的订货量后，缺货数量可以减少一个单位，因此缺货成本降低p。

因此，增加一个单位的订货量带来的期望成本的边际影响为

$$\Delta C(Q) = CSL \cdot H - (1-CSL)p = -p + (H+p)CSL = (H+p)\left(CSL - \frac{p}{H+p}\right)$$

若$CSL < p/(H+p)$，$\Delta C(Q) < 0$，则增加订货量会使期望成本减小。

若$CSL>p/(H+p)$,$\Delta C(Q)>0$,则增加订货量会使期望成本增加,反之,减少订货量会使期望成本减小。

因此,报童模型的最优服务水平为

$$CSL^* = \frac{p}{H+p}$$

相应的最优订货量Q^*为

$$Q^* = F^{-1}(CSL^*)$$

式中,$F^{-1}()$为需求分布函数的逆函数(分位数函数)。

可以看到,单位超储成本越高,则最优的订货量越少,服务水平越低;单位缺货成本越高,则最优的订货量越高,最优的服务水平越高。

进一步地,如果需求服从均值为μ、标准差为σ的正态分布,则利用正态分布标准化的性质可得

$$Q^* = \mu + \Phi^{-1}(CSL^*) \cdot \sigma$$

式中,$\Phi^{-1}()$表示标准正态分布的分位数函数。

例11-1中,最优服务水平$CSL^* = 800/(200+800) = 80\%$,最优订货量为$1000 + \Phi_S^{-1}(0.8) \times 300 = 1252$套。

```
from scipy import stats
order_quantity = 1000 + stats.norm.ppf(0.8) * 300
print('最优的订货量为: %.2f' % order_quantity)
```

```
最优的订货量为: 1252.49
```

11.2 (ROP,Q) 策略下的最优服务水平

与报童模型不同,(ROP,Q)策略考虑的是长期、多次补货的问题。首先,系统可以持有库存,当期的剩余库存可以满足未来的需求。其次,系统优化的目标不再是某一期的成本,而是系统的长期平均总成本。

假设需求量以及策略参数都只取整数值。在(ROP,Q)策略下,一旦某个需求订单使得库存水平低于或等于ROP,就会立即触发补货,补货量为Q的最小整数倍且使得补货后的库存水平高于ROP。因此,库存水平IP的取值为$\{ROP+1,\cdots,ROP+Q\}$。(ROP,Q)系统有如下性质:

性质:(ROP,Q)策略长期运行后,库存水平IP的稳态分布是取值为$\{ROP+1,\cdots,ROP+Q\}$的均匀分布。

该性质是(ROP,Q)策略最重要的性质，它表明系统长期运行后，随机挑选一期查看系统的库存水平，结果是其中任何取值的概率是相等的。该性质可以简化(ROP,Q)策略参数的优化过程。性质的详细证明参见参考文献[33]。

要计算系统的长期平均总成本，需要刻画出系统净库存NI（=现货库存－候补需求量）的稳态分布。对于需求候补的库存系统，库存水平与净库存满足如下关系：

$$NI_{t+L} = IP_t - D[t, t+L] \tag{11-1}$$

式中，L为补货提前期；NI_{t+L}为系统在$t+L$时刻的净库存；IP_t为系统在t时刻的库存水平；$D[t,t+L]$为从t时刻开始到$t+T$时刻的总需求量。式（11-1）成立是因为t时刻的库存水平包含了当前的净库存以及在$t+L$时刻及之前可以到达的所有在途库存，其扣减掉$[t,t+T]$期间的总需求，即为$t+L$时刻的净库存（其值为正表示现货库存，其值为负表示候补需求）。

根据式（11-1），系统长期运行后净库存NI的稳态分布为

$$NI = IP - D_L$$

式中，IP为$\{ROP+1,\cdots,ROP+Q\}$的均匀分布。

式（11-1）对于缺货候补系统的分析至关重要。它建立了库存水平与净库存（系统绩效的关键变量）之间的联系，其表明库存策略只需要关注库存水平这一个指标即可。但需要说明的是，该式仅对缺货候补的系统成立；对于缺货流失的库存系统，该式不再适用，这是因为缺货会导致需求流失，所以$[t,t+T]$期间实际满足的需求（扣减库存的需求）并不等于$D[t,t+L]$。而需求流失的多少会受到t时刻系统的净库存以及在途库存的影响，因此状态独立的库存策略将不再是最优的。正因为如此，缺货流失的库存系统的分析往往比缺货候补的库存系统困难。接下来主要讨论缺货候补系统的分析。对于缺货流失的系统，这里直接给出参考文献[34]中的近似公式。

对于缺货候补的系统，考虑下面两种情形：

情形一：当库存面临短缺，无法立即满足顾客的需求时，通过赔付一定的费用让顾客等待，赔付的费用和顾客等待的时间呈线性关系。将该场景对应的单位时间、单位数量的缺货成本记为p_1。

情形二：当无法立即满足顾客的需求时，通过一次性赔付顾客一笔费用让顾客等待。将该场景对应的单位数量的缺货成本记为p_2。

11.2.1 缺货候补情形一：单位时间内单位数量的缺货成本

系统的长期平均成本由两部分组成，一部分是缺货成本，一部分是持货成本，其可以表示为

$$C(ROP) = H \cdot \mathrm{E}\left[(NI)^+\right] + p_1 \cdot \mathrm{E}\left[(NI)^-\right]$$

式中，$(NI)^-$ 表示缺货数量，$(NI)^+$ 表示现货库存。$x^+ = \max\{x,0\}$，$x^- = \max\{-x,0\}$。

将 $NI = IP - D_L$ 以及 IP 的分布代入成本函数，可得

$$C(ROP) = \mathrm{E}\left[H\left(ROP + \tilde{Q} - D_L\right)^+\right] + \mathrm{E}\left[p_1\left(ROP + \tilde{Q} - D_L\right)^-\right]$$

式中，$\tilde{Q}$ 为 $\{1,\cdots,Q\}$ 上的均匀分布。令 $F^{-1}_{D_L-\tilde{Q}}(\cdot)$ 表示随机变量 $D_L - \tilde{Q}$ 的分位数函数，运用报童模型中类似的分析可得最优的再补货点为

$$ROP^* = F^{-1}_{D_L-\tilde{Q}}\left(\frac{p_1}{p_1 + H}\right)$$

于是，最优的服务水平为 $CSL^* = P(D_L \leqslant ROP^*)$，但很多时候都不能得到 ROP^* 的解析表达式。在上述分析中，如果令 Q 趋于 0，则可以得到

$$CSL_1^* = \frac{p_1}{H + p_1}$$

因此，在实际应用中，也可以用 $p_1/(H+p_1)$ 作为最优服务水平的近似。该近似会使得计算出的服务水平高于成本最优的服务水平。不过这对于很多企业是可以接受的，市场竞争、顾客黏性等因素也会促使企业保持一个更高的服务水平。

11.2.2 缺货候补情形二：单位数量的缺货成本

当缺货成本只是一次性支付的成本时，系统的长期平均成本为

$$C(ROP) = H \cdot \mathrm{E}\left[(NI)^+\right] + p_2 \cdot P(NI \leqslant 0) \cdot \mu$$

式中，μ 为单位周期的需求均值，$H \cdot \mathrm{E}\left[(NI)^+\right]$ 表示每期的期望持货成本，$p_2 \cdot P(NI \leqslant 0) \cdot \mu$ 表示每期的期望新增缺货成本。需要说明的是，按照单位数量的缺货成本的定义，每次只有当期新增的缺货才会产生缺货成本。因此，在 $P(NI \leqslant 0)$ 的概率下，当前库存系统中没有在售库存，每个新到的需求都会产生缺货成本。因此，每期的期望新增缺货成本可以被表示为 $p_2 \cdot P(NI \leqslant 0) \cdot \mu$。

该问题的求解与分析比情形一要更复杂，感兴趣的读者可自行阅读参考文献 [33,35]。这里直接给出服务水平的一个近似最优的简单表达式：

$$CSL_2^* = 1 - \frac{QH}{p_2 \mu} \tag{11-2}$$

11.2.3 缺货流失的情形

在实际中，缺货候补和缺货流失都有可能发生。对于直接面向消费者的零售企业来说，缺货流失往往比缺货候补发生的可能性更大。但是，由于缺货流失系统的复杂性，本书不再展开讨论。这里直接给出参考文献 [34] 中关于缺货流失系统下最优服务水平的近似计算公式：

$$CSL_3^* = 1 - \frac{HQ}{HQ + p_3 \mu} \qquad (11\text{-}3)$$

式中，p_3 为缺货流失情形下的单位缺货成本。

例 11-2：某快消品公司上海区域仓的一款洗发水的日需求服从均值为 200 瓶、标准差为 50 瓶的正态分布。采销人员的补货策略是当该洗发水的库存水平降至 1200 瓶时向工厂补货 1000 瓶，补货的提前期为 5 天。该洗发水的采购成本为每瓶 40 元，售价为每瓶 60 元。洗发水每天在仓库的结余库存会产生一定的持货成本。公司估计其每年持货成本大约为采购成本的 40%。当需求超过仓库的可用库存时，将发生缺货。假设缺货可以候补，即需求可以通过后续到达的库存来满足，但公司需要为顾客支付每件每天 2 元的延迟交货补贴。

1）在当前的补货策略下，洗发水的服务水平是多少？
2）最优的服务水平和相应的再补货点是多少？
3）如果公司只需要一次性支付每件 3 元的延迟交货补贴，则最优的服务水平和相应的再补货点是多少？
4）如果需求超过仓库的可用库存，发生缺货时，需求直接流失，考虑到缺货除了造成当前利润的损失外，还会对顾客未来的购买意愿造成不良影响，公司认为单位缺货成本为 30 元。此时，最优的服务水平和相应的再补货点是多少？

在例 11-2 中，日需求均值 $\mu = 200$ 瓶，标准差为 $\sigma = 50$ 瓶，公司采用 (ROP, Q) 策略管理洗发水库存，再补货点 ROP 为 1200 瓶，补货批量 Q 为 1000 瓶，补货的提前期为 $L = 5$ 天。洗发水每天每单位的持货成本为 $H = 40 \times 0.4 / 365 = 0.0438$。

根据正态分布需求下服务水平的计算公式可得

$$CSL^* = \Phi\left(\frac{ss_W}{\sigma_W}\right) = \Phi\left(\frac{1200 - 200 \times 5}{50 \times \sqrt{5}}\right) = 0.963$$

即在当前补货的策略下，洗发水的服务水平为 96.3%。

在例 11-2 中，发生缺货时有 3 种情形。下面针对 3 种情形依次采用上述公式计算最优服务水平。

情形一，最优的服务水平为

$$CSL_1^* = \frac{p_1}{p_1 + H}$$

代入数据,可得

最优的服务水平为 $CSL_1^* = 2/2.0438 = 97.9\%$。

最优安全库存量为 $ss_1^* = \Phi^{-1}(CSL_1^*) \cdot \sqrt{L} \cdot \sigma = \Phi^{-1}(0.979) \times \sqrt{5} \times 50 = 227$ 瓶。

最优的再补货点为 $ROP_1^* = \mu \cdot L + ss_1^* = 1000 + 227 = 1227$ 瓶。

情形二,最优的服务水平可以近似为

$$CSL_2^* = 1 - \frac{HQ}{p_2 \mu}$$

代入数据可得最优的服务水平为 $CSL_2^* = 92.7\%$,相应的安全库存量为 $ss_2^* = 163$ 瓶,相应的再补货点为 $ROP_2^* = 1163$ 瓶。可以看到,如果缺货成本是一次性支付 3 元,则最优的服务水平相比于按缺货周期支付的情形更低。

情形三,最优的服务水平为

$$CSL_3^* = 1 - \frac{HQ}{HQ + p_3 \mu}$$

代入数据可得最优的服务水平为 $CSL_3^* = 99.3\%$,相应的安全库存量为 $ss_3^* = 275$ 瓶,相应的再补货点为 $ROP_3^* = 1275$ 瓶。可以看到,如果缺货直接流失,则需要保证更高的服务水平。

```
H = 40 * 0.4 / 365
b1 = 2
b2 = 3
b3 = 30
Q = 1000
L = 5
demand_mean = 200
demand_std = 50

# 情形一的最优服务水平、安全库存量、再补货点
opt_csl1 = b1 / (b1 + H)
opt_ss1 = stats.norm.ppf(opt_csl1) * 5 ** 0.5 * demand_std
opt_rop1 = demand_mean * L + opt_ss1
print("情形一下的最优服务水平为: {:.2f},订货量为: {:.2f},再补货点为: {:.2f}".
      format(opt_csl1, opt_ss1, opt_rop1))

# 情形二的最优服务水平、安全库存量、再补货点
opt_csl2 = 1 - (H * Q) / (demand_mean * b2)
opt_ss2 = stats.norm.ppf(opt_csl2) * 5 ** 0.5 * demand_std
opt_rop2 = demand_mean * L + opt_ss2
print("情形二下的最优服务水平为: {:.2f},订货量为: {:.2f},再补货点为: {:.2f}".
      format(opt_csl2, opt_ss2, opt_rop2))
```

```
# 情形三的最优服务水平、安全库存量、再补货点
opt_csl3 = 1 - (H * Q) / (H * Q + demand_mean * b3)
opt_ss3 = stats.norm.ppf(opt_csl3) * 5 ** 0.5 * demand_std
opt_rop3 = demand_mean * L + opt_ss3
print("情形三下的最优服务水平为: {:.2f}, 订货量为: {:.2f}, 再补货点为: {:.2f}".
      format(opt_csl3, opt_ss3, opt_rop3))
```

```
情形一下的最优服务水平为: 0.98, 订货量为: 226.37, 再补货点为: 1226.37
情形二下的最优服务水平为: 0.93, 订货量为: 162.49, 再补货点为: 1162.49
情形三下的最优服务水平为: 0.99, 订货量为: 273.30, 再补货点为: 1273.30
```

11.3 (OUL,T) 策略下的最优服务水平

在 (OUL,T) 策略下，每次补货都会将库存水平补至目标库存水平 OUL。假设第 t 期是盘货期，则补货后的库存水平 $IP_t = OUL$，第 t 期的补货量将于 $t+L$ 期到达，并且 $t+L$ 期的净库存为

$$NI_{t+L} = IP_t - D_L = OUL - D_L$$

由于下一个盘货期为 $t+T$，其补货量将于 $t+T+L$ 才能到达，因此，在 $[t+L, t+L+T]$ 期间的需求都由 NI_{t+L} 来满足。因此，对于周期 $s \in [t+L, t+L+T]$，有 $IN_s = OUL - D_{s-t}$。而 (OUL,T) 系统将一直重复这样的长度为 T 的周期。因此，最小化系统的长期平均成本等价于最小化系统在一个周期的期望成本。

11.3.1 缺货候补情形一：单位时间内单位数量的缺货成本

系统一个周期的平均成本为

$$C(OUL) = \frac{1}{T}\sum_{s=1}^{T}\left[H \cdot \mathrm{E}\left[(NI_{t+L+s})^+\right] + p_1 \cdot \mathrm{E}\left[(NI_{t+L+s})^-\right]\right]$$

$$= \frac{1}{T}\sum_{s=1}^{T}\left[\mathrm{E}\left[H(OUL - D_{L+s})^+\right] + \mathrm{E}\left[p_1(OUL - D_{L+s})^-\right]\right]$$

令 $\tilde{T}$ 表示取值为 $\{1, \cdots, T\}$ 的均匀分布；令 $D_{L+\tilde{T}}$ 表示 $L+\tilde{T}$ 期的总需求，它是一个复合的随机变量，用 $F^{-1}_{D_{L+\tilde{T}}}()$ 表示其分位数函数。其最优的目标库存水平为

$$OUL^* = F^{-1}_{D_{L+\tilde{T}}}\left(\frac{p_1}{p_1 + H}\right)$$

于是，最优的服务水平为 $CSL^* = P(D_{L+\tilde{T}} \leq OUL^*)$。可以看到，$OUL^*$ 的计算涉及一个复合随机变量的分位数计算。这里，如果将 $\tilde{T}$ 固定为 T，则可以得到：

$$CSL_1^* = \frac{p_1}{H + p_1}$$

与(ROP,Q)策略一样，该近似会使得计算出的服务水平高于成本最优的服务水平。

11.3.2 缺货候补情形二：单位数量的缺货成本

当缺货成本只是一次性支付的成本时，系统一个周期的平均成本为

$$C(OUL) = \frac{1}{T}\sum_{s=t+L}^{t+L+T}\mathrm{E}\left[H(NI_s)^+\right] + \mathrm{E}\left[p_2\left[(NI_{t+L+T})^- - (NI_{t+L})^-\right]\right]$$

式中，期望持货成本的计算和情形一是相同的，但由于缺货成本只支付一次，因此 $\mathrm{E}\left[p_2\left[(NI_{t+L+T})^- - (NI_{t+L})^-\right]\right]$ 表示的是周期 $[t+T, t+T+L]$ 期间新增缺货量的缺货成本。

该成本函数的优化一般只能通过数值方法进行。这里基于(ROP,Q)策略的最优服务水平的近似公式，直接给出(OUL,T)策略下最优服务水平的近似计算公式。特别地，在(ROP,Q)策略下，如果假设每次补货都只补一个批量Q（只要单次到达的需求量小于补货批量，该假设即可成立），那么周期平均时长为 Q/μ。

将(ROP,Q)策略下最优服务水平的近似公式（11-2）中的 Q/μ 替换为T，可以得到(OUL,T)策略下最优服务水平的如下近似公式：

$$CSL_2^* = 1 - \frac{TH}{p_2}$$

11.3.3 缺货流失的情形

类似于情形二，在(ROP,Q)策略的最优服务水平的近似公式（11-3）中，用T替换 Q/μ，可得

$$CSL_3^* = 1 - \frac{HT}{HT + p_3}$$

例 11-3：某家电卖场一款电饭煲的日需求服从均值为 10 台、标准差为 5 台的正态分布。采销人员每周二进行补货，将库存水平补至 150 台，补货提前期为 1 周。该电饭煲的采购成本为每台 280 元，售价为 380 元。卖场估计其每年的持货成本大约为采购成本的 50%。假设缺货可以候补，但每延迟一天，卖场需要给顾客提供 1% 的折扣作为补贴。那么目前的目标库存水平是否可以最小化系统的长期平均成本？

在例 11-3 中，日需求均值 $\mu = 10$ 台，标准差为 $\sigma = 5$ 台，公司采用(OUL,T)策略管理电饭煲库存，目标库存水平OUL为 150 台，盘货周期T为 7 天，补货提前期L为 7 天。电

饭煲每天每单位的持货成本为 $H = 280 \times 0.5 / 365 \approx 0.384$。

根据第 9 章正态分布需求下服务水平的计算公式，可以算出当前策略下的服务水平为

$$CSL = \Phi\left(\frac{ss_W}{\sigma_W}\right) = \Phi\left(\frac{OUL - \mu(T+L)}{\sigma\sqrt{T+L}}\right) = \Phi\left(\frac{150 - 10 \times (7+7)}{5 \times \sqrt{7+7}}\right) = 0.704$$

在当前补货策略下，电饭煲的服务水平约为 0.704。

在例 11-3 中，发生缺货时，每延迟一天，卖场给每个顾客的折扣补贴对应的缺货成本 $p_1 = 380 \times 0.01 = 3.8$。代入相关公式，可以计算出最优的服务水平为

$$CSL_1^* = \frac{p_1}{p_1 + H} = \frac{3.8}{3.8 + 0.384} = 0.908$$

因此，当前策略下的服务水平明显低于最优服务水平。在最优服务水平下，安全库存和目标库存水平为：

最优安全库存量为 $ss_1^* = \Phi^{-1}(CSL_1^*) \cdot \sqrt{L+T} \cdot \sigma = \Phi^{-1}(0.908) \times \sqrt{7+7} \times 5 = 25$ 台。

最优的目标库存水平为 $OUL_1^* = \mu(L+T) + ss_1^* = 10 \times (7+7) + 25 = 165$ 台。

11.4 基于 SAA 的有限周期库存系统优化

报童模型考虑的是单次补货的问题，而 (ROP, Q) 系统和 (OUL, T) 系统刻画的是长期补货且需求分布平稳的库存问题。在实际中，需求的分布需要不断地更新，需求还可能具有一定的周期性和趋势性，并且库存的计划期往往并不很长。在这种情况下，一种管理方法是将 (ROP, Q) 策略或者 (OUL, T) 策略的参数计算和优化进行动态更新。例如，采用滚动时间窗的方法，每期基于未来一段时间的需求（分布）预测，动态地计算相应的安全库存量与策略参数，从而决定相应的补货量。这样的动态安全库存策略在实际中有着广泛的应用。

本节介绍另外一种使用样本均值近似（Sample Average Approximation，SAA）的方法，以最小化一定展望期内的总库存成本为目标，优化策略参数，从而得到最优的服务水平。一般来说，这种方法的计算成本要远高于上述的第一种方法。但其优势在于，可以往后展望更多的周期，如考虑到计划期即将结束的影响。该方法适用于需求分布非平稳的情形，同时它也可以考虑服务水平与需求满足率约束下的策略优化。

SAA 是解决随机离散优化问题常用的非参数方法之一。相较于较难评估的真实期望成本，SAA 根据由样本得到的成本的经验分布进行优化。考虑如下随机规划问题：

$$\min_{x \in X} g(x) = \mathrm{E}[G(x, \xi)]$$

式中，$g(\cdot)$ 是决策者关注的无法被直接优化计算的真实函数，如问题中的成本函数；x 是

决策变量；ξ是与决策变量独立的随机变量；G是一个确定性函数。

假设$\{\xi_i\}_{i=1}^N$为ξ生成的N个独立同分布的样本。对于任意$x \in X$，可以使用$G(x,\xi_i)$的样本均值作为期望值$g(x)$的估计值，得到原问题的 SAA 问题：

$$\min_{x \in X} \hat{g}_N(x) = \frac{1}{N}\sum_{i=1}^N G(x,\xi_i)$$

根据大数定律，当样本量趋近于无穷时，$\hat{g}_N(x)$以 1 的概率收敛到$g(x)$。

11.4.1 基础模型

考虑一个展望期为J期的周期补货的库存问题，q_t表示第t期的订货量，补货提前期为L，每间隔T期进行补货，D_t表示第t期的需求。这里考虑缺货候补的情形。令O_t和B_t分别表示第$t(t=1,\cdots,J)$期结束时的现货库存和候补需求量。这里只在固定周期进行补货，用$C_1,\cdots,C_M$表示可补货时间，在$t=1,\cdots,J$期内，总共进行M次补货。假设补货发生在期末，补货策略是将期末需求发生后的库存水平补至目标库存水平OUL。目标是找到最优的目标库存水平，使得长期平均下的总库存成本最小。

上述问题可以被建模为

$$\min \quad \frac{1}{J}\mathrm{E}\left[\sum_{t=1}^J HO_t + pB_t\right]$$

$$\begin{aligned}
\text{s.t.} \quad & O_t - B_t = O_{t-1} - B_{t-1} + q_{t-L} - D_t, \forall t && (约束 1)\\
& IP_t = IP_{t-1} + q_{t-1} - D_t, \forall t && (约束 2)\\
& q_t = OUL - IP_t, \forall t \in \{C_1,\cdots,C_M\} && (约束 3)\\
& q_t = 0, \forall t \notin \{C_1,\cdots,C_M\} && (约束 4)\\
& O_0 - B_0 = IP_0 && (约束 5)\\
& IP_0 = OUL && (约束 6)\\
& O_t, B_t, q_t \geq 0, \forall t && (约束 7)
\end{aligned}$$

其中，约束 1 为库存变化的迭代公式，$O_t - B_t$表示第t期期末的净库存。由于O_t和B_t均大于或等于 0，且O_t和B_t都在目标函数当中，因此O_t和B_t只能同时有一个大于 0。当O_t大于 0 时，表示当前现货库存水平为正，候补需求量为 0；当B_t大于 0 时，即存在候补需求时，当前现货库存量一定为 0。约束 2 为期末库存水平的迭代公式，IP_t表示第t期期末的库存水平，等于上一期的期末库存水平加上上一期的补货量减去第t期的需求。在盘点周期期末，通过订货将库存水平补至OUL，也即$q_t = OUL - IP_t$，得到约束 3。约束 4 表示在非盘货周期内不进行订货。约束 5、约束 6 用于给定初始值。显然，上述变量都应为正，用约束 7 来表示。

在 (OUL, T) 策略下，每次补货都是将目标库存水平补至 OUL。对约束 2 进行反复迭代，可得

$$IP_t = IP_{t-1} + q_{t-1} - D_t = IP_0 + \sum_{i=1}^{t-1} q_i - \sum_{i=1}^{t} D_i$$

给定计划期起始的库存水平为 $IP_0 = OUL$，那么每个补货周期的补货量刚好等于之前 T 个周期的总需求量。因此，上述模型可以化简为

$$\min \quad \frac{1}{J} E\left[\sum_{t=1}^{J} HO_t + pB_t\right]$$

$$\text{s.t.} \quad O_t - B_t = O_{t-1} - B_{t-1} + q_{t-L} - D_t, \forall t \quad (约束 1)$$

$$q_t = \sum_{j=t-T+1}^{t} D_j, \forall t \in \{C_1, \cdots, C_M\} \quad (约束 2)$$

$$q_t = 0, \forall t \notin \{C_1, \cdots, C_M\} \quad (约束 3)$$

$$O_0 - B_0 = OUL \quad (约束 4)$$

$$O_t, B_t, q_t \geq 0, \forall t \quad (约束 5)$$

由于 D_t 为随机变量，因此该问题是非确定性优化问题，无法直接求解。这里通过样本均值近似的方法对该问题进行改写，假设有 N 条从 D_t 中生成的样本轨道，$\{d^i = (d_1^i, \cdots, d_J^i)\}, i = 1, \cdots, N$。每条样本轨道出现的概率近似为 $1/N$。值得注意的是，这里没有假设 D_t 具体的分布及参数，为了方便，本例从给定分布参数中生成样本轨道。实际中，从历史数据中获得样本轨道，或使用非参数方法进行重采样都是可行的。

给定第 i 条需求样本轨道 d^i，令 $o^i = (o_1^i, \cdots, o_J^i)$，$b^i = (b_1^i, \cdots, b_J^i)$，$ip^i = (ip_1^i, \cdots, ip_J^i)$，$q^i = (q_1^i, \cdots, q_J^i)$ 分别表示现货库存、延期交货库存、期末库存水平和订货量的第 i 条样本轨道。在每一条样本轨道上，目标库存水平都为 OUL，通过使用样本均值近似目标函数，可以将原问题转换为下述 SAA 问题：

$$\min \quad \frac{1}{NJ} \sum_{t=1}^{J} \sum_{i=1}^{N} Ho_t^i + pb_t^i$$

$$\text{s.t.} \quad o_t^i - b_t^i = o_{t-1}^i - b_{t-1}^i + q_{t-L}^i - d_t^i, \forall i, t \quad (约束 1)$$

$$q_t^i = \sum_{j=t-T+1}^{t} d_j^i, \forall i, t \in \{C_1, \cdots, C_M\} \quad (约束 2)$$

$$q_t^i = 0, \forall i, t \notin \{C_1, \cdots, C_M\} \quad (约束 3)$$

$$o_0^i - b_0^i = OUL, \forall i \quad (约束 4)$$

$$o_t^i, b_t^i, q_t^i \geq 0, \forall i, t \quad (约束 5)$$

考虑一个提前期为 2 天、盘货周期为 3 天、需求服从 $N(50,10)$ 的场景。通过调用 COPT 求解器求解 SAA 问题，得到近似最优的目标库存水平，并计算对应的服务水平和满足率。

```
import numpy as np
from coptpy import *
# 提前期
L = 2
# 盘货周期（T=1表示每天都能订货）
T = 3
# 展望期
J = 50
# 样本数
N = 100
# 成本
c = 10
h = c * 0.01
p = c * 0.01

# 用于生成变量的index
time_index = [t for t in range(J)]
cycle_index = np.arange(1, J, T)
non_cycle_index = [t for t in time_index if t not in cycle_index]
sample_path_index = [i for i in range(N)]

# 生成需求样本
dist = stats.norm(50, 10)
demand_sample = {(t, i): max(dist.rvs(), 0) for t in time_index
                 for i in sample_path_index}
```

接下来，使用 COPT 进行建模。

第一步，建立一个空的模型：

```
# 生成COPT的环境
env = Envr()
# 建立空的模型
m = env.createModel('base stock')

Cardinal Optimizer v5.0.1. Build date Jun 20 2022
Copyright Cardinal Operations 2022. All Rights Reserved
```

第二步，向模型中添加变量：

```
# 目标库存水平
OUL = m.addVar(vtype=COPT.CONTINUOUS, name='OUL')
# 现货库存
O = m.addVars(time_index, sample_path_index, vtype=COPT.CONTINUOUS, lb=0)
# 延期交货库存
B = m.addVars(time_index, sample_path_index, vtype=COPT.CONTINUOUS, lb=0)
# 订货量
Q = m.addVars(cycle_index, sample_path_index, vtype=COPT.CONTINUOUS, lb=0)
```

第三步，添加目标函数：

$$\min \frac{1}{NJ}\sum_{t=1}^{J}\sum_{i=1}^{N} Ho_t^i + pb_t^i$$

使用 COPT 中的 quicksum 功能进行求和：

```
# 目标函数
holding_cost = quicksum(O[t, i] for t in time_index for i in sample_path_index) * h
penalty_cost = quicksum(B[t, i] for t in time_index for i in sample_path_index) * p
m.setObjective((1/ (N * J)) * (holding_cost + penalty_cost), COPT.MINIMIZE)
```

第四步，逐步在模型中添加约束。

库存迭代约束：

$$o_t^i - b_t^i = o_{t-1}^i - b_{t-1}^i + q_{t-L}^i - d_t^i, \forall i, t$$

```
m.addConstrs((O[t, i] - B[t, i] == O[t -1, i] - B[t -1, i]
             + (Q[t - L, i] if t - L in cycle_index else 0)
             - demand_sample[t, i]
             for t in time_index[1:] for i in sample_path_index))

<coptcore.tupledict at 0x1441cac40>
```

订货量约束：

$$q_t^i = \sum_{j=t-T+1}^{t} d_j^i, \forall i, t \in \{C_1, \cdots, C_M\}$$

```
# 订货
m.addConstrs((Q[t, i] == sum([demand_sample[j, i]
                             for j in range(max(1, t - T + 1), t + 1)])
             for t in cycle_index for i in sample_path_index))

<coptcore.tupledict at 0x1442941c0>
```

初始值约束：

$$o_0^i - b_0^i = OUL, \forall i$$

```
m.addConstrs((O[0, i] - B[0, i] == OUL for i in sample_path_index))

<coptcore.tupledict at 0x1442b6910>
```

第五步，设定求解参数并求解模型，将求解结果读取出来。

```
m.setParam(COPT.Param.TimeLimit, 1200)
m.setParam(COPT.Param.HeurLevel, 3)
m.setParam(COPT.Param.RelGap, 0)
m.solve()

Setting parameter 'TimeLimit' to 1200
Setting parameter 'HeurLevel' to 3
Setting parameter 'RelGap' to 0
Model fingerprint: 64c15f30

Hardware has 8 cores and 8 threads. Using instruction set ARMV8 (30)
Minimizing an LP problem
```

```
The original problem has:
    6700 rows, 11701 columns and 23200 non-zero elements
The presolved problem has:
    4900 rows, 9801 columns and 19500 non-zero elements

Starting the simplex solver using up to 8 threads

Method     Iteration            Objective      Primal.NInf      Dual.NInf         Time
Dual               0    0.0000000000e+00             4900              0        0.01s
Dual            4442    3.9293565580e+00              769              0        0.02s
Dual            4923    4.0436951238e+00              393              0        0.03s
Dual            5177    4.0973471671e+00              152              0        0.04s
Dual            5319    4.1097496319e+00               68              0        0.06s
Dual            5377    4.1112266375e+00                0              0        0.06s
Postsolving
Dual            5377    4.1081155944e+00                0              0        0.06s

Solving finished
Status: Optimal    Objective: 4.1081155944e+00    Iterations: 5377    Time: 0.06s

print('最优目标库存水平: %.2f' % OUL.x)
```

最优目标库存水平: 144.18

根据服务水平的计算公式：

$$CSL = P(O_t - B_t \geq 0)$$

可以通过计算样本轨道上的服务水平来估计当前目标库存水平下的服务水平：

$$\widehat{CSL} = \frac{1}{NJ}\sum_{t=1}^{J}\mathrm{I}(o_t^i - b_t^i \geq 0)$$

```
sample_csl = (1 / (N * J)) * len(
    [1 for t in time_index for i in sample_path_index
    if O[t, i].x - B[t, i].x >= 0])
print('样本周期服务水平: %.2f'% sample_csl)
```

样本周期服务水平: 0.50

根据满足率的计算公式：

$$fr = 1 - \frac{\mathrm{E}[B_t]}{\mathrm{E}[D_t]}$$

可以通过计算样本轨道上的满足率来估计当前目标库存水平下的满足率：

$$\widehat{fr} = 1 - \frac{\sum_{t=1}^{J}\sum_{i=1}^{N}b_t^i}{\sum_{t=1}^{J}\sum_{i=1}^{N}d_t^i}$$

```
sample_fr = 1 - (sum([B[t, i].x for t in time_index for i in
                sample_path_index]) / sum(demand_sample.values()))
print('样本满足率: %.2f' % sample_fr)
```

```
样本满足率: 0.60
```

11.4.2 双服务水平约束下的目标库存水平

11.4.1 小节讲述了如何使用样本均值近似方法优化服务水平，从而得到最优的目标库存水平。实际上，当有机会约束存在时，样本均值近似方法也能有效求解。例如参考文献 [36] 使用样本均值近似方法，将带有服务满足率的机会约束的库存计划问题建模成混合整数规划问题进行求解。

在实际场景中，企业可能会期望通过优化找到使多个维度的评估指标都不低于预期的策略。下面在原问题基础上求解双服务水平（服务水平和需求满足率）约束下的目标库存水平。

在原问题基础上新增两条约束：

$$P(O_t - B_t \geq 0) \geq \underline{csl}$$

$$1 - \frac{E[B_t]}{E[D_t]} \geq \underline{fr}$$

这两条约束分别对最低的服务水平和最低的满足率提出要求。第一个约束为机会约束，第二个约束为期望形式，均无法直接求解。通过样本的方法，可以将上述两条约束改写。

服务水平：

$$o_t^i - b_t^i \geq -Mz_t^i$$

$$\sum_{t=1}^{J}\sum_{i=1}^{N} z_t^i \leq (1 - \underline{csl})NJ$$

$$z_t^i \in \{0,1\}$$

其中，M 表示一个很大的数，这种改写方法为运筹学中常用的"大 M 法"。

满足率：

$$1 - \frac{\sum_{t=1}^{J}\sum_{i=1}^{N} b_t^i}{\sum_{t=1}^{J}\sum_{i=1}^{N} d_t^i} \geq \underline{fr}$$

接下来，向原模型中添加约束，求解服务水平和满足率均为 0.95 情况下的目标库存水平。

```
M = 10000
worst_csl = 0.95
worst_fr = 0.95
```

添加 0-1 整数变量 z：

```
Z = m.addVars(time_index, sample_path_index, vtype=COPT.BINARY)
```

增加周期服务水平约束：

$$o_t^i - b_t^i \geqslant -Mz_t^i$$

$$\sum_{t=1}^{J}\sum_{i=1}^{N} z_t^i \leqslant (1-\underline{csl})NJ$$

```
m.addConstrs((O[t, i] - B[t, i] >= - M * Z[t, i]
        for t in time_index for i in sample_path_index))
m.addConstr((quicksum(Z[t, i] for t in time_index for i in sample_path_index)
        <= (1 - worst_csl) * N * J))
```

增加满足率约束：

$$1 - \frac{\sum_{t=1}^{J}\sum_{i=1}^{N} b_t^i}{\sum_{t=1}^{J}\sum_{i=1}^{N} d_t^i} \geqslant \underline{fr}$$

```
m.addConstr((1 - (quicksum(
    B[t, i] for t in time_index for i in sample_path_index) / sum(
    demand_sample.values())) >= worst_fr))

m.setParam(COPT.Param.TimeLimit, 1200)
m.setParam(COPT.Param.HeurLevel, 3)
m.setParam(COPT.Param.RelGap, 0.001)
m.solve()
```

```
Setting parameter 'TimeLimit' to 1200
Setting parameter 'HeurLevel' to 3
Setting parameter 'RelGap' to 0.001
Model fingerprint: 55842c93

Hardware has 8 cores and 8 threads. Using instruction set ARMV8 (30)
Minimizing a MIP problem

The original problem has:
    11702 rows, 16701 columns and 48200 non-zero elements
    5000 binaries

Presolving the problem

The presolved problem has:
    9802 rows, 14701 columns and 44000 non-zero elements
    4900 binaries

Starting the MIP solver with 8 threads and 16 tasks

    Nodes    Active  LPit/n   IntInf     BestBound    BestSolution    Gap     Time
        0         1      --        0  0.000000e+00              --    Inf    0.77s
H       0         1      --        0  0.000000e+00    1.166790e+01  100.0%   0.81s
        0         1      --      535  6.128237e+00    1.166790e+01   47.5%   1.04s
H       0         1      --      535  6.128237e+00    1.138944e+01   46.2%   1.68s
H       0         1      --      535  6.128237e+00    8.203999e+00   25.3%   7.28s
        0         1      --      535  6.128237e+00    8.203999e+00   25.3%   7.28s
        0         1      --      576  6.128237e+00    8.203999e+00   25.3%   7.62s
```

```
            0           1        --       648    6.150534e+00    8.203999e+00    25.0%    7.75s
            0           1        --       654    6.263593e+00    8.203999e+00    23.7%    7.92s
            0           1        --       644    6.337867e+00    8.203999e+00    22.7%    8.10s
            0           1        --       631    6.395642e+00    8.203999e+00    22.0%    8.30s
            0           1        --       633    6.445084e+00    8.203999e+00    21.4%    8.51s
            0           1        --       633    6.484925e+00    8.203999e+00    21.0%    8.76s
            0           1        --       632    6.517592e+00    8.203999e+00    20.6%    9.03s
            0           1        --       631    6.546199e+00    8.203999e+00    20.2%    9.35s
    .........
        Nodes       Active   LPit/n    IntInf      BestBound    BestSolution      Gap     Time
    H    2262          61     83.6        5      7.640952e+00   7.740326e+00    1.28%   58.87s
    H    2300          51     82.3        2      7.651478e+00   7.734521e+00    1.07%   58.92s
    H    2307          24     82.1        3      7.651494e+00   7.731137e+00    1.03%   58.94s
         2383           0     79.6        5      7.731137e+00   7.731137e+00    0.00%   59.00s

Best solution     : 7.731136642
Best bound        : 7.731136642
Best gap          : 0.0000%
Solve time        : 59.00
Solve node        : 2383
MIP status        : solved
Solution status   : integer optimal (relative gap limit 0.001)

Violations        :       absolute       relative
  bounds          :     1.40131e-12    1.40131e-12
  rows            :     7.10543e-14    3.17565e-15
  integrality     :              0
```

```python
print('最优目标库存水平: %.2f' % OUL.x)
sample_csl = (1 / (N * J)) * len(
    [1 for t in time_index for i in sample_path_index
     if O[t, i].x - B[t, i].x >= 0])
print('样本周期服务水平: %.2f' % sample_csl)

sample_fr = 1 - (sum([B[t, i].x for t in time_index for i in
                  sample_path_index]) / sum(demand_sample.values()))
print('样本满足率: %.2f' % sample_fr)
```

```
最优目标库存水平: 219.84
样本周期服务水平: 0.95
样本满足率: 0.99
```

第 12 章　库存共享

实际中，供应链通常是由若干相互关联的节点组成的复杂网络。网络中可能包含供应商、制造商、分销商、零售商、消费者等参与主体，以及工厂仓库、分销中心、区域仓、前置仓、门店等库存节点。供应链由消费者节点（最下游节点）的需求驱动，上游节点执行采购、制造、补货、调拨、配送等任务。节点之间存在着层级结构关系，下游（下层）节点向上游（上层）节点订货，然后上游节点向下游节点供货。以图 12-1 所示的供应链结构为例，需求信息自下游节点向上游节点逐层汇聚，工厂根据对消费者需求的估计向供应商订购原材料。原材料到货后进入工厂进行制造、加工，加工后的成品转运到区域配送中心，区域配送中心再向各个前置仓、零售门店供货，由前置仓和零售门店满足消费者需求。

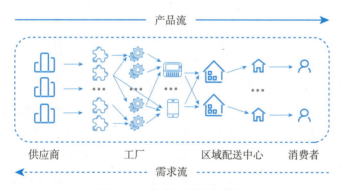

图 12-1　供应链结构示意图

之前的章节讨论了单点（单级）系统的库存管理模型。模型只关注网络中一个节点的库存管理问题，如某一前置仓的库存管理问题。当供应网络中的一个节点隶属于一个独立的决策主体，并且该决策主体只着眼于自身的库存成本时，其库存管理就对应一个单级系统。然而，实际中，多个节点同时隶属于一个决策主体的情况也十分常见。例如，京东在全国建有 8 个区域仓（Regional Distribution Center，RDC）。每个区域仓都以一个一线城市为核心辐射一个区域的需求，如北京 RDC、上海 RDC 等。同时，围绕每一个 RDC 建设若干前置仓（Front Distribution Center，FDC），如上海辖区内的南京 FDC、杭州 FDC 等，以保证对二、三线城市需求的快速履约。除了分销阶段，像华为这样的巨头制造商，其生产的品类众多，物料清单（Bill Of Material，BOM）结构复杂，其制造装配网络本身就形成了一个庞大的库存网络。对于这样的场景，单级库存模型往往只能给出次优的库存策略，因为它忽视了节点之间的相互作用和影响。此外，供应链上的每个节点都采用单级库存策略，可能导致需求的不确定性从下游向上游逐级放大，产生"牛鞭效应"。因此，要发挥出供应网络的最大价值，企业需要对其多级供应网络进行全局优化与管理。Aberdeen Group 的一项研究[37]表明，应用网络库存管理方法能够将企业的服务水平提升 3.1%，同时将资金周转时间缩短 15%。

本章将以系统化的方式，将供应网络中的节点看作一个相互关联的整体，从全局的视角优化网络中的库存。不同于单级库存管理只需要考虑"量"的决策，库存网络的管理还需要考虑存货布局的优化。以电商的一个两级仓网结构为例，其包括一个中央仓（Central Distribution Center，CDC）和两个下属的 RDC。对于一个 SKU 的存货布局，电商既可以选择将库存前置到两个 RDC，由每个 RDC 各自满足所覆盖区域的需求；也可以选择将两个区域的需求聚合在一起，由一个 CDC 统一管理库存和需求履约。这种将多个节点（仓库、渠道、门店等）的需求进行聚合由一个节点统一来供应的策略称为库存共享。库存共享是一种常见的实现供应链风险共担的手段。

在库存不共享的情况下，每个节点都独立管理库存来满足其自身需求，这种模式称为分散化管理模式。在库存共享的情况下，所有节点的需求被聚合在一起，由一个节点统一管理库存，这种模式称为集中化管理模式。本章将对两种管理模式下的安全库存进行对比分析，讨论库存共享的价值。为了便于区分，后文中将分散化管理模式下的仓库、门店等节点统称为分散节点，将集中化管理模式下的节点称为共享节点。

在上述两种管理模式下，CDC 或者每个 RDC 的库存管理都退化为单级的库存管理问题。因此，只要刻画出两种模式下节点的需求分布，就可以运用第 9 章的模型和算法计算节点的安全库存。本章介绍如何基于分散节点的需求分布（数据）来刻画共享节点的需求分布，并对比两种管理模式下的安全库存。为了专注于共享节点需求分布的刻画，本章对问题的场景进行一些简化，读者可以自行拓展到其他场景。

1) 假设节点采取目标库存策略。如果库存水平小于目标库存水平 OUL，则将库存水平补到 OUL。

2) 节点的提前期为已知定值 L。

3) 每个分散节点的提前期内的需求独立同分布。

4) 共享节点和分散节点的单位持货成本均为 H。

在多数情况下，共享节点的需求波动会小于所有分散节点的需求波动之和，因此使用集中式管理会降低安全库存成本。12.1 节首先定义库存共享效应，用于评价集中化管理与分散化管理两种策略下安全库存成本的对比关系。12.2 节和 12.3 节分别介绍在分散节点间需求独立和不独立的两种场景下，如何计算集中化管理下的需求分布以及安全库存。12.4 节讨论一些其他影响库存共享决策的因素。

12.1 库存共享效应

假设有 n 个分散节点，令 $F_i()$ 表示节点 i 提前期需求的累积分布函数，$F_i^{-1}()$ 表示其逆函数。如果进行分散化管理，假定每个节点 i 的周期服务水平均为 τ，那么节点 i 的目标库存水平为 $OUL_i = F_i^{-1}(\tau)$。如果进行集中化管理，即由共享节点统一供货，令 $F_c()$ 表示共享节点提前期需求的累积分布函数，$F_c^{-1}()$ 表示其逆函数，那么当周期服务水平为 τ 时，共享节点的目标库存水平为 $OUL_c = F_c^{-1}(\tau)$。

令 μ_i 表示节点 i 提前期需求的均值，μ_c 表示共享节点的提前期需求的均值。在目标库存水平上扣减掉相应的需求均值就可以得到两种模式下的安全库存量。分散化管理模式下的安全库存总量为

$$ss_d = \sum_{i=1}^{n} \left(F_i^{-1}(\tau) - \mu_i \right)$$

集中化管理模式下的安全库存量为

$$ss_c = F_c^{-1}(\tau) - \mu_c$$

由于 $\mu_c = \sum_{i=1}^{n} \mu_i$，两种模式在库存量上的差异仅在安全库存上体现。定义共享效应（Pooling Effect，PE）为分散化管理模式下的安全库存量与集中化管理模式下的安全库存量的商，即

$$PE = \frac{ss_d}{ss_c}$$

定义绝对共享效应（Absolute Pooling Effect，APE）为分散化管理模式下与集中化管理模式下的安全库存成本的差，即

$$APE = H(ss_d - ss_c)$$

PE 和 APE 衡量了集中化管理对安全库存（成本）的影响程度。对于两种模式下持货成本不相同的情况，读者可自行在安全库存量上乘以不同的单位持货成本。当 PE>1 或者 APE>0 时，库存共享能够降低安全库存（成本）。而当 PE<1 或者 APE<0 时，库存共享反而会导致安全库存（成本）增加，表明当前系统不适合使用集中化管理模式。

12.2 分散节点间需求独立情况下集中化安全库存计算

本节讨论分散节点间需求独立情况下集中化管理模式下安全库存的计算。当分散节点的需求分布服从一些已知分布时，可以通过相关分布的性质得到共享节点的提前期需求

分布。

例如，当节点$i(i=1,\cdots,n)$的需求均服从正态分布$N(\mu_i,\sigma_i^2)$且相互独立时，令$\Phi()$表示标准正态分布的累积分布函数，$\Phi^{-1}()$表示其逆函数。分散化管理模式下的总安全库存量为

$$ss_d = \sum_{i=1}^{n} \Phi^{-1}(\tau)\sqrt{L}\sigma_i$$

如果进行集中化管理，根据多个正态随机变量的和依然服从正态分布的性质可知，共享节点的提前期需求服从正态分布$N\left(\sum_{i=1}^{n}L\mu_i,\sum_{i=1}^{n}L\sigma_i^2\right)$。继续利用正态分布下安全库存的计算公式，可以得到共享节点的安全库存量为

$$ss_c = \Phi^{-1}(\tau)\sqrt{L}\sqrt{\sum_{i=1}^{n}\sigma_i^2}$$

因此，可以通过计算得到共享效应和绝对共享效应分别为

$$PE = \frac{\sum_{i=1}^{n}\sigma_i}{\sqrt{\sum_{i=1}^{n}\sigma_i^2}}; APE = H\Phi^{-1}(\tau)\sqrt{L}\left(\sum_{i=1}^{n}\sigma_i - \sqrt{\sum_{i=1}^{n}\sigma_i^2}\right)$$

进一步地，如果分散节点的需求同分布，分布的方差记为σ^2，则有

$$PE = \sqrt{n}; APE = H\Phi^{-1}(\tau)\sqrt{L}\sigma\left(n-\sqrt{n}\right)$$

这表明分散化管理模式下的安全库存是集中化管理模式下的$\sqrt{n}$倍。以4个分散节点的网络为例，如果节点的需求服从相同的正态分布且独立，那么集中化管理模式只需要持有分散化管理模式下一半的安全库存就可以达到同样的周期服务水平。这就是库存共享所带来的价值。APE的表达式还表明，库存共享的价值随着持货成本、周期服务水平、分散节点需求的标准差以及分散节点数量的增大而增大。可以看到，PE依赖较少的参数，为了便于讨论，后文将使用它作为衡量库存共享效应的指标。

除了正态分布，还有一些分布可以直接导出共享节点的提前期需求分布，表12-1给出了正态分布、泊松分布和伽马分布下共享节点的提前期需求分布。

表12-1 不同分布下共享节点的提前期需求分布表

名称	节点i每期的需求分布	共享节点的提前期需求分布
正态分布	$N(\mu_i,\sigma_i^2)$	$N\left(\sum_{i=1}^{n}L\mu_i,\sum_{i=1}^{n}L\sigma_i^2\right)$
泊松分布	$P(\lambda_i)$	$P\left(\sum_{i=1}^{n}L\lambda_i\right)$
伽马分布	$\Gamma(a_i,b)$	$\Gamma\left(\sum_{i=1}^{n}La_i,b\right)$

对于许多分布来说，由于其多变量和的分布不好获得，因此无法给出显式的需求分布和安全库存量。当多个分散节点的需求服从不同的分布族时，共享节点的提前期需求分布更难获得参数化的表达。

9.4.2 小节介绍了基于样本的方法（非参数方法）计算单点的安全库存。接下来将该方法拓展到多节点的场景，使用样本估计经验分布的方法，将分散节点的需求样本加总以获得共享节点的需求样本，从而计算其经验分布函数 $\hat{F}_c()$。具体流程如下：

1）对于每个分散节点 i，根据其需求分布函数 $F_i()$ 生成 N 个随机样本，记为 $\{x_i^j\}_{j=1,\cdots,N} \sim F_i()$。

2）基于生成的样本，计算共享节点的经验分布函数 $\hat{F}_c(x)$：

$$\hat{F}_c(x) = \frac{1}{N} \sum_{j=1}^{N} \mathbb{I}\left(\sum_{i=1}^{n} x_i^j \leqslant x\right)$$

上述过程可以调用 Python 中已有的工具包实现。考虑一个有两个分散节点的网络，其中一个节点的日需求服从半正态分布，另一个节点的日需求服从伽马分布。令提前期为 7 天，期望的周期服务水平为 0.95，接下来通过样本的方法计算共享节点的经验分布，进而计算共享节点的安全库存量和库存共享效应。

首先生成两个分散节点的需求样本，并计算共享节点的提前期需求样本：

```
# 期望的周期服务水平
tau = 0.95
# 提前期
lead_time = 7
# 样本量
sample_size = 20000
# 定义两个节点的需求分布
halfnorm_dist = stats.halfnorm(loc=5, scale=3)
gamma_dist = stats.gamma(a=2)
# 生成指定样本量的两个节点的提前期需求样本
halfnorm_leadtime_samples = [sum(halfnorm_dist.rvs(size=lead_time))
                             for _ in range(sample_size)]
gamma_leadtime_samples = [sum(gamma_dist.rvs(size=lead_time))
                          for _ in range(sample_size)]
# 计算共享节点的提前期需求样本
central_leadtime_samples = [
    halfnorm_leadtime_samples[i] + gamma_leadtime_samples[i]
    for i in range(sample_size)]
```

然后分别计算分散化管理和集中化管理模式下的安全库存量以及库存共享效应：

```
# 分散化管理模式
oul_decentralized = np.quantile(halfnorm_leadtime_samples, tau) + \
        np.quantile(gamma_leadtime_samples, tau)
ss_decentralized = oul_decentralized - np.mean(halfnorm_leadtime_samples) \
        - np.mean(gamma_leadtime_samples)
print('分散化管理模式下的安全库存总量为: %.2f' % ss_decentralized)
```

```python
# 集中化管理模式
oul_centralized = np.quantile(central_leadtime_samples, tau)
ss_centralized = oul_centralized - np.mean(central_leadtime_samples)
print('集中化管理模式下的安全库存总量为: %.2f' % ss_centralized)
# 库存共享效应
pooling_effect = ss_decentralized / ss_centralized
print('在周期服务水平为 %.2f 时, 库存共享效应为: %.2f' % (tau, pooling_effect))
```

```
分散化管理模式下的安全库存总量为: 15.03
集中化管理模式下的安全库存总量为: 10.46
在周期服务水平为 0.95 时, 库存共享效应为: 1.44
```

在正态分布下，库存共享效应与周期服务水平无关。但在一般分布下，周期服务水平不同，库存共享效应也会有所不同。函数 cal_pooling_effect() 实现了在指定周期服务水平下，对任意数量分散节点的分散化管理模式和集中化管理模式下安全库存量及库存共享效应的计算。

```python
def cal_pooling_effect(dist_list, tau, lead_time, sample_size):
    """
    Args:
        dist_list: 分散节点的分布列表(scipy.stats)
        tau: 期望的周期服务水平
        lead_time: 提前期
        sample_size: 样本量
    Return:
        ss_decentralized: 分散化管理模式下的安全库存量
        ss_centralized: 集中化管理模式下的安全库存量
        pooling_effect: 库存共享效应
    """
    dists_leadtime_samples = [[sum(dist.rvs(size=lead_time))
                    for _ in range(sample_size)]
                    for dist in dist_list]
    central_leadtime_samples = [sum([dists_leadtime_samples[j][i]
                    for j in range(len(dist_list))])
                    for i in range(sample_size)]
    oul_decentralized = sum([np.quantile(dist_leadtime_samples, tau)
                    for dist_leadtime_samples in
                    dists_leadtime_samples])
    oul_centralized = np.quantile(central_leadtime_samples, tau)
    ss_decentralized = oul_decentralized - np.mean(central_leadtime_samples)
    ss_centralized = oul_centralized - np.mean(central_leadtime_samples)
    pooling_effect = ss_decentralized / ss_centralized
    return ss_decentralized, ss_centralized, pooling_effect
```

调用该函数，计算上文中两个分散节点的库存系统在不同周期服务水平下的库存共享效应，结果如图 12-2 所示。

```python
# 将分散节点的需求分布打包到列表当中
dist_list = [halfnorm_dist, gamma_dist]
# 周期服务水平列表
tau_list = np.arange(0.7, 0.99, 0.05)
# 调用cal_pooling_effect()函数计算不同周期服务水平下的库存共享效应
```

```
vary_tau_list = [cal_pooling_effect(dist_list, u, lead_time, sample_size)
                 for u in tau_list]
pooling_effect_list = [pe for _, _, pe in vary_tau_list]
for index, tau in enumerate(tau_list):
    print('在周期服务水平为 %.2f 时, 库存共享效应为: %.4f'
        % (tau, pooling_effect_list[index]))
```

```
在周期服务水平为 0.70 时, 库存共享效应为: 1.3270
在周期服务水平为 0.75 时, 库存共享效应为: 1.3562
在周期服务水平为 0.80 时, 库存共享效应为: 1.3745
在周期服务水平为 0.85 时, 库存共享效应为: 1.4010
在周期服务水平为 0.90 时, 库存共享效应为: 1.4016
在周期服务水平为 0.95 时, 库存共享效应为: 1.4337
```

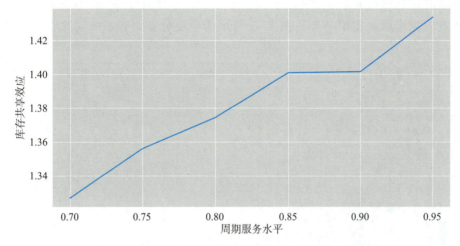

图 12-2　库存共享效应关于周期服务水平变化曲线图

在本例中，库存共享效应始终大于 1.3。随着周期服务水平的增大，库存共享效应随之增大，并且增长的速率越来越快。这说明在当前需求分布的情况下，使用集中化管理模式能够有效降低安全库存，并且随着周期服务水平的增加，安全库存下降的比例越大。但是，集中化策略对于所有需求分布都是有效的吗？

第 9 章介绍了稳定分布。稳定分布的分布函数为 $S_\alpha(\mu,\alpha,\beta)$。参数 $\alpha \in (0,2]$ 描述了分布的尾部情况，α 的值越小，分布的尾部越厚，出现极端大的样本的概率越大。假设 n 个随机变量 $X_i(i=1,\cdots,n)$ 服从 $S_\alpha(\mu,\alpha,\beta)$ 且独立，当 $\alpha \in (1,2]$ 时，稳定分布满足如下性质：

$$\sum_{i=1}^{n} X_i \overset{d}{=} n^{1/\alpha} X_1 + \left(n - n^{1/\alpha}\right)\mu$$

该性质表明，n 个独立服从同样稳定分布的随机变量的和依然服从稳定分布。这也是这类分布被称为稳定分布的原因。

通过该性质可得

$$\text{Var}\left(\sum_{i=1}^{n} X_i\right) = n^{2/\alpha} \text{Var}(X_1)$$

可以看到，当 $\alpha = 2$ 时，$\text{Var}\left(\sum_{i=1}^{n} X_i\right) = n\text{Var}(X_1)$，该结果和正态分布下的结果一致。事实上，当 $\alpha = 2, \beta = 0$ 时，稳定分布将退化为正态分布。但是，随着 α 取值的减小，$\text{Var}\left(\sum_{i=1}^{n} X_i\right)$ 的取值增大，即随着分布厚尾程度的增加，随机变量和的方差增大。基于该性质，Kostas Bimpikis 等[38]发现，随着分散节点需求分布的厚尾程度的增加，集中化管理模式下的安全库存量随之增加。考虑有两个分散节点的库存共享问题，假设分散节点的需求服从稳定分布，图 12-3 所示为稳定分布下参数 α 对库存共享效应的影响。

```python
# 定义alpha参数的稳定分布
def dist(alpha):
    return stats.levy_stable(alpha, 0, 20, 5)
# alpha参数列表
alpha_list = np.arange(1, 2, 0.1)
# 调用cal_pooling_effect()函数计算不同alpha参数稳定分布下的库存共享效应
vary_alpha_list = [
    cal_pooling_effect([dist(alpha), dist(alpha)], 0.9, lead_time=1,
        sample_size=10000)
    for alpha in alpha_list]
pooling_effect_list = [pe for _, _, pe in vary_alpha_list]
for index, alpha in enumerate(alpha_list):
    print('在稳定分布的alpha参数为 %.2f 时，库存共享效应为：%.4f' % (
        alpha, pooling_effect_list[index]))
```

```
在稳定分布的alpha参数为 1.00 时，库存共享效应为：1.0058
在稳定分布的alpha参数为 1.10 时，库存共享效应为：1.0518
在稳定分布的alpha参数为 1.20 时，库存共享效应为：1.1153
在稳定分布的alpha参数为 1.30 时，库存共享效应为：1.1732
在稳定分布的alpha参数为 1.40 时，库存共享效应为：1.2300
在稳定分布的alpha参数为 1.50 时，库存共享效应为：1.2483
在稳定分布的alpha参数为 1.60 时，库存共享效应为：1.2900
在稳定分布的alpha参数为 1.70 时，库存共享效应为：1.3105
在稳定分布的alpha参数为 1.80 时，库存共享效应为：1.3424
在稳定分布的alpha参数为 1.90 时，库存共享效应为：1.3616
```

可以看到，随着 α 取值的减小，共享效应随之减小。当 α 趋向于 1 时，集中化管理模式和分散化管理模式的安全库存量几乎是一样的，此时库存共享对于降低安全库存没有任何作用。这里的一个重要结论是，除了前文讨论的影响因素之外，库存共享能否产生价值还取决于分散节点需求分布的特性。特别地，需求分布的厚尾程度将是影响库存共享价值的一个重要因素。

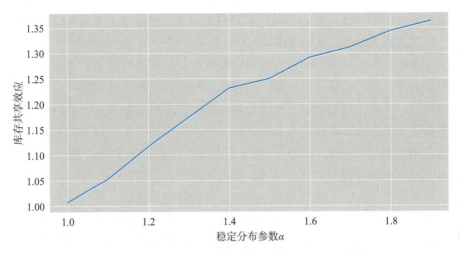

图 12-3 库存共享效应关于稳定分布参数 α 变化的曲线图

12.3　分散节点间需求相关情况下的联合分布样本生成

12.2 节讨论了分散节点之间需求独立情况下库存共享后的安全库存计算。然而，节点之间需求不独立的情况在实际中也常常出现。例如在分销场景下，当市场上的总需求上升时，不同区域同一商品的需求可能同时呈现出需求上涨的趋势。而在市场上总需求一定的情况下，不同渠道下同一商品的需求可能存在负相关关系。本节讨论分散节点需求之间的相关性对库存共享效应的影响。

如果分散节点的需求都服从正态分布，利用正态分布的性质，令 $\rho_{ij} \in [-1,1]$ 表示节点 i 与节点 j 需求的相关系数，则可以得到共享节点的安全库存量为

$$ss_c = \Phi^{-1}(\tau)\sqrt{L}\sqrt{\sum_{i=1}^{n}\sigma_i^2 + 2\sum_{i>j}\rho_{ij}\sigma_i\sigma_j}$$

此时，共享效应为

$$PE = \frac{\sum_{i=1}^{n}\sigma_i}{\sqrt{\sum_{i=1}^{n}\sigma_i^2 + 2\sum_{i>j}\rho_{ij}\sigma_i\sigma_j}}$$

如果 $\rho_{ij}=0, \forall i,j$，则表明全部分散节点的需求之间不相关；如果 $\rho_{ij}>0, \forall i,j$，则表明任意两节点的需求之间都正相关。通过共享效应的表达式不难看出，当分散节点的需求之间正相关时，库存共享的价值小于节点间需求相互独立的情况。特别地，如果 $\rho_{ij}=1, \forall i,j$，有 $PE=1$，即当节点之间的需求完美正相关时，库存共享对于安全库存量没有任何影响。直观而言，只有在分散节点的需求之间发生"此消彼长"的情况时，库存

共享才能发挥其作用。而分散节点的需求之间正相关，会降低需求出现"此消彼长"的可能性，所以降低了库存共享的价值。

上述讨论利用了多元正态分布的性质，其联合分布函数可以显式表达。然而，当分散节点的需求没有显式的联合分布时，从理论上刻画需求相关性对库存共享价值的影响是十分困难的，只能通过数值的方法来分析该问题。对于分散节点，可以基于节点的历史需求数据逐一拟合各节点的需求分布，然后计算安全库存量。对于共享节点，可以首先将分散节点的需求数据进行聚合，拟合出共享节点的需求分布，进而计算其安全库存。然而，这种方法得到的只是分散节点需求和的分布。而在一些更复杂的库存共享场景下，如基于信息集中化或者节点间实时调拨的部分共享场景，分析需要依赖分散节点需求的联合分布。但是，对于需求不独立的场景，只有在很少的情况下可以刻画出显式的联合分布，因此，想要直接生成关联性的需求样本是有一定难度的。

简单来说，刻画一个联合分布需要拟合边际分布和刻画边际分布之间的相关关系。Copula 函数就是一种描述随机变量之间相关关系的函数，它不依赖每个随机变量的边际分布。人们可以首先拟合出每个分散节点需求的边际分布，然后选择合适的 Copula 函数并估计节点间需求的相关关系，进而生成关联性样本。在得到关联性样本后，即可利用基于样本的方法优化网络的库存共享策略。

本节将以具有两个分散节点的网络为例，讲述如何利用 Copula 函数来生成关联性样本。为了便于读者理解，先回到边际分布均为正态分布的情况。在多维正态分布中，可以通过定义协方差矩阵生成带有相关性的多维正态分布。

```python
import numpy as np
import scipy.stats as stats
import matplotlib.pyplot as plt
import warnings
import seaborn as sns
sns.set_theme(style="darkgrid")
warnings.simplefilter(action='ignore')
# 样本量
sample_size = 1000
# 相关系数
rho = 0.85
# 协方差矩阵
cov_matrix = [[1, rho], [rho, 1]]
# 带有相关性的二维正态分布
multi_corr_norm_dist = stats.multivariate_normal(mean=[0, 0], cov=cov_matrix)
# 生成带有相关性的二维正态分布的随机样本
multi_corr_norm_samples = multi_corr_norm_dist.rvs(sample_size)
# 生成没有相关性的二维正态分布的随机样本
multi_nc_norm_samples = stats.multivariate_normal(mean=[0, 0]).rvs(sample_size)
```

下面绘制出没有相关性和有相关性的联合分布样本点的分布图及核密度估计（KDE）图，如图 12-4 和图 12-5 所示。使用 Seaborn 包能够快捷地在一幅图中画出样本点、边际分布的直方图及核密度估计等高线。在核密度估计中，参数"levels"控制了等高线的个数。"levels=5"将概率密度函数划分成 5 部分，将会有 4 条等高线将其对应比例的样本点圈在外面。

可以看到，尽管两个节点需求的边际分布完全相同，但分布之间是否独立将会导致生成的联合分布样本分布不同。当分布相互独立时，生成的需求样本以均值点为中心均匀地向外扩散，核密度等高线呈圆形。而当分布正相关时，生成的需求样本及其核密度等高线呈 45° 右偏的椭圆形，即两个节点的需求呈现出"同大，同小"的趋势。不难推断，如果两个分布负相关（$\rho<0$），那么生成的需求样本及其核密度等高线将呈 45° 左偏的椭圆形。此外，分布的相关性越强，无论是正相关还是负相关，椭圆的形状会越扁。读者可以自行作图对上述结论进行验证。后文中也将反复使用该绘图方法来分析联合分布的样本情况。

```
nc_plot = sns.jointplot(x=multi_nc_norm_samples[:, 0],
            y=multi_nc_norm_samples[:, 1],
            color='#1c79d9')
nc_plot.plot_joint(sns.kdeplot, color='black', levels=5)
plt.show()
```

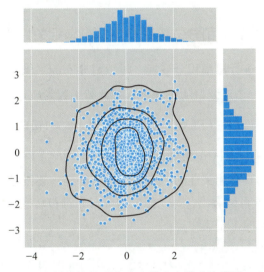

图 12-4　没有相关性的联合分布样本点的分布图及 KDE 图

```
c_plot = sns.jointplot(x=multi_corr_norm_samples[:, 0],
            y=multi_corr_norm_samples[:, 1],
            color='#1c79d9')
c_plot.plot_joint(sns.kdeplot, color='black', levels=5)
plt.show()
```

除了多维正态分布之外，还有一些分布可以较为容易地考虑边际分布之间的相关关系，如 t 分布。但是，这类分布并不多，并且要求边际分布属于同族。当联合分布不属于这类"标准"的多维分布时，可以通过概率积分变换和分位数变换，借助标准多维分布（如多维正态分布）来生成带有相关性的随机样本。

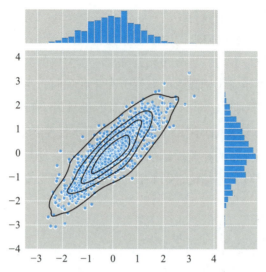

图 12-5　具有正相关性的联合分布样本点的分布图及 KDE 图

12.3.1　使用概率积分变换和分位数变换生成带有相关性的样本

对每一维边际分布进行概率积分变换，可以将原有的二维正态分布的边际分布转换为均匀分布。令 X 表示一个连续型随机变量，其分布函数为 $F(\cdot)$。对任意实数 $u \in [0,1]$ 有

$$P(F(X) \leqslant u) = P(F^{-1}(F(X)) \leqslant F^{-1}(u)) = P(X \leqslant F^{-1}(u)) = F(F^{-1}(u)) = u$$

因此，复合随机变量 $F(X)$ 服从 $[0,1]$ 区间的均匀分布，即 $F(X) \sim U[0,1]$。

下面对之前生成的具有相关性的二维正态分布的样本逐维进行概率积分变换，并绘制分布图像。从图 12-6 可以看出，每一维的边际分布都被转换成了均匀分布，而新生成的样本依然保留了一定的正相关性。

```
# 使用标准正态分布的累积分布函数对每一维进行概率积分变换
uni_samples = stats.norm.cdf(multi_corr_norm_samples)
uni_plot = sns.jointplot(x=uni_samples[:, 0],
            y=uni_samples[:, 1],
            color='#1c79d9')
uni_plot.plot_joint(sns.kdeplot, color='black', levels=5)
plt.show()
```

反过来，通过分位数变换，可以基于均匀分布生成服从任意分布的随机样本。令 Y 表示 $[0,1]$ 区间的均匀分布，即 $Y \sim U[0,1]$，令 $F(\cdot)$ 为任意连续分布，则有

$$P(F^{-1}(Y) \leqslant x) = P(Y \leqslant F(x)) = F(x)$$

因此，$X = F^{-1}(Y) \sim F(\cdot)$。

例如，可以在之前生成的具有相关性的二维均匀分布样本上分别使用伽马分布和贝塔分布对每一维进行分位数变换，并绘制函数图像，如图 12-7 所示。

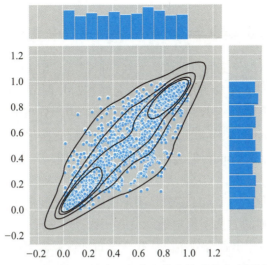

图 12-6 具有正相关性的样本经概率积分变换后的分布图及 KDE 图

```
# 定义伽马分布
gamma_dist = stats.gamma(a=2, scale=5)
# 定义贝塔分布
beta_dist = stats.beta(a=1, b=2)
# 使用这两个分布对二维均匀分布进行分位数变换
joint_gamma_beta_samples = np.zeros((sample_size, 2))
joint_gamma_beta_samples[:, 0] = gamma_dist.ppf(uni_samples[:, 0])
joint_gamma_beta_samples[:, 1] = beta_dist.ppf(uni_samples[:, 1])
joint_gamma_beta_plot = sns.jointplot(x=joint_gamma_beta_samples[:, 0],
            y=joint_gamma_beta_samples[:, 1],
            color='#1c79d9')
joint_gamma_beta_plot.plot_joint(sns.kdeplot, color='black', zorder=1, levels=5)
plt.show()
```

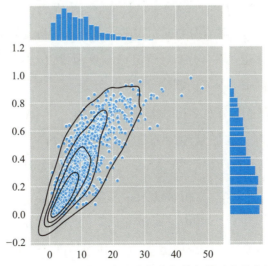

图 12-7 具有正相关性的样本经特殊分布分位数变换后的分布图及 KDE 图

12.3.2 Copula、Sklar 定理与元分布

上一小节通过概率积分变换与分位数变换，根据具有相关性的二维正态分布的样本生成了边际分布为伽马分布和贝塔分布的联合样本，并保留了样本间一定的正相关关系。这种通过概率积分变换，从多维正态分布得到的边际分布都服从均匀分布样本的方法，称为二维高斯 Copula 采样。而进一步通过分位数变换生成的联合分布称为元 - 高斯 - 分布。本小节将介绍 Copula 的基本定义、Sklar 定理，并对 Copula 样本生成过程及生成元分布的过程进行总结。

在概率论与统计学中，Copula 函数是用来描述变量之间依赖关系的函数，它提供了一种模拟联合分布数据的方法：给定边际分布，选择一种 Copula 函数来描述边际分布间的相关关系，从而创建出联合分布。从联合分布进行采样，可以计算出所需要的统计量（如对应周期服务水平的分位数）。

令 $C(u_1,\cdots,u_d)$ 表示一个 d 维的联合分布函数，如果其每一维边际分布均为 $[0,1]$ 区间上的均匀分布，则将 $C(u_1,\cdots,u_d)$ 称为一个 d 维的 Copula 函数[39]。

Sklar 定理为 Copula 函数的应用提供了理论基础。定理内容为：对于任意 d 维分布 $F(x_1,\cdots,x_d)$，令 $F_1(x_1),\cdots,F_d(x_d)$ 表示其边际分布，总存在一个 Copula 函数 $C(u_1,\cdots,u_d)$ 使得

$$C(u_1,\cdots,u_d) = F\left(F_1^{-1}(u_1),\cdots,F_d^{-1}(u_d)\right)$$

对于任意 Copula 函数 $C(u_1,\cdots,u_d)$ 和一维分布 $F_1,\cdots,F_d$，存在唯一的联合分布 $F(x_1,\cdots,x_d)$ 使得

$$F(x_1,\cdots,x_d) = C\left(F_1(x_1),\cdots,F_d(x_d)\right)$$

Sklar 定理确保了在建立联合分布时可以将边际分布与相关关系分开，可以使用任意边际分布和 Copula 函数建立联合分布。给定 Copula 函数 $C(u_1,\cdots,u_d)$ 和边际分布 $F_1,\cdots,F_d$，便可生成一个边际分布为 $F_1,\cdots,F_d$ 的联合分布 $F(x_1,\cdots,x_d)$。

通过一个 d 维联合正态分布 $N(0,V)$ 生成随机样本 $(X_1,\cdots,X_d)$，而后对样本进行概率积分变换，得到的边际分布服从均匀分布的样本 $U=(\Phi(X_1),\cdots,\Phi(X_d))$，称为由高斯 Copula 生成的样本，其分布函数记为 $C_V^{Ga}(u_1,\cdots,u_d)$。高斯 Copula 函数的定义为

$$\begin{aligned} C_V^{Ga}(u) &= P\left(\Phi(X_1) \leqslant u_1,\cdots,\Phi(X_d) \leqslant u_d\right) \\ &= P\left(X_1 \leqslant \Phi^{-1}(u_1),\cdots,X_d \leqslant \Phi^{-1}(u_d)\right) \\ &= \Phi_V\left(\Phi^{-1}(u_1),\cdots,\Phi^{-1}(u_d)\right) \end{aligned}$$

给定高斯 Copula 函数 $C_V^{Ga}(u_1,\cdots,u_d)$，根据 Sklar 定理，通过边际分布的分位数变换，就可以得到给定边际分布下同时具有与所选取的高斯 Copula 函数类似相关性的联合分布的样本。该分布被称为元分布。例如，使用高斯 Copula 函数建立的联合分布称为元 - 高斯 - 分布。

对一个 d 维正态分布 $N(0,V)$ 进行采样，并利用高斯 Copula 函数 $C_V^{Ga}(u_1,\cdots,u_d)$ 对边际分布为 $F_1,\cdots,F_d$ 的联合分布进行采样的过程如下：

1）采样 $(X_1,\cdots,X_d) \sim N(0,V)$，其边际分布为 $\Phi_1(x_1),\cdots,\Phi_d(x_d)$。

2）使用概率积分变换，得到 $(U_1,\cdots,U_d) = (\Phi_1(X_1),\cdots,\Phi_d(X_d))$。

3）通过分位数变换，返回 $Y = (F_1^{-1}(U_1),\cdots,F_d^{-1}(U_d))$。

高斯 Copula 函数是最为常见的 Copula 函数。上述过程还适用于基于多维 t 分布进行采样的 t Copula 函数，这类 Copula 函数没有显式形式。有一些常用的 Copula 函数，例如 Gumbel、Clayton 和 Frank，是有显式表达式的，这 3 种 Copula 函数都属于阿基米德 Copula 函数族，将在 12.3.3 小节详细介绍。

之前在生成的高斯 Copula 样本上，通过应用伽马分布和贝塔分布的分位数变换得到了联合分布的样本。对于任意 Copula 函数 C，采样联合分布（元分布）的过程为：

1）采样 $U \sim C$。

2）通过分位数变换，返回 $X = (F_1^{\leftarrow}(U_1),\cdots,F_d^{\leftarrow}(U_d))$。

下面介绍边际分布间的依赖关系。

之前的讨论中，通过 Person 相关系数 ρ 生成协方差矩阵，从而控制两个随机变量的相关性。值得注意的是，只有在椭球分布族中使用 Person 相关系数来生成带有相关性的联合分布才是合理的。因为椭球分布由协方差矩阵和特征生成函数所决定，因此协方差矩阵能够直接控制椭球分布间的相关关系。但对于更一般的多维分布，协方差矩阵不具有这样的功能。此外，Person 相关系数衡量的是随机变量之间的线性相关关系。当非线性变换作用于变量时，线性相关关系将无法正确衡量随机变量之间的依赖关系。在这种情况下，相较于线性相关系数，秩相关系数更为合适。秩相关系数衡量的是一个随机变量的大值或小值与另一个随机变量的大值或小值的关联程度。与线性相关系数不同，它们只通过"等级"来衡量关联。因此，在任何单调变换下，等级相关都是有效的。

Kendall's τ，记为 ρ_τ，是最为常用的秩相关系数之一。对于任意联合分布，Kendall's τ 只取决于 Copula 函数的形式，而与边际分布无关。其取值范围为 $[-1,1]$。当 $\rho_\tau = -1$ 时，表示完全负相关；当 $\rho_\tau = 1$ 时，表示完全正相关。对于二维正态分布，Kendall's τ 和线性相关系数之间有如下关系：

$$\rho_\tau(X_1, X_2) = \frac{2}{\pi}\arcsin\rho$$

Kendall's τ 线性相关系数变化的曲线图如图 12-8 所示。

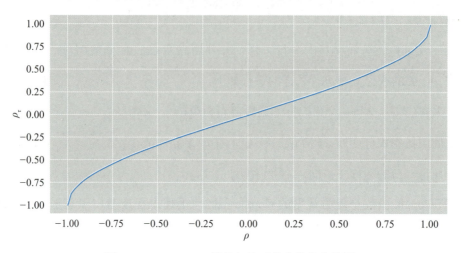

图 12-8　Kendall's τ 线性相关系数变化的曲线图

对于任意二维 Copula 函数，其 Kendall's τ 都可以通过下式得到：

$$\rho_\tau = 4\int_0^1\int_0^1 C(u,v)\mathrm{d}C(u,v) - 1$$

下面的代码实现了对图 12-8 中联合样本的 Kendall's τ 值的计算。

```
kendall_tau, _ = stats.kendalltau(joint_gamma_beta_samples[:, 0],
                joint_gamma_beta_samples[:, 1])
print(kendall_tau)
```

```
0.6370930930930931
```

12.3.3　阿基米德 Copula 函数族

高斯 Copula 函数没有显式表达式，且其低尾和高尾的相关性是对称的。在实际中，低尾与高尾之间的相关性强度可能是不一样的。例如，相较于两个小的需求，人们通常认为两个大的需求之间存在更强的关联性。在股票市场中有一个有趣的说法，即高斯 Copula 函数的对称性导致了 2008 年金融危机的发生，有兴趣的同学可查看参考文献 [40]。

本小节将讨论一类重要的 Copula 函数——阿基米德 Copula 函数族。与高斯 Copula 函数不同，所有的阿基米德 Copula 函数都有闭式表达式，并且能够更好地处理尾部相关性。最为常用的 3 个阿基米德 Copula 函数为 Gumbel、Clayton 和 Frank。下面分别给出它们的表达式，其中 θ 为控制变量间依赖关系的参数。

Gumbel：

$$C_\theta^{Gu}(u_1,u_2) = \exp\left\{-\left((-\ln u_1)^\theta + (-\ln u_2)^\theta\right)^{1/\theta}\right\}, \quad \theta \in [1,\infty)$$

Clayton:

$$C_\theta^{Cl}(u_1,u_2) = (u_1^{-\theta} + u_2^{-\theta} - 1)^{-1/\theta}, \quad \theta \in [0,\infty)$$

Frank:

$$C_\theta^{Fr}(u_1,u_2) = -\frac{1}{\theta}\ln\left(1+\frac{(\exp(-\theta u_1)-1)(\exp(-\theta u_2)-1)}{\exp(-\theta)-1}\right), \quad \theta \in (-\infty,\infty)$$

阿基米德 Copula 函数一般采用秩相关系数来度量分布间的相关性，这里使用 Kendall's τ。根据 Kendall's τ 的计算公式和 3 种 Copula 函数的形式，可以得到每种 Copula 函数下 Kendall's τ 与 Copula 函数参数 θ 之间的对应关系：

Gumbel：$\rho_\tau^{Gu} = 1 - \dfrac{1}{\theta}$，$\rho_\tau^{Gu} \in [0,1)$。

Clayton：$\rho_\tau^{Cl} = \dfrac{\theta}{\theta+2}$，$\rho_\tau^{Cl} \in [0,1)$。

Frank：$\rho_\tau^{Fr} = 1 - \dfrac{4(1-D_1(\theta))}{\theta}$，$\rho_\tau^{Fr} \in (-1,1)$

其中 $D_k(x)$ 是 Debye 函数：

$$D_k(x) = \frac{k}{x^k}\int_0^x \frac{t^k}{e^t-1}\mathrm{d}t$$

因此，给定 Kendall's τ，即可根据对应参数生成相应的 Copula 函数并进行采样，利用分位数变换即可生成联合分布的样本。除了 Kendall's τ 的取值范围不同，上述 3 种 Copula 函数的最主要区别是它们对尾部相关性的处理有所不同。在 Gumbel 中，高尾的相关性高于低尾；Clayton 中则正好相反，低尾的相关性高于高尾；而 Frank 是对称的，高尾与低尾的相关性强度一致。下面生成 Kendall's τ 为 0.5 时的 3 种 Copula 样本，并观察这一区别。

从图 12-9、图 12-10 和图 12-11 所示样本的分布及核密度估计等高线可以观察到 3 种 Copula 对尾部相关性处理的差异。由 Gumbel 生成的样本，右上部分更加聚集，左下部分更分散，表明高尾的相关性强于低尾。由 Clayton 生成的样本，左下部分更加聚集，右上部分则较为分散，表明低尾的相关性强于高尾；而 Frank 生成的样本，左下部分和右上部分的聚集程度相似，表明高尾与低尾的相关性强度一致。在实际使用中，读者可以根据具体场景选择合适的 Copula 函数。在生成对应的 Copula 样本之前，需要根据 Kendall's τ 计算 Copula 函数的参数，在 Python 中可以通过调用 Scipy 中的计算包来实现。

```python
from archcopula.gumbel import GumbelCopula
from archcopula.clayton import ClaytonCopula
from archcopula.frank import FrankCopula

# 秩相关系数
kendall_tau = 0.5
# 样本量
sample_size = 1000

# 采样Gumbel
gumbel_copula = GumbelCopula(kendall_tau=kendall_tau)
gumbel_samples = gumbel_copula.rvs(num_obs=sample_size, dim=2)
# 采样Clayton
clayton_copula = ClaytonCopula(kendall_tau=kendall_tau)
clayton_samples = clayton_copula.rvs(num_obs=sample_size, dim=2)
# 采样Frank
frank_copula = FrankCopula(kendall_tau=kendall_tau)
frank_samples = frank_copula.rvs(num_obs=sample_size, dim=2)

gumbel_plot = sns.jointplot(x=gumbel_samples[:, 0],
               y=gumbel_samples[:, 1],
               color='#1c79d9')
gumbel_plot.plot_joint(sns.kdeplot, color='black', levels=5)
plt.show()
```

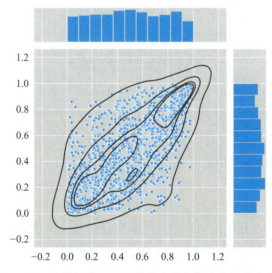

图 12-9　由 Gumbel 生成的有相关性的联合分布样本点的分布图及 KDE 图

```python
clayton_plot = sns.jointplot(x=clayton_samples[:, 0],
               y=clayton_samples[:, 1],
               color='#1c79d9')
clayton_plot.plot_joint(sns.kdeplot, color='black', levels=5)
plt.show()
```

```python
frank_plot = sns.jointplot(x=frank_samples[:, 0],
               y=frank_samples[:, 1],
```

```
            color='#1c79d9')
frank_plot.plot_joint(sns.kdeplot, color='black', levels=5)
plt.show()
```

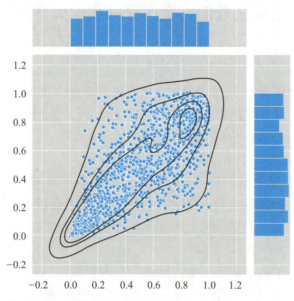

图 12-10　由 Clayton 生成的有相关性的联合分布样本点的分布图及 KDE 图

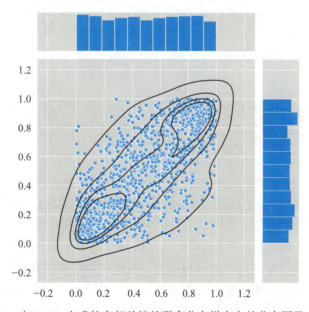

图 12-11　由 Frank 生成的有相关性的联合分布样本点的分布图及 KDE 图

在分散节点需求相关的情况下，管理者可从分散节点的历史需求中估计需求的相关关系（Person 相关系数或 Kendall's τ），将其代入合适的 Copula 函数从而生成 Copula 样本。通过在 Copula 样本上进行分位数变换，即可利用边际分布生成联合分布的样本。再结合样本分位数的计算方法，可以得到分散节点需求相关情况下采用集中式管理模式所需的安全库存量及相应的库存共享效应。

12.4 库存共享效应之外的关于库存共享的更多讨论

12.4.1 库存共享的优缺点

即使库存共享效应大于1（或者绝对共享效应大于0），也只是说明库存共享可以降低库存成本，并不意味着库存共享就一定是更优的方案。企业还需要权衡库存共享可能带来的其他利弊，综合考虑各项因素，进行库存共享决策。

采用库存共享策略的优势在于：

1）库存共享可以降低安全库存，从而降低库存成本。
2）共享节点往往建于租金较为便宜的地段，库存的仓储成本可能更低。
3）库存共享后，需要的管理人员数量减少，可以节省运营成本。

而库存共享的劣势在于：

1）库存共享后，库存离顾客更远，使得履约时间延长。
2）库存共享后，配送、履约的规模效应减弱，造成运输成本增加。

综合上面的因素，企业需要结合自身实际情况，在库存共享带来的收益和成本中进行权衡。

12.4.2 其他的库存共享策略

前述内容讨论的是将多个节点（门店、仓库、渠道等）的实体库存由一个共享节点统一来管理。实际中，即使不将所有的实体库存都放在一个地点，也同样可以从库存共享中获得一定的好处。

1. 信息的集中化[41]

供应商管理库存（Vendor Managed Inventory，VMI）是一种将商品供应和终端销售直接打通的库存管理模式，可以将多级库存问题转换为单级库存问题，不仅能减少零售商的库存成本，还能够缓解供应链中的牛鞭效应，降低库存风险。

沃尔玛是使用 VMI 的代表性公司。沃尔玛打造了一个由供应商直接参与的零售链接系统，供应方可以直接获取终端销售信息，快速掌握终端需求和销售情况。利用这些信息，供应商可以自主分析决策，合理安排生产、发货计划。在整个供货过程中，商品的所有权仍然由供应商所有。与此同时，沃尔玛为各个供应商提供了统一的物流配送中心，供应商不需要自己完成对终端的发货，只需要将发货计划发送给沃尔玛后将相应的商品送至沃尔玛的配送中心，商品到各个门店的最终配送由沃尔玛全权负责。

在这种模式下，沃尔玛通过和供应商共享信息，在不持有大量库存的情况下实现了终端零售店之间的库存共享。单一供应商可以利用沃尔玛的系统集合多个门店分散的需求，从而降低单店波动性对生产、发货计划的影响。同时，供应商拥有终端即时信息和生产自主权，大大减少了信息流通不顺畅和层层采购导致的牛鞭效应，降低了供应商过量生产导致的产品积压风险。最后，利用沃尔玛配送网络的规模效应，供应商也可以降低自行运输的物流成本。而沃尔玛将库存所有权归还至供应商，充分利用了供应商的自主性和计划性，避免了自行采购过程中需要进行的大量计划和调度工作。同时，在VMI模式下，沃尔玛的配送中心仅作为商品的物流中转点，因而可以以较高的周转速率完成大量商品的吞吐，大大减少了自行储备库存所需要的仓储空间。通过VMI模式，沃尔玛既享受了库存共享集中统筹带来的规模效应，又通过分散库存的方式降低了仓储成本。

2. 门店间的实时调拨

对于家电行业来说，很多消费者的习惯是先前往线下门店进行体验，然后进行购买。在这种需求场景下，如果将全市的库存都统一放置在一个节点上，那么无疑会降低门店的消费体验，削弱门店的销售能力。

针对这一问题，小米采用了基于门店之间相互调拨的库存共享策略。希望前往线下体验的客户可以首先通过线上商城浏览和选择商品，并查看该商品现货在附近小米之家门店的分布情况，之后，顾客可以自行选择便利的线下购物点进行体验。门店方面则需要至少保证主流机型的样机以满足顾客的体验需求，当顾客在门店试用决定购买、而门店却没有库存储备时，可以通过当地其他门店发货配送。

通过门店之间的库存共享，单一门店可以减少必需的库存储备，从而减少存储和持货成本；公司也可以整合管理某一地区而非某一销售点的库存，从而降低单店管理可能面对的需求波动性。这样的管理方式可以让公司以较低的安全库存量实现更高的周期服务水平，降低库存成本。

3. 线上线下一体化[42]

对于传统的食品生鲜行业而言，如何合理进行库存储备、进行最后一千米配送是困扰线上经营的主要难题。过去，该行业的主要供应商基本为当地实体零售商家，而盒马鲜生则通过线上线下库存共享的方式，打开了该行业线上经营和数字供应的可能。

和传统的实体超市、食品商家不同，盒马鲜生超市进行了店仓一体化整合，实体门店不仅仅是商品展示和销售的窗口，也是商品存储的仓库。通过"线上电商+线下门店"的销售模式，顾客既可以在线下门店进行选购，也可以在线上下单，由门店工作人员完成拣选和配送。

通过店仓一体化，盒马鲜生成功实现了前置仓库的分散布局和广泛覆盖，从而能够实现多店并行，以较高的效率完成最后一千米配送。线下门店由于店仓一体的设计，既能够以较丰富的商品库存应对消费者需求，减少缺货损失，又能够通过线上销售实现更高的销售效率和库存周转速度，减少持货成本。同时，各个门店之间也形成了库存共享，门店库存由公司统一调度配发。

第 13 章　某休闲食品企业 Y 库存共享决策实战

Y 公司是一家休闲食品企业，旗下产品主要有常温和生鲜两类。如何更高效地将产品从工厂运输到前端顾客手中一直是 Y 公司运营管理部门面临的首要问题。过去，Y 公司的产品供应主要通过一个中央仓来完成，中央仓从工厂补货，然后向全国各地的分销商、零售商供货。近年来，疫情下的"宅经济"现象促进了休闲食品市场向新兴低线城市的下沉，这也让更多的消费者接触到新零售、O2O（Online to Offline，线上线下整合）、外卖、无人售卖等销售渠道。新品类、新市场、新渠道均有助于缓解营收增长压力，但同时也给公司的供应链带来履约成本与效率的极大挑战。随着 Y 公司主力品类市场步入成熟期，全国各大区域的需求已趋于稳定，因此，Y 公司在全国建立了 5 个区域仓，旨在对部分品类的库存进行分仓管理，即将部分商品的库存从工厂直接补往区域仓，然后通过各区域仓来满足其覆盖区域的需求，以提升顾客的履约时效，同时降低运输成本。

区域仓建好后，运营管理部门面临的问题是：应该选择哪些商品的库存进行分仓管理，采用多仓按区域履约的模式；而哪些商品的库存继续留在中央仓，采用一仓发全国的模式。运营管理部门认为将商品的库存留在中央仓管理的优势在于库存共享，这可以在一定程度上降低安全库存，进而降低库存成本。而将商品库存进行分仓管理的优势在于工厂到各区域仓可以通过整车运输，同时，相比于中央仓，区域仓离顾客的平均距离更近，因此以更便宜的配送成本即可达到与中央仓一仓发全国模式同样的履约时效。要决定对哪些商品进行分仓需要综合考虑库存成本和运输成本两方面因素。

由于生鲜品须采用冷链运输，因此生鲜品的单位运输费用明显高于常温品，分仓后对其运输费用的影响将更大。运营管理部门要分析出应该优先考虑生鲜品还是常温品进行前置分仓管理。部门从常温品和生鲜品中各挑选出一个具有一定代表性的 SKU，并提取出这两个 SKU 过去一年的销量数据、价格以及运输费率。这里希望通过数据探究如下两个问题：

1）在中央仓管理与区域仓管理两种模式下，这两个 SKU 的安全库存成本是多少？
2）综合考虑库存成本和运输成本，这两个 SKU 应该分别选择哪种方式管理库存？

第 13 章 某休闲食品企业 Y 库存共享决策实战

13.1 分散式管理和集中式管理模式下安全库存量的介绍

13.1.1 数据导入

```
# 导入数据分析包
import pandas as pd
import numpy as np
import scipy.stats as stats
# 导入绘图包
import matplotlib.pyplot as plt
import seaborn as sns
sns.set_theme(style='darkgrid')

# 定义数据路径
data_dir = '../../data/food/'
# 读取过去一年的销量数据
sales_df = pd.read_csv(data_dir + 'pooling_sales_data.csv')
# 读取单位产品运输费率表
transport_cost_df = pd.read_csv(data_dir + 'transport_cost_data.csv')
```

sales_df 表收集了 5 个区域仓所覆盖区域过去一年的两个 SKU 的销量信息，其中 "node_id" 表示区域仓 id；"type" 表示产品类型，"Normal" 表示常温品，"Cold" 表示生鲜品；"date" 和 "qty" 表示对应日期的销量数据。为了方便对每个区域仓的每种商品进行索引，定义一个 unit 为一个区域仓与一个 SKU 的组合，用 "unit_id" 表示。

```
sales_df['unit_id'] = sales_df['node_id'] + '_' + sales_df['type']
print(sales_df.head(10))
```

```
   node_id    type        date    qty      unit_id
0    RDC01  Normal  2020-07-17   51.0  RDC01_Normal
1    RDC01  Normal  2020-07-18  444.0  RDC01_Normal
2    RDC01  Normal  2020-07-19  596.0  RDC01_Normal
3    RDC01  Normal  2020-07-20   65.0  RDC01_Normal
4    RDC01  Normal  2020-07-21    0.0  RDC01_Normal
5    RDC01  Normal  2020-07-22    0.0  RDC01_Normal
6    RDC01  Normal  2020-07-23  109.0  RDC01_Normal
7    RDC01  Normal  2020-07-24   53.0  RDC01_Normal
8    RDC01  Normal  2020-07-25  157.0  RDC01_Normal
9    RDC01  Normal  2020-07-26   53.0  RDC01_Normal
```

常温 SKU 和生鲜 SKU 的售价分别为 35 元和 38 元。比起常温 SKU，由于生鲜 SKU 的特殊性，其对仓储设施和管理的要求都较高，存储成本更高。因此，按照 SKU 售价 40% 和 60% 的比例分别计算单位年持货成本，再计算出每天的单位持货成本。

```
normal_price = 35
cold_price = 38
normal_hc_rate = 0.04
cold_hc_rate = 0.06
```

工厂在接到中央仓或者区域仓的订单后，平均需要两天的备货时间，将商品从工厂运送到仓还需要一天的时间，因此仓库补货的提前期为 3 天。

```
lead_time = 3
```

公司期望周期服务水平能够达到 90%。

```
csl = 0.9
```

transport_cost_df 记录了核算后的节点间运输费率表，"predecessor"表示上游节点，"successor"表示下游节点，"normal_transport_unit_cost"表示常温品的单位运输费率，"cold_transport_unit_cost"表示生鲜品采用冷链运输的单位运输费率。例如，从工厂"Factory"到中央仓"CDC"的常温品和生鲜品的运输费率分别为 2.0 和 3.0 每单位；从工厂"Factory"到区域仓"RDC01"的运输费率分别为 2.0 和 2.5 每单位。因为区域仓离顾客的平均距离更近，所以区域仓到顾客的运输费率比中央仓到顾客的运输费率更低。为使计算简洁，本案例将各区域仓到顾客的运输费率标准化为 0。因此，从中央仓"CDC"到区域仓"RDC01"所覆盖区域顾客的常温品和生鲜品的单位运输费率分别高 1.5 和 2.0 每单位。

```
print(transport_cost_df)
```

	predecessor	successor	normal_transport_unit_cost	cold_transport_unit_cost
0	Factory	CDC	2.0	3.0
1	CDC	RDC01	1.5	2.0
2	CDC	RDC02	1.0	2.0
3	CDC	RDC03	2.5	3.0
4	CDC	RDC04	3.5	4.0
5	CDC	RDC05	2.0	2.0
6	Factory	RDC01	2.0	2.5
7	Factory	RDC02	1.5	2.0
8	Factory	RDC03	3.0	4.0
9	Factory	RDC04	4.0	4.5
10	Factory	RDC05	1.0	1.8

13.1.2　拟合各个 unit 的需求分布

本案例将使用参数化的方法拟合出各个 unit 的需求分布。读者也可以采用第 9 章介绍的非参数方法进行拟合。首先绘制图 13-1 所示的每个 unit 销量的直方图，然后对销量的分布进行观察。

```
plt.figure(figsize=(18, 12))
plt.subplots_adjust(hspace=0.5)
for n, unit in enumerate(sales_df['unit_id'].unique()):
    ax = plt.subplot(5, 2, n + 1)
    hist_sales = sales_df[sales_df['unit_id'] == unit]['qty'].values
    sns.histplot(hist_sales, ax=ax, color='#1c79d9')
    ax.set_title(unit)
    ax.set_ylabel('计数')
plt.show()
```

第 13 章 某休闲食品企业 Y 库存共享决策实战

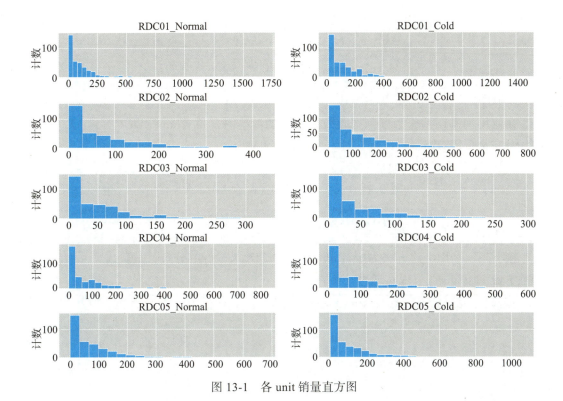

图 13-1 各 unit 销量直方图

从图 13-1 可以看出，不同 unit 的分布特征有所不同，很难直接选定某一特定分布族进行参数拟合。此处使用 Python 的 fitter 工具包，给定一些可能的分布列表，找到拟合效果最好的分布及其参数。下面以 unit 'RDC01_Normal'（RDC01 的常温 SKU）为例演示如何使用 fitter 工具包。

```
# 导入fitter工具包
from fitter import Fitter
# 定义可能的分布列表
dist_list = ['norm', 'halfnorm', 'lognorm', 'gamma', 'beta', 'chi2', 'uniform']

# 筛选出"RDC01_Normal"的销量数据
unit_sales = sales_df[sales_df['unit_id'] == 'RDC01_Normal']['qty'].values
# 使用fitter进行拟合
fitter = Fitter(unit_sales, distributions=dist_list)
fitter.fit()
```

在拟合对象上调用 summary() 函数，可以展示使用不同分布拟合后的统计数据，如误差平方和（Sum Square Error）、赤池信息准则（AIC）和贝叶斯信息准则（BIC）。默认情况下，summary() 将根据均方误差按照升序排列出最佳的 5 个分布，并通过直方图展示使用不同分布拟合数据的效果。

```
# 展示拟合信息
fitted_table = fitter.summary()
print(fitted_table)
```

	sumsquare_error	aic	bic	kl_div
beta	0.000108	3863.479360	-5464.736465	inf
chi2	0.000198	2071.601353	-5247.542500	inf
halfnorm	0.000261	4164.396355	-5153.896332	inf
lognorm	0.000261	1887.101432	-5147.460082	inf
norm	0.000334	4996.289130	-5063.637313	inf

在使用均方误差作为评判拟合效果好坏的标准时，拟合 unit'RDC1_Normal' 效果最好的分布是贝塔分布，可以将其对应参数提取出来。

```
unit_dist_para = fitter.get_best()
print(unit_dist_para)
```

```
{'beta': {'a': 0.8351544197633447, 'b': 109.07329659678845, 'loc': -1.1991932626111443e-20, 'scale': 6801.05324498265}}
```

接下来，利用上述方法为所有 unit 找到拟合效果最好的分布及其参数。下面定义的函数 find_best_dist() 可以实现这一目的：

```
def find_best_dist(sales_df, unit_id):
    unit_sales = sales_df[sales_df['unit_id'] == unit_id]['qty'].values
    fitter = Fitter(unit_sales, distributions=dist_list)
    fitter.fit()
    best_para = fitter.get_best()
    dist_type = list(best_para.keys())[0]
    print('拟合 %s 效果最好的是%s分布' % (unit_id, dist_type))
    dist_para = best_para[dist_type]
    if dist_type == 'norm':
        dist = stats.norm(**dist_para)
    elif dist_type == 'halfnorm':
        dist = stats.halfnorm(**dist_para)
    elif dist_type == 'lognorm':
        dist = stats.lognorm(**dist_para)
    elif dist_type == 'gamma':
        dist = stats.gamma(**dist_para)
    elif dist_type == 'beta':
        dist = stats.beta(**dist_para)
    elif dist_type == 'chi2':
        dist = stats.chi2(**dist_para)
    elif dist_type == 'uniform':
        dist = stats.uniform(**dist_para)
    else:
        raise Exception
    return dist
unit_dist_dict = {unit: find_best_dist(sales_df, unit)
                  for unit in sales_df['unit_id'].unique()}
```

```
拟合 RDC01_Normal 效果最好的是beta分布
拟合 RDC01_Cold 效果最好的是halfnorm分布
拟合 RDC02_Normal 效果最好的是beta分布
拟合 RDC02_Cold 效果最好的是beta分布
拟合 RDC03_Normal 效果最好的是gamma分布
拟合 RDC03_Cold 效果最好的是gamma分布
拟合 RDC04_Normal 效果最好的是beta分布
```

拟合 RDC04_Cold 效果最好的是chi2分布
拟合 RDC05_Normal 效果最好的是chi2分布
拟合 RDC05_Cold 效果最好的是beta分布

13.1.3　中央仓管理和区域仓管理下的安全库存量的计算与管理

本小节使用第 9.4.2 小节介绍的基于样本的方法来计算中央仓管理和区域仓管理两种模式下的安全库存。首先定义函数 cal_ss_decentralized() 来计算指定周期服务水平下区域仓管理模式下的安全库存量。

```python
def cal_ss_decentralized(dist_dict, tau, sample_size):
    """
    Args:
        dist_dict: 各节点的需求分布(scipy.stats)
        tau: 期望的周期服务水平
        sample_size: 样本量
    Return:
        unit_leadtime_mean_dict: 各区域仓的提前期需求均值
        unit_ss_decentralized_dict: 区域仓管理模式下各区域仓的安全库存量
    """
    # 根据分布生成每个unit的提前期需求样本
    unit_leadtime_samples_dict = {unit: [sum(dist.rvs(lead_time))
                                         for _ in range(sample_size)]
                                  for unit, dist in dist_dict.items()}
    # 计算指定周期服务水平下的分位数, 作为目标库存水平
    unit_oul_dict = {unit: np.quantile(dist_leadtime_samples, tau)
                     for unit, dist_leadtime_samples
                     in unit_leadtime_samples_dict.items()}
    # 计算提前期需求均值
    unit_leadtime_mean_dict = {unit: np.mean(dist_leadtime_samples)
                               for unit, dist_leadtime_samples
                               in unit_leadtime_samples_dict.items()}
    # 根据安全库存=目标库存水平-需求均值来计算每个unit的安全库存量
    unit_ss_decentralized_dict = {unit: unit_oul_dict[unit] -
                                  unit_leadtime_mean_dict[unit]
                                  for unit in dist_dict.keys()}
    return unit_leadtime_mean_dict, unit_ss_decentralized_dict
```

定义好函数 cal_ss_decentralized() 后，就可以调用它来计算周期服务水平为 0.9 时区域仓管理模式下每个 unit 的安全库存量。

```python
unit_leadtime_mean_dict, unit_ss_decentralized_dict = cal_ss_decentralized(
    unit_dist_dict, csl, 10000)
# 提前期需求均值将在13.2节的计算成本中用到
unit_leadtime_mean_df = pd.DataFrame.from_dict(
    unit_leadtime_mean_dict, orient='index', columns=['leadtime_mean']).\
    reset_index().rename(columns={'index': 'unit_id'})
# 安全库存量
unit_ss_decentralized_df = pd.DataFrame.from_dict(
    unit_ss_decentralized_dict, orient='index',columns=['ss_decentralized']).\
    reset_index().rename(columns={'index': 'unit_id'})
# 合并出每个unit的信息表
```

```python
unit_df = sales_df[['unit_id', 'node_id', 'type']].drop_duplicates()
unit_df = unit_df.merge(unit_leadtime_mean_df, on='unit_id', how='left')
unit_df = unit_df.merge(unit_ss_decentralized_df, on='unit_id', how='left')
print(unit_df)
```

```
         unit_id node_id    type  leadtime_mean  ss_decentralized
0   RDC01_Normal   RDC01  Normal     154.254592        132.144293
1     RDC01_Cold   RDC01    Cold     423.709284        247.108366
2   RDC02_Normal   RDC02  Normal     127.225049        154.668676
3     RDC02_Cold   RDC02    Cold     283.250822        384.830874
4   RDC03_Normal   RDC03  Normal      49.435040         74.808101
5     RDC03_Cold   RDC03    Cold     101.640800        125.808299
6   RDC04_Normal   RDC04  Normal      57.048051         61.059525
7     RDC04_Cold   RDC04    Cold      31.341040         47.671219
8   RDC05_Normal   RDC05  Normal      36.772844         59.176580
9     RDC05_Cold   RDC05    Cold     111.499564        119.772253
```

进而计算出每个SKU在区域仓管理模式下的安全库存总量。

```python
normal_ss_decentralized = unit_df[unit_df['type'] == 'Normal'][
    'ss_decentralized'].sum()
print('使用分散式管理常温品所需安全库存总量为: %.2f' % normal_ss_decentralized)
cold_ss_decentralized = unit_df[unit_df['type'] == 'Cold'][
    'ss_decentralized'].sum()
print('使用分散式管理生鲜品所需安全库存总量为: %.2f' % cold_ss_decentralized)
```

```
使用分散式管理常温品所需安全库存总量为: 481.86
使用分散式管理生鲜品所需安全库存总量为: 925.19
```

接下来计算中央仓管理模式下两个SKU的安全库存量。这里假设各区域的需求相互独立，直接通过得到的各区域仓的需求分布函数生成更多的需求样本，求和得到中央仓的需求样本，从而计算出中央仓所需的安全库存量。

```python
def cal_ss_centralized(dist_dict, tau, sample_size):
    """
    Args:
        dist_dict: 各节点的需求分布(scipy.stats)
        tau: 期望的周期服务水平
        sample_size: 样本量
    Return:
        ss_centralized: 各节点中央仓管理模式下的安全库存总量
    """
    # 根据分布生成每个unit的提前期需求样本
    unit_leadtime_samples_dict = {unit: [sum(dist.rvs(lead_time))
                                         for _ in range(sample_size)]
                                  for unit, dist in dist_dict.items()}
    centralized_leadtime_samples = [sum([unit_leadtime_samples_dict[unit][i]
                                         for unit in dist_dict.keys()])
                                    for i in range(sample_size)]
    # 计算中央仓管理模式下的安全库存总量
    ss_centralized = np.quantile(centralized_leadtime_samples, tau) \
                     - np.mean(centralized_leadtime_samples)
    return ss_centralized
```

定义好函数 cal_ss_centralized()，就可以调用它来计算周期服务水平为 0.9 时的中央仓管理模式下两个 SKU 的安全库存量。

```
node_list = unit_df['node_id'].unique()
normal_unit_dist_dict = {node + '_' + 'Normal': unit_dist_dict[
    node + '_' + 'Normal'] for node in node_list}
normal_ss_centralized = cal_ss_centralized(normal_unit_dist_dict, csl, 10000)
print('使用中央仓管理常温品所需安全库存总量为: %.2f' % normal_ss_centralized)
cold_unit_dist_dict = {node + '_' + 'Cold': unit_dist_dict[
    node + '_' + 'Cold'] for node in node_list}
cold_ss_centralized = cal_ss_centralized(cold_unit_dist_dict, csl, 10000)
print('使用中央仓管理生鲜品所需安全库存总量为: %.2f' % cold_ss_centralized)
```

```
使用中央仓管理常温品所需安全库存总量为: 234.52
使用中央仓管理生鲜品所需安全库存总量为: 473.54
```

可以看出，对于两种商品，使用中央仓管理模式能够降低安全库存量，从而降低总库存成本。

13.2 综合库存成本与运输成本，决策存货布局

本节考虑两种管理模式下运输成本的差异，并最终综合库存成本与运输成本，决策存货布局。首先将两种模式下的运输费率从 transport_cost_df 中提取出来，便于后续直接计算库存成本的变化。

```
# 工厂发往CDC的单位运输费率
factory_to_cdc_cost = transport_cost_df[
(transport_cost_df['predecessor'] == 'Factory')
    & (transport_cost_df['successor'] == 'CDC')][
    ['normal_transport_unit_cost', 'cold_transport_unit_cost']].values
# 常温品使用区域仓管理模式，即由工厂发往区域仓的单位运输费率
normal_before_cost_df = transport_cost_df[
    (transport_cost_df['predecessor'] == 'Factory')
    & (transport_cost_df['successor'].isin(node_list))][
    ['successor', 'normal_transport_unit_cost']]
normal_before_cost_df.columns = ['node_id', 'before_trans_cost']
# 常温品使用中央仓管理模式，单位运输费率为从工厂发往CDC与从CDC发往各区域顾客的运输费率之和
normal_after_cost_df = transport_cost_df[
    (transport_cost_df['predecessor'] == 'CDC')
    & (transport_cost_df['successor'].isin(node_list))][
    ['successor', 'normal_transport_unit_cost']]
normal_after_cost_df.columns = ['node_id', 'after_trans_cost']
normal_after_cost_df['after_trans_cost'] = \
    normal_after_cost_df['after_trans_cost'] + factory_to_cdc_cost[0][0]

# 生鲜品使用区域仓管理模式的单位运输费率
cold_before_cost_df = transport_cost_df[
    (transport_cost_df['predecessor'] == 'Factory')
    & (transport_cost_df['successor'].isin(node_list))][
    ['successor', 'cold_transport_unit_cost']]
```

```
cold_before_cost_df.columns = ['node_id', 'before_trans_cost']
# 生鲜品使用中央仓管理模式的单位运输费率
cold_after_cost_df = transport_cost_df[
    (transport_cost_df['predecessor'] == 'CDC')
    & (transport_cost_df['successor'].isin(node_list))][
    ['successor', 'cold_transport_unit_cost']]
cold_after_cost_df.columns = ['node_id', 'after_trans_cost']
cold_after_cost_df['after_trans_cost'] = \
    normal_after_cost_df['after_trans_cost'] + factory_to_cdc_cost[0][1]
```

不管采用的是中央仓管理模式，还是区域仓管理模式，面对的平均需求都是相同的。两种模式下库存成本的差异主要体现在安全库存的差异上。两种模式下安全库存的变化量乘以单位持货成本即为库存成本的变化量。每个 unit 的平均运输成本都为其提前期需求的均值乘以对应的运输费率，通过求两种模式下的运输成本的差即可得到平均运输成本的变化量。接下来计算两种商品的总平均成本的变化量。

```
normal_unit_df = unit_df[unit_df['type'] == 'Normal']
normal_unit_df = normal_unit_df.merge(normal_before_cost_df,
                                     on='node_id', how='left')
normal_unit_df = normal_unit_df.merge(normal_after_cost_df,
                                     on='node_id', how='left')
normal_decrease_hc = normal_price * normal_hc_rate \
                    * (normal_ss_decentralized - normal_ss_centralized)
print('对于常温品，使用集中式管理模式会降低平均库存成本：%.2f'
      % normal_decrease_hc)
normal_increase_trans = ((normal_unit_df['leadtime_mean']
                         * normal_unit_df['after_trans_cost']).sum()
                        - (normal_unit_df['leadtime_mean']
                         * normal_unit_df['before_trans_cost']).sum()) \
                        / lead_time
print('对于常温品，使用中央仓管理模式会增加平均运输成本：%.2f'
      % normal_increase_trans)
normal_avg_cost_change = normal_increase_trans - normal_decrease_hc
print('对于常温品，使用中央仓管理模式会改变总平均成本：%.2f'
      % normal_avg_cost_change)
```

```
对于常温品，使用集中式管理模式会降低平均库存成本：346.28
对于常温品，使用中央仓管理模式会增加平均运输成本：230.75
对于常温品，使用中央仓管理模式会改变总平均成本：-115.52
```

```
cold_unit_df = unit_df[unit_df['type'] == 'Cold']
cold_unit_df = cold_unit_df.merge(cold_before_cost_df,
                                 on='node_id', how='left')
cold_unit_df = cold_unit_df.merge(cold_after_cost_df,
                                 on='node_id', how='left')
cold_decrease_hc = cold_price * cold_hc_rate \
                  * (cold_ss_decentralized - cold_ss_centralized)
print('对于生鲜品，使用中央仓管理模式会降低平均库存成本：%.2f'
      % cold_decrease_hc)
cold_increase_trans = ((cold_unit_df['leadtime_mean']
                       * cold_unit_df['after_trans_cost']).sum()
                      - (cold_unit_df['leadtime_mean']
```

```
                                 * cold_unit_df['before_trans_cost']).sum() \
                         / lead_time
print('对于生鲜品,使用中央仓管理模式会增加平均运输成本:%.2f'
      % cold_increase_trans)
cold_avg_cost_change = cold_increase_trans - cold_decrease_hc
print('对于生鲜品,使用中央仓管理模式会改变总平均成本:%.2f'
      % cold_avg_cost_change)
```

```
对于生鲜品,使用中央仓管理模式会降低平均库存成本:1029.77
对于生鲜品,使用中央仓管理模式会增加平均运输成本:1296.25
对于生鲜品,使用中央仓管理模式会改变总平均成本:266.48
```

上述结果表明,对于常温 SKU 来说,继续使用中央仓管理模式,总成本会更低。而对于生鲜 SKU 来说,采用区域仓管理模式的总成本更低。因此,运营管理部门在选择哪些商品进行前置分仓管理时,应该优先考虑生鲜品。

13.3 拓展思考

1)在案例中,一种方式是通过区域仓的需求分布生成更多样本,求和得到中央仓的需求样本,从而计算中央仓的安全库存量。另一种方式是首先将各区域的需求数据进行聚合,然后拟合出中央仓的需求分布,最后计算其安全库存。这两种方式得到的安全库存是否相同?它们之间有什么差异?

2)本案例使用参数化方法拟合区域仓的需求分布,如何利用非参数方法进行分析?哪种效果更好?

3)本案例中,企业要么将一个 SKU 的库存全部放置在中央仓,要么全部放置在前置仓。如果将一个 SKU 的库存同时放置在中央仓和前置仓,应该如何考虑安全库存的存货布局优化?

第 14 章　网络库存管理基础

第 13 章讨论了在一个简单的库存网络中完全集中化管理和完全分散化管理两种模式下的安全库存计算，分析了库存共享的价值。然而，实际中，供应网络的结构可能是很复杂的。例如，在某些电子加工行业，其生产物料清单可能包含数万个节点、数十万条边。同时，除了完全集中化的库存共享策略外，企业还可以采用部分集中化的库存共享策略来权衡库存共享（库存后置）与需求的响应效率（库存前置）。从本章开始，将介绍更一般的复杂结构网络下的库存管理模型与算法。

在计算复杂网络下的策略时，需要考虑节点之间的相互影响和信息传递，这个过程中会涉及一些网络搜索与分析的算法。14.1 节将介绍一些网络分析的基础知识，如网络的基本概念、如何在 Python 中表示网络、常见的供应网络以及网络库存管理的常用算法。这些分析方法与算法不仅在本书后文讨论的网络策略优化模型中会用到，在其他业务场景下也是有用的。例如，当网络规模较大时，管理者可能会考虑在一些关键的解耦点对网络进行拆分，关键解耦点的分析也可能用到本章讨论的方法。14.2 节将介绍两类网络库存管理模型——随机服务模型和承诺服务模型。

14.1　网络分析基础

14.1.1　网络的基本概念与表示方法

供应网络通常可以使用图来表示。一张图 $\mathcal{G}$ 由一组节点 $\mathcal{N}$ 和一组能够将两个节点相连的边 $\mathcal{A}$ 组成，记为 $\mathcal{G} = (\mathcal{N}, \mathcal{A})$。供应网络通常是一个有向图。在有向图中，边是单向的。图中的每一个节点都代表可能持有库存的对象，如供应商、工厂、仓库和门店等。每一条有向边都代表了一组供应关系，指出的节点称为前任节点（Predecessor）或上游节点（Upstream），被指向的节点称为继任节点（Successor）或下游节点（Downstream）。将处在网络最下游的能够直接满足消费者需求的节点称为需求节点。

以图 14-1 所示的三级供应网络为例。产品从工厂发出后运输到区域仓 RDC，RDC 向 3 个前置仓 FDC1、FDC2 和 FDC3 供货。在这个网络中，工厂、RDC 和 FDC 均可被视为网络中的节点，RDC 到 FDC 的供应关系由有向边来表示。从一个节点指出的边的总数称为节点的出度，指入的边的总数称为入度。例如，在图 14-1 中，RDC 节点的出度为 3，入度为 1。通常，出入度越高的节点在网络中的重要性越高。

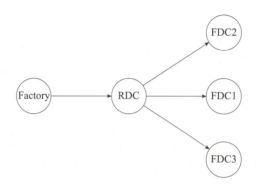

图 14-1　三级供应网络图

下面首先介绍如何使用 Python 表示图。常用的表示图的方法有邻接矩阵、边的数组和邻接数组等。此外，也有许多开源的 Python 的复杂网络分析库，如 NetworkX[43] 等，提供了快捷创建图、分析图的函数和方法，并实现了一些基础的网络算法。然后以分销网络图 14-1 为例，介绍几种常用的表示图的方法。

1. 边的数组

定义一个列表，将网络中的边存储起来。上述分销网络可表示为：

```
distribute_edges = [('Factory', 'RDC'), ('RDC', 'FDC1'), ('RDC', 'FDC2'), ('RDC', 'FDC3')]
print(distribute_edges)
```

```
[('Factory', 'RDC'), ('RDC', 'FDC1'), ('RDC', 'FDC2'), ('RDC', 'FDC3')]
```

在列表中，第一个元素表示前任节点，第二个元素表示继任节点。在实际运营管理中常以此形式存储相关数据。但是这种存储方式不便于快速查找节点相关的边。每次查找时都需要遍历所有边，计算开销较大。

2. 邻接矩阵

邻接矩阵是表示节点之间相邻关系的矩阵。它是一个 $|N|$ 行 $|N|$ 列的布尔矩阵。对于无向图，当第 i 个节点和第 j 个节点之间有相连接的边时，i 行 j 列的元素值为 1，否则为 0。对于有向图，当图中存在由节点 i 指向节点 j 的边时，i 行 j 列的元素值为 1，否则为 0。下面的程序可将边的数组转换为相应的邻接矩阵：

```
all_nodes = list(set([node for edge in distribute_edges for node in edge]))
adj_matrix = np.zeros((len(all_nodes), len(all_nodes)))
for i in range(len(all_nodes)):
    for j in range(len(all_nodes)):
        if (all_nodes[i], all_nodes[j]) in distribute_edges:
            adj_matrix[i, j] = 1
adj_matrix_df = pd.DataFrame(adj_matrix, index=all_nodes, columns=all_nodes)
```

```
print(adj_matrix_df)
```

```
        FDC2   Factory   RDC   FDC3   FDC1
FDC2     0.0      0.0    0.0    0.0    0.0
Factory  0.0      0.0    1.0    0.0    0.0
RDC      1.0      0.0    0.0    1.0    1.0
FDC3     0.0      0.0    0.0    0.0    0.0
FDC1     0.0      0.0    0.0    0.0    0.0
```

令邻接矩阵中的行表示指出的边，令列表示指入的边。以 RDC 为例，选择 RDC 所在行，可以看到 3 个 FDC 所在列的元素值为 1，其余列为 0，表示由 RDC 指向 FDC 的 3 条边；选择 RDC 所在列，只有工厂所在行的元素值为 1，其余行为 0，表示 RDC 只有从工厂指入的边。使用这种方法存储图可以快速查找到与指定节点相连的边。但是，对于规模较大的网络来说，存储 $|N|^2$ 个布尔值所需的空间是很大的。

3. 邻接数组

邻接数组是一个以节点为索引的列表数组，其中的每个元素都是与该节点相邻的节点列表。在 Python 中，可以使用字典来实现邻接数组。定义函数 find_predecessors_dict() 和 find_successors_dict() 可获得与每个节点连通的上游和下游节点的字典。字典的 key 为节点，value 为与其连通的节点列表。

```python
def find_successors_dict(edges):
    all_nodes = set([node for tu in edges for node in tu])
    # 初始化字典，key为全部节点，value初始化为空列表
    succ_dict = {node: [] for node in all_nodes}
    # 遍历所有边，向每个上游节点对应的列表中添加下游节点
    for pred, succ in edges:
        succ_dict[pred].append(succ)
    return succ_dict

def find_predecessors_dict(edges):
    all_nodes = set([node for tu in edges for node in tu])
    pred_dict = {node: [] for node in all_nodes}
    # 遍历所有边，向每个下游节点对应的列表中添加上游节点
    for pred, succ in edges:
        pred_dict[succ].append(pred)
    return pred_dict
```

调用上面两个函数，就可以得到分销网络的邻接数组：

```python
pred_dict = find_predecessors_dict(distribute_edges)
print(pred_dict)
succ_dict = find_successors_dict(distribute_edges)
print(succ_dict)
```

```
{'FDC2': ['RDC'], 'Factory': [], 'RDC': ['Factory'], 'FDC3': ['RDC'], 'FDC1': ['RDC']}
{'FDC2': [], 'Factory': ['RDC'], 'RDC': ['FDC1', 'FDC2', 'FDC3'], 'FDC3': [], 'FDC1': []}
```

应用邻接数组能够快速查找到与指定节点连通的边，并且这种方法所需要的存储空

间也小于邻接矩阵。本书将使用这种方法表示图。

4. NetworkX

NetworkX 是一个用于创建、操作和研究复杂网络的结构、动态和功能的 Python 软件包。它也可以进行图的可视化。图 14-1 就是使用 NetworkX 创建并绘制的。绘制代码如下：

```python
# 建立一个空的有向图
distribute_graph = nx.DiGraph()
# 向空的图中添加边
distribute_graph.add_edges_from(distribute_edges)
# 定义绘图位置和参数
pos = {'Factory': (-1, 0), 'RDC': (0, 0),
       'FDC1': (1, 0), 'FDC2': (1, 1), 'FDC3': (1, -1)}
options = {
           'font_size': 10,
           'node_size': 1500,
           'node_color': 'white',
           'edgecolors': 'black',
}
# 绘制图像
nx.draw_networkx(distribute_graph, pos, **options)
ax = plt.gca()
ax.margins(0.20)
plt.axis('off')
plt.show()
```

除了绘图外，NetworkX 也实现了一些常见的网络分析算法，如计算最短路径的 Dijkstra、Bellman-Ford 算法等。但是，为了便于读者更好地理解算法，本书中用到的网络算法都将使用 Python 直接实现。读者也可以自行查阅 NetworkX[43] 的说明文档。

14.1.2 常见的供应网络

常见的供应网络可被分为有向树和一般有向无环图两类。在图论中，任意两个节点中只存在一条路径的无向图称为树。如果有向图在不考虑边的方向时是树，那么称它为有向树。相较于一般的有向无环图（在不考虑边的方向时两个节点间可能存在多条路径，即环路），有向树相对容易分析。有向树常见于物流运输、电商分销和较为简单的制造场景。对于复杂的制造场景，往往由于存在通用组件，使得制造网络并不是单纯的装配网络。下面通过几个简单案例介绍以上几种典型的供应网络结构。

1. 有向树

当将有向树网络转换为无向图时，网络中不存在环路，因此可以清楚地定义层级结构。在第 15 章计算库存策略时，将利用有向树的这个性质建立动态规划算法进行求解。大多数网络库存管理的文献都基于有向树进行分析，有向树包含链式系统、分布式系统和装配式系统 3 类网路。

（1）链式系统

链式系统是库存管理文献中最为常见的多级系统。在链式系统中，每个节点都至多有一个上游节点和一个下游节点。只有最下游的节点会面对外部需求，即仅有一个需求节点。链式系统示意图如图 14-2 所示。

图 14-2　链式系统示意图

（2）分布式系统

在实际的分销场景中，最为常见的是分布式系统。在前面介绍的分销场景中，工厂在产品制造完成后将其运往 RDC，再由 RDC 向 3 个不同区域的 FDC 供货，这就是一个分布式系统。在分布式系统中，每个节点都有至多一个上游节点。分布式系统示意图如图 14-3 所示。

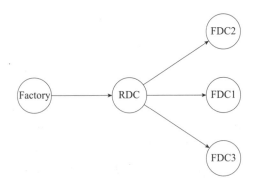

图 14-3　分布式系统示意图

（3）装配式系统

装配式系统可以被看作分布式系统的镜像系统，主要存在于工厂的制造、装配过程中。在装配式系统中，每个节点都有至多一个下游节点。如图 14-4 所示，成品 A 的制造需要 B1 和 B2 两个组件，B1 需要 C1 和 C2 共同加工完成，B2 由 C3 再加工得到。

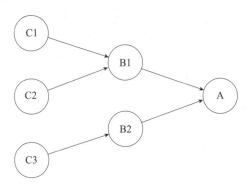

图 14-4　装配式系统示意图

2. 一般有向无环图

有向无环图（DAG）是指不含有向环的有向图。与有向树不同的是，将一般有向无环图转换成无向图后，可能存在环路。例如在图 14-5 所示的网络中，当网络转换为无向图时，C2-B1-A-B2-C2 将构成一个环。与分布式系统和装配式系统不同的是，在有向无环图中，一个节点可能有多个上游节点，也可能有多个下游节点。在制造网络中，由于通用件的存在（节点 C2），导致了无向环的出现。相较于有向树，一般有向无环网络的库存优化更为复杂。

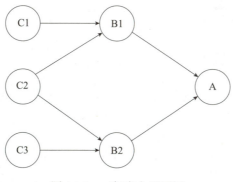

图 14-5　一般有向无环图

14.1.3　网络库存管理常用算法

第 15 章将介绍使用动态规划算法和分段线性近似算法求解复杂网络的库存策略。在介绍第 15 章的内容之前，首先介绍一些网络分析的基础算法。网络的相关算法很多，这里仅介绍 3 个后文中常用的算法：深度优先搜索、拓扑排序和最长路径的计算。对更多网络分析算法感兴趣的读者可以参考 Robert Sedgewick 等人[44]编写的书籍 *Algorithms*。

1. 深度优先搜索

网络分析中一个最为常见的场景是需要系统地访问网络中的每个节点和每一条边，例如，判断两个没有直接连接关系的节点之间是否连通，或是计算所有节点的出入度等。深度优先搜索（Depth First Search，DFS）是一种用于遍历图的算法。遍历网络的边的方式有多种，深度优先搜索的搜索过程能够拓展到许多与图有关的问题，因此有必要详细了解其算法流程。对于有向图来说，深度优先搜索算法的思想是：从一个起始节点开始，递归地访问它的所有没有被访问过的下游节点。也就是说，尽可能深地探索图的下游节点，当访问到的节点已经被访问过时，则返回到起始节点。如果还存在未访问过的节点，则选择未访问的节点作为起始节点重复这一过程，直至所有节点都被访问过为止。下面定义的类 DepthFirstSearch 实现了这一算法。

```
class DepthFirstSearch:
    def __init__(self, edges):
```

```python
        # 初始化
        self.edges = edges
        self.all_nodes = set([node for edge in edges for node in edge])
        # 找到与每个节点连通的下游节点的字典
        self.succ_dict = find_successors_dict(edges)
        # 定义两个集合，visited表示访问过的节点，non_visited表示未访问过的节点
        self.visited = set()
        self.non_visited = self.all_nodes - self.visited

    def search(self):
        # 当还存在未访问过的节点时
        # 从未访问过的节点中随机选取一个节点作为起始节点进行深度优先搜索
        while len(self.non_visited) > 0:
            node = random.choice(list(self.non_visited))
            self.dfs(node)
        # 否则，遍历搜索结束
        else:
            print('已无未访问过的节点,停止搜索')

    def dfs(self, node):
        print('此次访问节点为:', node)
        # 进行搜索时，首先判断该节点是否被访问过
        if node not in self.visited:
            # 如果没有被访问过，则将该节点加入访问过的节点集合
            self.visited.add(node)
            self.non_visited.remove(node)
            print('未访问过', node, ',将其加入访问过节点集合, '
                                   '现访问过节点集合为:', str(self.visited))
            # 如果该节点有下游节点，那么继续向下游搜索
            if len(self.succ_dict[node]) > 0:
                for succ in self.succ_dict[node]:
                    self.dfs(succ)
        else:
            print(node, '已在集合中，返回上游节点')
dfs = DepthFirstSearch(distribute_edges)
dfs.search()
```

```
此次访问节点为: FDC2
未访问过 FDC2 ，将其加入访问过节点集合, 现访问过节点集合为: {'FDC2'}
此次访问节点为: Factory
未访问过 Factory ，将其加入访问过节点集合, 现访问过节点集合为: {'FDC2', 'Factory'}
此次访问节点为: RDC
未访问过 RDC ，将其加入访问过节点集合, 现访问过节点集合为: {'FDC2', 'Factory', 'RDC'}
此次访问节点为: FDC1
未访问过 FDC1 ，将其加入访问过节点集合, 现访问过节点集合为: {'FDC2', 'Factory', 'RDC', 'FDC1'}
此次访问节点为: FDC2
FDC2 已在集合中，返回上游节点
此次访问节点为: FDC3
未访问过 FDC3 ，将其加入访问过节点集合, 现访问过节点集合为: {'RDC', 'FDC2', 'FDC1', 'Factory', 'FDC3'}
已无未访问过的节点，停止搜索
```

注意，由于深度优先搜索算法总是从未访问节点中随机选择起始节点，因此每次运

行该算法得到的访问轨迹可能是不同的。在本次运行中，首先访问了节点 FDC2，由于该节点没有下游节点，因此返回，重新选择了起始节点 Factory。在将 Factory 加入已访问节点集合后，由于 Factory 有下游节点 RDC，因此以 RDC 作为起始节点继续向下游访问。RDC 的第一个下游节点已经被访问过，因此跳转回 RDC 继续向下搜索，之后访问到 FDC1 和 FDC3。此时不存在未访问节点，算法停止。

2. 拓扑排序

深度优先搜索被广泛应用于各类与图相关的任务，拓扑排序就是其中一个。在生产过程中，生产加工的顺序往往是有优先级的。例如，在图 14-5 给出的例子中，只有当 B1 和 B2 两个组件都加工完成时，才可以开始 A 的装配。拓扑排序是一个有向图的所有节点的线性序列。给定有向图 G 和其拓扑排序 TS，对于 G 中所有的有向边 $(i, j) \in A$，在拓扑排序中 i 均排在 j 前面。为了方便起见，根据拓扑排序的结果定义线性序列中各节点的顺序索引为其排序标记。对于每个节点来说，节点和它在拓扑排序中的排序标记是一一映射的结果。由此，对于 G 中的任意有向边 (i, j)，i 的排序标记总是小于 j 的排序标记。

在后续章节中，将根据需求节点的需求分布刻画网络中全部节点的需求不确定性情况。这需要按照合理的顺序自下游向上游传递需求。在一般有向无环图中可能存在通用节点，不一定能够明确地定义层级关系，在需求传递时必须依照拓扑排序进行计算。

下面对深度优先搜索算法稍加改动，求解拓扑排序：

1）令 TSL 为空序列，将所有节点放入未被访问的节点集合 U 中，被访问的节点集合 V 为空。

2）在 U 中随机选取一个节点 i 作为起始节点，即 Start $= i$。

3）从 i 开始深度优先搜索，在 U 中移除节点 i 并插入 V 中。

4）若 i 的下游节点 j 在 U 中（未被访问），则令 j 作为起始节点，即 $i = j$，重新回到步骤 3），否则进入步骤 5）。

5）若 i 不存在下游节点，或是下游节点已经被访问过后，则停止搜索，返回起始节点 i，将节点 i 添加到列表 TSL 最前面。若返回节点等于 Start，则本轮搜索结束，否则回到步骤 4）。

6）如果 U 已经是空集，则算法终止，返回序列 TSL，否则重新回到步骤 2）。

```python
class TopologicalSort:
    def __init__(self, edges):
        self.edges = edges
        self.succ_dict = find_successors_dict(edges)
        self.all_nodes = set([node for edge in edges for node in edge])
        self.visited = set()
        self.non_visited = self.all_nodes - self.visited
        # 初始化一个空的拓扑排序列表
        self.topo_sort = []
```

```python
    def __call__(self):
        # 当还存在未访问过的节点时
        # 从未访问过的节点中随机选取一个节点作为起始节点进行深度优先搜索
        while len(self.non_visited) > 0:
            node = random.choice(list(self.non_visited))
            self.dfs(node)
        # 否则，遍历搜索结束
        else:
            print('已无未访问过的节点，停止搜索')
        return self.topo_sort

    def dfs(self, node):
        print('此次访问节点为:', node)
        if node not in self.visited:
            print('未访问过', node, ',将其加入访问过节点集合')
            self.visited.add(node)
            self.non_visited.remove(node)
            if len(self.succ_dict[node]) > 0:
                for succ in self.succ_dict[node]:
                    self.dfs(succ)
            # 当不存在下游节点，或是下游节点已经被访问过后
            # 返回起始节点，并将此时的起始节点添加到列表最前面
            print('返回节点', node, ',将节点添加到排序列表中', node)
            self.topo_sort.insert(0, node)
            print('当前排序为:', self.topo_sort)
        else:
            print(node, '已在集合中，返回上游节点')
```

使用深度优先搜索遍历网络时，如果存在未访问过的下游边，则算法将反复迭代至最下游。当从一个节点出发，没有可访问的下游边时，将其添加到拓扑排序最前方，并跳转回其上游节点。接下来出现在该节点前列的节点，只可能是与其有连通关系的上游节点，或是无连通关系的节点。这种方式能够保证图中所有边的上游节点在拓扑排序中都在下游节点的前面。接下来使用该算法，找到图 14-5 中一般有向无环图的拓扑排序。

```python
general_edges = [('C1', 'B1'), ('C2', 'B1'), ('C2', 'B2'), ('C3', 'B2'), ('B1', 'A'), ('B2', 'A')]
cal_ts = TopologicalSort(general_edges)
ts = cal_ts()
```

```
此次访问节点为: A
未访问过 A ，将其加入访问过节点集合
返回节点 A ，将节点添加到排序列表中 A
当前排序为: ['A']
此次访问节点为: B2
未访问过 B2 ，将其加入访问过节点集合
此次访问节点为: A
A 已在集合中，返回上游节点
返回节点 B2 ，将节点添加到排序列表中 B2
当前排序为: ['B2', 'A']
此次访问节点为: C1
未访问过 C1 ，将其加入访问过节点集合
此次访问节点为: B1
未访问过 B1 ，将其加入访问过节点集合
```

```
此次访问节点为：A
A 已在集合中，返回上游节点
返回节点 B1，将节点添加到排序列表中 B1
当前排序为：['B1', 'B2', 'A']
返回节点 C1，将节点添加到排序列表中 C1
当前排序为：['C1', 'B1', 'B2', 'A']
此次访问节点为：C3
未访问过 C3，将其加入访问过节点集合
此次访问节点为：B2
B2 已在集合中，返回上游节点
返回节点 C3，将节点添加到排序列表中 C3
当前排序为：['C3', 'C1', 'B1', 'B2', 'A']
此次访问节点为：C2
未访问过 C2，将其加入访问过节点集合
此次访问节点为：B1
B1 已在集合中，返回上游节点
此次访问节点为：B2
B2 已在集合中，返回上游节点
返回节点 C2，将节点添加到排序列表中 C2
当前排序为：['C2', 'C3', 'C1', 'B1', 'B2', 'A']
此次访问节点为：B1
B1 已在集合中，返回上游节点
```

需要注意的是，一张图的拓扑排序并不是唯一的。只要满足边的序列关系，都是有效的拓扑排序。在本次运行中，首先访问到节点 A，节点 A 没有下游节点，将其添加到排序列表中。重新选择起始节点 B2，向其下游访问，发现下游节点 A 已经访问过，因此跳转回 B2，并将其加入排序。然后重新选择 C1 节点，沿着 C1 → B1 → A 这条链路，依次将 B1 和 C1 添加到了列表当中。随着深度优先搜索算法遍历完整个网络，得到了拓扑排序 ['C2','C3','C1','B1','B2','A']。后文进行网络库存策略优化时，将反复用到该算法。

3. 最长路径的计算

在单级库存管理中，覆盖期是影响库存策略量的关键因素，人们通过刻画覆盖期需求的分布来计算库存策略。在单级系统中，覆盖期为补货提前期和补货周期之和。但在多级库存网络中，当一个节点向上游订货时，如果其所有上游节点都没有库存，那么就需要历经从外部供应商处采购、加工生产、运输、入库等阶段才可以成为该节点的可用库存。一个节点的累计提前期是指，当其全部上游节点都没有库存时从向外部供应商订购原材料开始到该节点持有可用库存的最短时间。累计提前期的计算对后续网络库存策略的优化十分重要，可以通过计算最长路径来实现。

这里以图 14-6 所示的一般有向网络图为例，计算每个节点的累计提前期。首先向网络中添加一个虚拟节点 "0"。除了网络最上游的 C1、C2 和 C3 这 3 个节点外，其余节点到 "0" 节点都有多条通路。在生产场景中，只有当全部组件库存充足时才能进入加工环节，各组件自身的提前期可能不同。在多条路径中，路径总长（提前期之和）最长的一条，就是该节点的累计提前期。

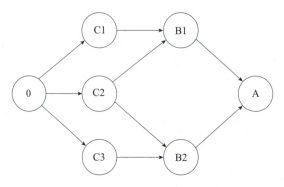

图 14-6　一般有向网络图

计算每个节点的累计提前期最直接的方法是，首先找到每个节点到"0"节点的所有通路，而后选择提前期之和最大的一条，但这种计算方法会涉及多次重复计算。类似于动态规划的思想，利用节点的拓扑排序逐个计算节点的累计提前期，可以提高计算效率。由于在拓扑排序中，下游节点在排序中一定排在上游节点之后，因此在计算下游节点的累计提前期时，上游节点的累计提前期就已经确定，不需要重复计算。下面定义的函数 cal_cum_lt() 实现了计算流程。

```python
def cal_cum_lt(edges, lt_dict):
    # 筛选出最上游的节点
    roots = list(set([i for i, _ in edges]) - set([j for _, j in edges]))
    # 计算拓扑排序
    cal_ts = TopologicalSort(edges)
    topo_sort = cal_ts()
    # 将"0"节点插入排序最前
    topo_sort.insert(0, '0')
    # 找到与每个节点连通的下游节点的字典
    succ_dict = find_successors_dict(edges)
    # 将最上游节点列表添加为"0"节点的下游节点
    succ_dict.update({'0': roots})

    # 初始化累计提前期字典
    cum_lt_dict = {node: -float('inf') for node in topo_sort}
    # "0"节点的提前期为0
    cum_lt_dict['0'] = 0
    for node in topo_sort:
        if len(succ_dict[node]) > 0:
            for succ in succ_dict[node]:
                # 计算在该条边上的累计提前期
                temp = cum_lt_dict[node] + lt_dict[succ]
                # 如果当前累计提前期小于该值，则更新累计提前期字典
                if cum_lt_dict[succ] < temp:
                    cum_lt_dict[succ] = temp
    cum_lt_dict.pop('0')
    return cum_lt_dict
```

下面给出了图 14-6 中各节点的提前期，并通过调用函数 cal_cum_lt() 计算出累计提前期。

```
general_edges = [('C1', 'B1'), ('C2', 'B1'), ('C2', 'B2'),
                 ('C3', 'B2'), ('B1', 'A'), ('B2', 'A')]
general_lt_dict = {'C1': 5, 'C2': 6, 'C3': 2,
                   'B1': 5, 'B2': 1, 'A': 3}
general_cum_lt_dict = cal_cum_lt(general_edges, general_lt_dict)
print(general_cum_lt_dict)
```

```
{'C2': 6, 'C1': 5, 'B1': 11, 'C3': 2, 'B2': 7, 'A': 14}
```

14.2 随机服务模型与承诺服务模型

多级随机库存系统的策略优化是库存管理领域最重要的问题之一，该问题有着丰富的研究成果。其中，以 Andrew J. Clark 等人[45]为首的很大一部分研究聚焦于刻画与证明系统最优控制策略的结构性质。这些研究主要集中在如链式系统、分布式系统和装配式系统这样具有特定结构的库存网络方面。对于更一般的网络，由于节点众多、存在共享节点等原因，很难得到最优控制策略。下面介绍两类复杂供应网络的安全库存优化模型。一类是 Hau L. Lee[46] 和 Markus Ettl 等人[47]研究的随机服务模型（Stochastic Service Model，SSM），另一类是 Kenneth F. Simpson Jr 等人[48]针对链式系统提出的承诺服务模型（Guaranteed Service Model，GSM）。这两类方法可在给定库存策略下优化策略的参数，从而优化系统的安全库存。无论是随机服务模型还是承诺服务模型，大部分研究都假设网络中的各节点采用目标库存策略，即当库存水平低于目标库存水平时，将库存水平补到目标库存水平。本书接下来的讨论也将考虑目标库存策略。即使给定库存策略，在复杂库存网络中进行安全库存的全局优化依然非常困难，需要对模型进行一定程度的近似和假设[49]。

随机服务模型与承诺服务模型的区别体现在对节点之间服务时间的刻画上。服务时间是指一个节点从接到来自下游的需求订单开始到完成订单交付所需的时间。随机服务模型采用近似的方法刻画出各节点的服务时间与其上游节点供应能力（库存水平）的关系，而承诺服务模型假设每一个节点都对其下游节点（对该节点产生需求的节点）有一个确定的承诺服务时间。本节将讨论两种方法的基本假设和建模思路。通过对两种方法的对比，读者可以更好地理解复杂网络中库存管理的影响因素。

在随机服务模型下，网络中的每个节点都会根据目标服务水平来设置相应的安全库存量。当一个节点的下游需求产生后，如果该节点库存充足，则其可以立即满足下游的需求，它的服务时间为 0。如果它的库存不足，则需要首先从上游补货，然后经过运输、生产等流程才能交付下游的需求，因此它的服务时间受到上游节点供应能力的影响。由于上游节点的库存水平不一定充足，因此每个节点从上游补货的过程中会有随机的响应延迟，导致最下游的需求节点的实际补货时间是随机的。模型以各节点的服务水平作为决策变量，分析的关键在于刻画出所有节点实际补货时间的概率分布，而分析的难点是一个节点的服务时间可能依赖多个上游节点的库存水平，而上游节点的库存水平又会受到更上游节点的影响。因此精确刻画各节点服务时间的概率分布极具挑战性，计算过程中需要采用近似来简化计算。

承诺服务模型则假设每个节点对下游的服务时间是固定的，即该节点一定能够在服务时间内满足下游的需求。因此，节点必须持有足够的库存来实现在承诺的服务时间内及时交付需求。为了保证确定的服务时间，模型假设每个节点的需求都有一个上界。换言之，模型只应对"常规"的需求波动。而对于可能出现的需求超过了上界的情况，企业需要采取其他的应对措施。例如，采取加班或额外采购等额外方式来满足超额需求，或者对于大促等特殊场景进行单独备货。给定各节点确定的服务时间，可以得出各节点安全库存的覆盖时间，从而得到相应的安全库存量。模型通过优化每个节点的服务时间来优化整个网络的安全库存。应用承诺服务模型的关键是设定合理的需求上界以及快速求解大规模的非凸优化问题。

接下来，令 $\mathcal{G}$ 表示一个有向供应网络，$\mathcal{G}=(\mathcal{N},\mathcal{A})$，其中 $\mathcal{N}$ 为节点集合、$\mathcal{A}$ 为有向边集合，由上游指向下游。令 $\mathcal{E}$ 表示最下游的需求节点集合，令 L_j 表示节点 $j \in \mathcal{N}$ 的单级提前期，表示在其上游节点的库存都充足并对其需求能够立即响应时，节点 j 完成需求交付所需要的时间，其为已知常量。例如，对于分销网络中的一个区域仓 j，L_j 可能包括供应商向区域仓 j 的运输时间以及库存的出入库时间；对于制造系统来说，L_j 可能包括物料的运输时间和加工时间。用 S_j 表示节点 j 的服务时间。用 OUL_j 表示节点 j 的目标库存水平。模型的目标是优化网络中所有节点的目标库存水平（安全库存水平），在保证需求节点达到给定的承诺服务时间的同时，最小化网络的总安全库存成本。

为了便于理解，将几个容易混淆的变量说明如下：

1）服务时间：一个节点从接到来自下游的需求订单开始到完成订单交货所需的时间。

2）服务水平：一个节点的不缺货概率。

3）（单级）提前期：当一个节点的所有上游节点库存都充足并对其需求立即响应时，该节点补货所需的时间。

4）累计提前期：当一个节点的全部上游节点都没有持有库存时，从向外部供应商采购原材料开始到该节点持有可用库存的最短时间。

5）实际补货时间：一个节点从上游补货的实际时间，包括上游对其需求的响应时间和其自身补货的单级提前期。

14.2.1 随机服务模型

第 9 章介绍过，对于单级系统，如果假设需求服从正态分布，令 μ 和 σ 分别表示单位时间需求的均值和标准差，节点的补货提前期记为 L，期望的服务水平记为 τ，那么在目标库存策略下，目标库存水平为

$$OUL = \mu L + \Phi^{-1}(\tau)\sigma\sqrt{L}$$

随机服务模型和承诺服务模型将上述计算目标库存水平的方法拓展到网络库存管理中。

随机服务模型假设网络中的每个节点都有一个期望的服务水平 τ_j, $j \in \mathcal{N}$。当一个节点的上游节点库存都充足时，其需求可以立即被满足，而当上游节点的库存不足时，对其需求的交付就会有延迟。一个节点的实际补货时间等于上游节点对其需求的响应时间加上节点自身的提前期。令 S_i 表示节点 i 的服务时间，令 RT_i 表示节点 i 的实际补货时间，由于只有当全部上游节点的库存都充足时，才可以进入节点自身的处理阶段，因此，一个节点 j 的实际补货时间等于自身的提前期加上响应最慢的上游节点的服务时间，即

$$RT_j = L_j + \max_{i:(i,j)\in\mathcal{A}} \{S_i\}$$

这里，服务时间 S_i 是随机变量，其概率分布受到节点 i 的服务水平及其实际补货时间的影响。事实上，节点 i 的服务时间最长可以是其自身的实际补货时间（对应所有上游库存都不足的情况），即

$$RT_j = L_j + \max_{i:(i,j)\in\mathcal{A}} \{RT_i\}$$

节点 j 的实际补货时间的概率分布决定了其所需的安全库存量，因此刻画出实际补货时间 RT_j($j \in \mathcal{N}$) 的概率分布是计算安全库存量的关键。

一个节点的服务水平可能影响其下游所有节点的实际补货时间。同样地，一个节点的实际补货时间会受到其上游所有节点服务水平的影响。因此，要精确刻画出实际补货时间 RT_j($j \in \mathcal{N}$) 的概率分布是非常困难的。例如，假设节点 j 有 n 个上游节点，每个上游节点都有不缺货和缺货两种可能，那么就有 2^n 种可能的组合。对于每个缺货的节点，都需要考虑其服务时间的分布。此外，在库存网络中，当一个节点缺货时，可能会造成多个下游节点的交付延迟。因此，在刻画过程中需要做出一些近似和简化。下面介绍一种由 Stephen C. Graves 等人[49]提出的近似方法。

假设每个节点在每一期最多只有一个上游节点会缺货，记上游节点 i 缺货的概率为 π_{ij}，有 $\sum_{i:(i,j)\in\mathcal{A}} \pi_{ij} = 1$。并且假设缺货节点的服务时间就等于该节点的补货提前期，即缺货的影响最多向上游追溯一级。于是，节点 j 的实际补货时间的期望表示为

$$\mathrm{E}\left[RT_j\right] = L_j + \sum_{i:(i,j)\in\mathcal{A}} \pi_{ij}L_i$$

Markus Ettl 等人[47]基于 $M/M/\infty$ 排队模型构造了服务时间的上界，并将公式中的服务时间替换为其上界。熟悉排队论的读者可查找相关论文了解更好的近似模型。Markus Ettl 等人[47]提出了如下方法计算 π_{ij}：

$$\pi_{ij} = \frac{1-\tau_i}{\tau_i}\left(1+\sum_{i:(i,j)\in\mathcal{A}}\frac{1-\tau_i}{\tau_i}\right)^{-1}$$

式中，τ_i 表示节点 i 的期望服务水平；$(1-\tau_i)/\tau_i$ 为节点 i 的近似缺货概率。τ_i 越大，则缺货概率越低。括号项将全部上游节点的缺货概率加起来，对 π_{ij} 进行了归一化处理，保证了 $\sum_{i:(i,j)\in\mathcal{A}}\pi_{ij}=1$。

当所有节点的需求都服从正态分布时，每个节点 j 的目标库存水平为

$$OUL_j(\tau_j) = \mu_j \mathrm{E}\left[RT_j\right] + \Phi^{-1}(\tau_j)\sigma_j\sqrt{\mathrm{E}\left[RT_j\right]}$$

式中，$\Phi^{-1}(\tau_j)\sigma_j\sqrt{\mathrm{E}\left[RT_j\right]}$ 是节点 j 的安全库存量。可以看到，服务水平 τ_j 越大，则节点 j 持有更多的安全库存，但同时其不缺货的概率也越高，使得下游的实际补货时间越短，从而下游节点可以持有更少的安全库存。通过刻画实际补货时间与上游节点服务水平的关系，随机服务模型将所有节点的服务水平与整个网络的库存水平联系起来。而后，模型以所有节点的服务水平为决策变量来最小化网络的总安全库存成本。但是从缺货概率 π_{ij} 和实际补货时间的表达式不难看出，对于服务水平的优化并不容易。

14.2.2 承诺服务模型

承诺服务模型假设每个节点 j 都会对其所有下游节点承诺一个确定的服务时间 S_j。模型假设所有节点的需求都是有上界的，每个节点持有合理的安全库存，保证其下游节点上界内的需求总能够在 S_j 时间内得到满足。对于节点 j 来说，它的上游节点 $\{i:(i,j)\in\mathcal{A}\}$ 也对 j 有一个承诺的服务时间。当节点 j 对其上游节点产生需求后，上游节点将以各自承诺的服务时间向节点 j 交货。只有当全部上游节点的库存都到位后，节点 j 才能开始处理或加工。定义节点 j 的被服务时间为它所有上游节点的服务时间的最大值，即

$$SI_j = \max_{i:(i,j)\in\mathcal{A}}\{S_i\}$$

如果节点 j 不持有库存，那么当下游节点在 t 时刻对其产生需求时，它需要向上游节点订货，需要等到全部上游节点供货完成后再进行加工，于是其最快的交货时间为 $t+SI_j+L_j$。节点 j 承诺了一定能在 $t+S_j$ 时刻交付下游节点的需求。如果 $S_j \geqslant SI_j+L_j$，那么由于承诺的服务时间很长，即使节点 j 没有持有库存也能按时交货。但是如果 $SI_j+L_j>S_j$，那么见单备货是无法在承诺的时间内满足下游节点需求的。此时，节点 j 需要持有覆盖 $SI_j+L_j-S_j$ 期的安全库存以保证承诺的服务时间。这里将 $SI_j+L_j-S_j$ 称为节点 j 的覆盖时间，用 CT_j 表示。在目标库存策略下，这也相当于节点 j 需要保持能够覆盖 CT_j 期需求

的目标库存水平。用$D_j(CT_j)$表示节点j的覆盖时间内的需求上界。节点j的目标库存水平为

$$OUL_j = D_j(CT_j) = D_j(SI_j + L_j - S_j)$$

给定各节点需求关于其覆盖时间的上界函数，承诺服务模型通过各节点的服务时间将整个网络的库存水平联系起来。对于最下游的需求节点，其服务时间由对客户的承诺服务时间（Service Level Agreement，SLA）确定。模型以其他节点的"内部"服务时间作为决策变量，以最小化整个网络的总安全库存成本为目标，来优化整个网络的安全库存水平。

相比两个模型，承诺服务模型的计算效率更高，某些研究已经给出了一些有效的求解算法，并且易于理解及拓展。研究表明，承诺服务模型被应用到了许多企业的库存管理实践中。例如，Ingrid Farasyn等人[50]指出宝洁有30%的供应链使用承诺服务模型进行管理，使用后其平均库存降低了7%；英特尔在使用承诺服务模型进行优化后，在平均服务水平超过90%的情况下，将平均库存降低了11%[51]。其他一些世界500强公司也使用承诺服务模型提升了库存效率，如惠普、Teradyne等[52-55]。本书后面的章节将重点介绍承诺服务模型的求解算法。

第 15 章 承诺服务模型

本章将完整地建立承诺服务模型的数学规划问题，以一个装配网络作为研究对象，讨论网络中节点需求上界的刻画方法，并对不同服务时间组合下的库存水平进行计算和比较，最后给出承诺服务模型的两种求解算法。

15.1 承诺服务模型的数学规划问题

考虑一个制造装配网络 $\mathcal{G} = (\mathcal{N}, \mathcal{A})$，其中 $\mathcal{N}$ 表示网络的节点集合，$\mathcal{A}$ 表示网络边的集合。令子集 $\mathcal{E} \subset \mathcal{N}$，表示需求节点集合。假设每个需求节点 $j \in \mathcal{E}$ 都有一个与客户约定的承诺服务时间 sla_j，则其服务时间必须短于该承诺服务时间。

第 14 章提到，对于网络中的每个节点 $j \in \mathcal{N}$，其目标库存水平都等于该节点的覆盖时间 CT_j 所对应的需求上界值。令 OUL_j 表示其目标库存水平，令 $D_j(\cdot)$ 表示其需求上界函数，则有

$$OUL_j = D_j(CT_j) = D_j(SI_j + L_j - S_j)$$

令 I_j 表示节点 j 的实际在手库存，根据目标库存水平与实际在手库存的关系，可以得到节点的期望实际在手库存，也即安全库存量 ss_j 为

$$ss_j = \mathrm{E}[I_j] = OUL_j - CT_j\mu_j = D_j(CT_j) - CT_j\mu_j$$

令 $H_j(j \in \mathcal{N})$ 表示节点 j 的单位持货成本，承诺服务模型的数学规划问题为

$$\min \quad \sum_{j \in \mathcal{N}} H_j \left[D_j(CT_j) - CT_j\mu_j \right]$$

$$\begin{aligned}
\text{s.t.} \quad & CT_j = SI_j + L_j - S_j, \forall j \in \mathcal{N} && \text{（约束 1）} \\
& SI_j - S_i \geqslant 0, \forall (i,j) \in \mathcal{A} && \text{（约束 2）} \\
& S_j \leqslant sla_j, \forall j \in \mathcal{E} && \text{（约束 3）} \\
& S_j, SI_j, CT_j \geqslant 0, \forall j \in \mathcal{N} && \text{（约束 4）}
\end{aligned}$$

其中，目标函数为最小化网络的总安全库存成本。约束 1 定义了每个节点的覆盖时间。由于存在一个下游节点由多个上游节点供应的情况，因此约束 2 保证每个节点 j 的被服务时间是其所有上游节点服务时间的最大值。约束 3 保证了最下游的需求节点能够在与客户约定的承诺服务时间完成需求交付。

15.2 需求上界的构造与计算

承诺服务模型的第一个关键问题是设定合理的需求上界函数。研究中最为常用的方式是假设每个节点的需求都服从正态分布，首先利用类似于给定覆盖时间下目标库存水平的计算方法为每个需求节点设置需求上界函数，然后根据网络的拓扑关系，由下游节点向上游节点进行需求上界函数参数的传递。每个节点的需求函数形式为

$$D(t) = t\mu + v\sqrt{t}$$

式中，μ 表示单位时间的需求均值；v 表示需求波动系数。对于需求节点 j，根据正态分布的相关性质，需求上界函数可设置为

$$D(CT_j) = CT_j\mu_j + v_j\sqrt{CT_j} = CT_j\mu_j + \Phi^{-1}(\tau_j)\sigma_j\sqrt{CT_j}$$

式中，μ_j 和 σ_j 分别表示节点 j 单位时间的需求均值和标准差，τ_j 表示节点 j 的期望周期服务水平。

非需求节点的需求都由与其直接关联的下游节点传递而来。令 $q_{ij}((i,j)\in \mathcal{A})$ 表示上游节点 i 与下游节点 j 之间的固定比例关系。以生产场景为例，q_{ij} 表示生产配比，即生产一个组件 j 所需用到的组件 i 的量。根据拓扑排序迭代计算，可以得到每个非需求节点的需求均值：

$$\mu_i = \sum_{j:(i,j)\in \mathcal{A}} q_{ij}\mu_j$$

在多数情况下，由于库存共享效应的存在，上游节点的需求波动会小于下游节点需求波动的和。令 $p \geq 1$ 表示库存共享效应系数，非需求节点的需求波动系数为

$$v_i = \sqrt[p]{\sum_{j:(i,j)\in \mathcal{A}} (q_{ij}v_j)^p}$$

安全库存水平为

$$ss_i = v_i\sqrt{CT_j}$$

这里，库存共享效应系数 p 是一个可调节的参数，p 越大，库存共享效应越大。当 $p=1$ 时，表示没有库存共享效应；而 $p=2$ 则对应需求服从正态分布时的库存共享效应。可以看到，在网络库存管理中，有两个维度的共享效应。一个维度是下游节点需求向上

游节点传递的过程中，由通用件带来的"空间维度"的共享效应；另一个维度是计算覆盖时间内需求带来的"时间维度"的共享效应。本书将库存共享效应参数默认设置为 2。在实际应用时，读者可以根据效果对该参数进行调试。

下面以图 15-1 所示的生产装配网络作为对象，计算给定服务满足水平为 0.95 的情况下每个节点的需求上界。

```
# 导入数据分析包
import networkx as nx
import matplotlib.pyplot as plt
import pandas as pd
import numpy as np
from scipy.stats import norm
# 导入第14章介绍的几个基本算法
from chapter14_network_basic import find_predecessors_dict, TopologicalSort, cal_cum_lt
```

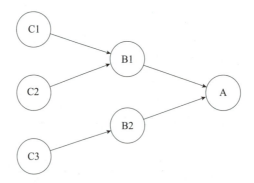

图 15-1　生产装配网络示意图

```
# 定义数据存储路径
data_dir = '../../data/tree_example/'
# 读取网络的节点数据
node_df = pd.read_csv(data_dir + 'assembly_node_df.csv')
# 读取网络的边数据
edge_df = pd.read_csv(data_dir + 'assembly_edge_df.csv')
# 读取网络的需求数据
demand_df = pd.read_csv(data_dir + 'assembly_demand_df.csv')
```

node_df 为网络的节点信息表；lt 表示节点的单级提前期；hc 为单位持货成本；sla 为对客户承诺的服务时间，仅需求节点 A 有 sla。

```
print(node_df)
```

	node_id	lt	hc	sla
0	C1	8	0.468565	NaN
1	B1	1	1.994935	NaN
2	C2	7	0.271441	NaN
3	C3	3	0.632656	NaN
4	B2	8	0.861130	NaN
5	A	3	3.765740	2.0

edge_df 为网络的边信息表；predecessor 表示上游节点；successor 表示下游节点，quantity 表示生产配比，即生产一个单位的下游节点的组件需要的上游节点组件的个数。

```
print(edge_df)
```

```
   predecessor successor  quantity
0           C1        B1         1
1           B1         A         1
2           C2        B1         2
3           C3        B2         1
4           B2         A         1
```

demand_df 为需求信息表。在本案例中，只有节点 A 为需求节点。

```
print(demand_df)
```

```
  node_id       mean       std
0       A  14.558117  2.892129
```

假设库存共享效应系数为 2，服务水平系数取标准正态分布的 0.95 分位数。相当于假设需求服从正态分布，同时模型仅覆盖 0.95 分位数以下的需求波动。

```
pooling_factor = 2
tau = 0.95
```

接下来，计算出每个节点 j 的需求均值 μ_j 及需求波动常数 v_j。为了便于计算，首先将所需数据转换成字典格式：

```
# 调用第14章确定上游节点的函数得到每个节点的上游节点列表
pred_dict = find_predecessors_dict(edges=edge_df[['predecessor',
                                                  'successor']].values)
# 生产配比
qty_dict = {(pred, succ): qty for pred, succ, qty in edge_df.values}
# 需求节点的需求及标准差
mu_dict = dict(zip(demand_df['node_id'], demand_df['mean']))
sigma_dict = dict(zip(demand_df['node_id'], demand_df['std']))
# 各节点自身需求所对应的需求波动系数
ksigma_dict = {node: 0 for node in node_df['node_id']}
ksigma_dict.update({node: norm.ppf(tau) * sigma
                    for node, sigma in sigma_dict.items()})
# 初始化涉及向下传递的字典
network_mu_dict = {node: 0 for node in node_df['node_id']}
# 首先将需求节点的信息加入字典中
network_mu_dict.update({node: mu for node, mu in mu_dict.items()})
constant_dict = {node: v ** pooling_factor for node, v in ksigma_dict.items()}
```

然后从需求节点出发，将需求均值和波动系数向上推导。计算过程需要将网络中的边的朝向反向，以保证需求是从下游节点向上游节点传递的。首先调用计算拓扑排序的算法，得到网络节点的拓扑排序，然后依次向上游节点传递需求：

```
# 将网络的边反向
reverse_edges = [(j, i) for i, j in
                 edge_df[['predecessor', 'successor']].values]
# 计算拓扑排序
```

```python
ts = TopologicalSort(reverse_edges)
reverse_topo_sort = ts()
for node in reverse_topo_sort:
    # 如果节点有上游节点，则将自身的需求信息传递给上游节点
    if len(pred_dict[node]) > 0:
        for pred in pred_dict[node]:
            constant_dict[pred] += (qty_dict[pred, node] ** pooling_factor) \
                                   * constant_dict[node]
            network_mu_dict[pred] += qty_dict[pred, node] * network_mu_dict[
                node]
# 在全部节点传递完成后，计算需求波动系数
volatility_constant_dict = {node: np.power(v, 1 / pooling_factor)
                            for node, v in constant_dict.items()}
volatility_constant_df = pd.DataFrame.from_dict(
    volatility_constant_dict, orient='index').reset_index().rename(
    columns={'index': 'node_id', 0: 'volatility_constant'})
network_mu_df = pd.DataFrame.from_dict(
    network_mu_dict, orient='index').reset_index().rename(
    columns={'index': 'node_id', 0: 'mean'})
```

值得注意的是，每个节点的覆盖时间不会超过其累计提前期。调用相应算法计算每个节点的累计提前期：

```python
lt_dict = dict(zip(node_df['node_id'], node_df['lt']))
cum_lt_dict = cal_cum_lt(edge_df[['predecessor', 'successor']].values, lt_dict)
cum_lt_df = pd.DataFrame.from_dict(
    cum_lt_dict, orient='index').reset_index().rename(
    columns={'index': 'node_id', 0: 'cum_lt'})
node_df = node_df.merge(cum_lt_df, on='node_id', how='left')
print(node_df)
```

```
  node_id  lt        hc  sla  cum_lt
0      C1   8  0.468565  NaN       8
1      B1   1  1.994935  NaN       9
2      C2   7  0.271441  NaN       7
3      C3   3  0.632656  NaN       3
4      B2   8  0.861130  NaN      11
5       A   3  3.765740  2.0      14
```

这里将节点 j 的累计提前期记为 ML_j。为了便于后续计算，在计算 μ_j 和 v_j 同时也计算出 $CT_j = 1, 2, \cdots, ML_j$ 时的需求上界值及对应的安全库存量。这里以 1 的时间颗粒度对 CT_j 的取值进行了离散化。下面的程序中通过定义变量 time_unit 来控制离散化的时间颗粒度，它也决定了模型决策的时间颗粒度。颗粒度越短，模型的精度越高，计算效率越低；反之则模型的精度越低，计算效率越高。

```python
# 定义离散化的时间颗粒度
time_unit = 1
# 根据节点和对应的累计提前期，生成index
node_list = node_df['node_id'].tolist()
idx = [(node, ct) for node in node_list
       for ct in np.arange(0, cum_lt_dict[node] + time_unit, time_unit)]
idx = pd.MultiIndex.from_tuples(idx, names=['node_id', 'time'])
```

```python
demand_bound_df = pd.DataFrame(index=idx).reset_index()
demand_bound_df = demand_bound_df.merge(
    volatility_constant_df, on=['node_id'], how='left')
demand_bound_df = demand_bound_df.merge(
    network_mu_df, on=['node_id'], how='left')
# 根据对应的CT，计算对应的安全库存量，以及需求上界
demand_bound_df['ss_qty'] = demand_bound_df['volatility_constant'] * np.power(
    demand_bound_df['time'], 1 / pooling_factor)
demand_bound_df['demand_bound'] = demand_bound_df['mean'] * demand_bound_df[
    'time'] + demand_bound_df['ss_qty']
print(demand_bound_df.head())
```

```
  node_id  time  volatility_constant       mean    ss_qty  demand_bound
0      C1     0             4.757129  14.558117  0.000000      0.000000
1      C1     1             4.757129  14.558117  4.757129     19.315247
2      C1     2             4.757129  14.558117  6.727597     35.843832
3      C1     3             4.757129  14.558117  8.239590     51.913942
4      C1     4             4.757129  14.558117  9.514258     67.746728
```

下面介绍不同服务时间下的策略及成本比较。

根据计算得到的 demand_bound_df，可以查找出每个节点不同覆盖时间的安全库存量，从而计算出总库存成本。接下来考虑 3 种比较有代表性的策略。

1）只在最下游设置安全库存。该策略将安全库存全部前置到需求节点，即只持有成品库存。其好处是将所有节点安全库存的覆盖时间全部汇聚在需求节点，这样可以最大化安全库存在"时间维度"的共享效应。其劣势是完全忽视了安全库存在"空间维度"的共享效应。实际中，上游节点（原材料、半成品）的持货成本往往比需求节点（产品）的持货成本低。因此，将安全库存全部前置到需求节点可能造成高昂的持货成本。

2）使用单级的方法设置安全库存。该策略下，每个节点都根据自身的提前期按照单级的方式计算安全库存。其好处是计算简单，库存网络的管理可以充分解耦，同时易于实际业务人员的理解和操作。但其坏处也很突出，它完全没有考虑到网络中安全库存的共享效应，也忽略了节点之间持货成本的差异，没有对安全库存进行全网络优化。

3）网络最优的安全库存策略。该策略优化所有节点的服务时间，在保证需求节点的承诺服务时间的条件下，充分挖掘网络中安全库存"空间维度"和"时间维度"的共享效应，最小化网络的总安全库存成本。

首先将所需数据转换成字典格式以便于读取：

```python
# 单位持货成本
hc_dict = dict(zip(node_df['node_id'], node_df['hc']))
# 提前期
lt_dict = dict(zip(node_df['node_id'], node_df['lt']))
# 每个节点对应覆盖时间的安全库存量
ss_dict = {(node, time): vb for node, time, vb in
           demand_bound_df[['node_id', 'time', 'ss_qty']].values}
# 对客户承诺的服务时间
```

```
sla_df = node_df[node_df['sla'].notna()]
sla_dict = dict(zip(sla_df['node_id'], sla_df['sla']))
```

1. 只在最下游设置安全库存

前面计算过，节点 A 的累计提前期为 14 天，它的承诺服务时间为 2 天。如果只在节点 A 上设置安全库存，则它的覆盖时间 $CT = 14 - 2 = 12$ 天，其他节点的覆盖时间都为 0。该策略的安全库存成本为：

```
case1_ss_qty = ss_dict.get(('A', 12))
case1_ss_cost = hc_dict['A'] * case1_ss_qty
print('只在最下游设置安全库存的安全库存持货成本为：%.2f' % case1_ss_cost)
```

```
只在最下游设置安全库存的安全库存持货成本为：62.06
```

2. 使用单级的方法设置安全库存

在该策略下，需求节点 A 的覆盖时间等于自身提前期减去其 sla，其他节点的覆盖时间都是自身提前期。该策略的安全库存总成本为：

```
node_list = node_df['node_id'].to_list()
case2_ss_qty = {node: ss_dict.get(
    (node, lt_dict[node] - sla_dict.get(node, 0))) for node in node_list}
case2_ss_cost = sum([hc_dict[node] * case2_ss_qty[node] for node in node_list])
print('使用单级的方法设置安全库存的安全库存持货成本为：%.2f' % case2_ss_cost)
```

```
使用单级的方法设置安全库存的安全库存持货成本为：57.34
```

3. 网络最优的安全库存策略

首先直接给出该网络下每个节点的最优覆盖时间：{'B2':10, 'B1':0, 'C1':8, 'C2':7, 'A':2, 'C3':0}，可以得到最优的安全库存策略及其成本。可以看出，相比于前两种策略，网络最优的安全库存策略能够显著降低库存成本。

```
CT_dict = {'B2': 10, 'B1':0, 'C1': 8, 'C2': 7, 'A':2, 'C3': 0}
case3_ss_qty = {node: ss_dict.get((node, CT_dict[node])) for node in node_list}
case3_ss_cost = sum([hc_dict[node] * case3_ss_qty[node] for node in node_list])
print('网络最优的安全库存策略的安全库存持货成本为：%.2f' % case3_ss_cost)
```

```
网络最优的安全库存策略的安全库存持货成本为：51.43
```

15.3 承诺服务模型的优化算法

将需求上界函数带入承诺服务模型中，得到的优化问题是一个在凸集上最小化一系列凹函数和的非凸优化问题。因此，无法直接调用求解器求解该问题。本节将给出承诺服务模型的两种优化算法：动态规划算法和基于分段线性函数近似的混合整数规划算法。其中，前者仅适用于有向树网络，后者适用于一般的有向无环网络。本章重点讲述算法逻辑，算法的 Python 实现将在第 16 章和第 17 章中介绍。

15.3.1 动态规划算法

由于每个节点覆盖时间的取值范围是有限的（大于或等于 0 且不超过该节点的累计提前期），可以通过穷举法计算出所有可能的覆盖时间组合下的安全库存成本，从而找到成本最优的策略。但是当问题的规模扩大时，穷举法的计算开销会非常大。对于有向树网络（以下简称为树网络），Stephen C. Graves 等人[52]提出了一种动态规划算法，能够有效地提升计算效率。该算法基于树网络的性质：可以找到一组节点排序，使得每个节点最多只有一个相邻节点在该节点之后。这种排序方式可以将大规模的原问题拆解成一系列容易求解的子问题。

首先对节点进行排序：

1）令 SL 为空序列，将所有节点放入未被排序的节点集合 U 中。

2）在 U 中寻找一个满足以下条件的节点 i：在 U 的其他节点中最多只有一个节点与节点 i 相邻。

3）从 U 中移除节点 i 并将该节点插入序列 SL 末尾。

4）如果 U 已经是空集，则算法终止，返回序列 SL；否则重复步骤 2）～4）。

值得注意的是，由于在上述步骤 2）中可能出现多种选择，因此得到的排序可能不唯一。这里以图 15-2 的树网络为例，对该网络中的节点进行排序。

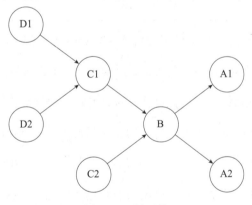

图 15-2 树网络

首先找到节点 D1，节点 D1 只与节点 C1 相连，将其添加到 SL 中。在剩余的网络中，重新选择节点 D2，节点 D2 只与节点 C1 相连，符合要求，将其加入排序。然后继续在其他节点中进行选择，依次加入 SL 中。随着每次找到符合要求的节点，最后只剩下节点 B，且没有与其他节点相邻，将 B 加入序列 SL 的末尾即可完成排序步骤，得到一组符合要求的排序：['D1','D2','C2','A1','A2','C1','B']，那么该树网络中每个节点对应的排序标记为 {'A1':4,'A2':5,'B':7,'C1':6,'C2':3,'D1':1,'D2':2}。

给定上述的一组排序，用 $p(j)(j \in N)$ 表示节点 j 的排在其之后的相邻节点。将当节

点 j 与节点 $p(j)$ 之间的连接断开后，节点 j 所在的子树记为 $sub(j)$。按照节点的排序，可以继续将 $sub(j)$ 拆解成更小的子树。每次计算出 $sub(j)$ 上的最小成本的策略后进行存储，当序列中的最后一个节点计算完成时，通过回溯法找到成本最小的策略。

为了更清楚地展示各节点与相邻节点的关系，以图 15-2 为例做进一步的说明。对于每个节点 j，最多只有一个相邻节点的排序标记大于它自身，满足要求的节点即为 $p(j)$，根据排序 SL 的性质，j 与 $p(j)$ 为一一映射关系。除了 $p(j)$ 之外，剩下的与节点 j 相邻的节点的排序标记都小于它自身，满足条件的节点和节点 j 共同组成子树 $sub(j)$。根据上述的排序结果，表 15-1 所示为各节点 j、$p(j)$ 和 $sub(j)$。

表 15-1 指定生成树网络的节点关系表

j	$p(j)$	$sub(j)$
A1	B	{A1}
A2	B	{A2}
B	\	{A1,A2,C1,C2}
C1	B	{C1,D1,D2}
C2	B	{C2}
D1	C1	{D1}
D2	C1	{D2}

算法通过不断迭代计算子树上的最优成本函数来计算原网络的最优成本。根据 $p(j)$ 与 j 的上下游关系，定义子树 $sub(j)$ 的两类总成本函数 $f_j(S)$ 和 $g_j(SI)$。如果 $(j,p(j)) \in A$，即 $p(j)$ 在 j 的下游，由于在后续计算 $p(j)$ 的子树的成本时，j 将通过其服务时间 S_j 影响到 $p(j)$，因此需要计算出所有可能的 S_j 下子树 $sub(j)$ 的最小成本，成本函数记为 $f_j(S)$。同理，如果 $(p(j),j) \in A$，即 $p(j)$ 在 j 的上游，由于在后续计算 $p(j)$ 的子树的成本时，j 将通过其被服务时间 SI 影响到 $p(j)$，因此需要计算出所有可能的 SI 下子树 $sub(j)$ 的最小成本，成本函数记为 $g_j(SI)$。当遍历到序列中的最后一个节点时，计算 $g_j(SI)$。令 $c_j(SI,S)$ 表示当节点 j 的被服务时间和服务时间分别为 SI 和 S 时在节点 j 上产生的持货成本，即

$$c_j(SI_j, S_j) = H_j v_j \sqrt{SI_j + L_j - S_j}$$

求解树网络上的最优成本的算法如下。

遍历排序 SL 中的所有节点：

1）如果 $p(j)$ 在节点 j 的下游，则对于 $S = 0, \cdots, ML_j$，计算：

$$f_j(S) = \min_{SI:(S-L_j)^+ \leq SI \leq ML_j - L_j} \left\{ c_j(SI,S) + \sum_{i:(i,j)\in\mathcal{A}\&i<j} \min_{x_i:x_i \leq SI} f_i(x_i) + \sum_{k:(j,k)\in\mathcal{A}\&k<j} \min_{y_k:y_k \geq S} g_k(y_k) \right\}$$

2）如果$p(j)$在节点j的上游，令$sla_j = \infty$如果$j \notin \varepsilon$，则对于$SI_j = 0,\cdots,ML_j - L_j$，计算：

$$g_j(SI) = \min_{S:0 \leq S \leq \min(SI+L_j, sla_j)} \left\{ c_j(SI,S) + \sum_{i:(i,j)\in\mathcal{A}\&i<j} \min_{x_i:x_i \leq SI} f_i(x_i) + \sum_{k:(j,k)\in\mathcal{A}\&k<j} \min_{y_k:y_k \geq S} g_k(y_k) \right\}$$

3）如果$p(j)$为空，即j为序列SL中的最后一个节点，则对于$SI_j = 0,\cdots,ML_j - L_j$，计算$g_j(SI_j)$，得到在整个网络上的最小成本。

在计算最优成本的过程中，会得到序列SL中最后一个节点的最优服务时间与被服务时间，使用回溯法反向遍历SL中的剩余节点：

1）如果$p(j)$在节点j下游，则$S_j^* \leq SI_{p(j)}^*$，对满足范围内的S_j，计算出

$$S_j^* = \operatorname*{argmin}_{S_j:S_j \leq \min(SI_{p(j)}^*, ML_j)} f_j(S_j)$$

$$= \operatorname*{argmin}_{S_j:S_j \leq \min(SI_{p(j)}^*, ML_j)} \left\{ \min_{SI:(S_j-L_j)^+ \leq SI \leq ML_j - L_j} \left\{ c_j(SI,S_j) + \sum_{i:(i,j)\in\mathcal{A}\&i<j} \min_{x_i:x_i \leq SI} f_i(x_i) + \sum_{k:(j,k)\in\mathcal{A}\&k<j} \min_{y_k:y_k \geq S_j} g_k(y_k) \right\} \right\},$$

从而，得到

$$SI_j^* = \operatorname*{argmin}_{SI:(S_j^*-L_j)^+ \leq SI \leq ML_j - L_j} \left\{ c_j(SI, S_j^*) + \sum_{i:(i,j)\in\mathcal{A}\&i<j} \min_{x_i:x_i \leq SI} f_i(x_i) + \sum_{k:(j,k)\in\mathcal{A}\&k<j} \min_{y_k:y_k \geq S_j^*} g_k(y_k) \right\}。$$

2）如果$p(j)$在节点j上游，则$SI_j^* \geq S_{p(j)}^*$，对满足范围内的SI_j，计算出

$$SI_j^* = \operatorname*{argmin}_{SI_j:SI_j \geq S_{p(j)}^*} g_j(SI_j)$$

$$= \operatorname*{argmin}_{SI_j:SI_j \geq S_{p(j)}^*} \left\{ \min_{S:0 \leq S \leq \min(SI_j+L_j, sla_j)} \left\{ c_j(SI_j, S) + \sum_{i:(i,j)\in\mathcal{A}\&i<j} \min_{x_i:x_i \leq SI_j} f_i(x_i) + \sum_{k:(j,k)\in\mathcal{A}\&k<j} \min_{y_k:y_k \geq S} g_k(y_k) \right\} \right\},$$

从而，得到

$$S_j^* = \operatorname*{argmin}_{S:0 \leq S \leq \min(SI_j^*+L_j, sla_j)} \left\{ c_j(SI_j^*, S) + \sum_{i:(i,j)\in\mathcal{A}\&i<j} \min_{x_i:x_i \leq SI_j^*} f_i(x_i) + \sum_{k:(j,k)\in\mathcal{A}\&k<j} \min_{y_k:y_k \geq S} g_k(y_k) \right\}。$$

以图 15-2 中树网络的排序 ['D1','D2','C2','A1','A2','C1','B'] 为例，从节点 D1 开始依次进行成本计算。首先，对于节点 D1，由于节点 $p(D1) = C1$ 在 D1 的下游，而 D1 的子树 $sub(D1) = D1$，于是对满足范围的 SI，计算出

$$f_{D1}(S) = \min_{SI} c_{D1}(SI, S)$$

同样地，对于节点 D2、C2、A1、A2 有类似的推算过程。当遍历到节点 C1 时，

$p(C1) = B$ 在 C1 的下游，于是对所有可能的 S 计算成本函数 $f_j(S)$。注意到 C1 的子树 $sub(C1) = \{C1,D1,D2\}$，$f_{C1}(S)$ 表示为

$$f_{C1}(S) = \min_{SI}\left\{c_{C1}(SI,S) + \min_{x_i:x_i \leqslant SI} f_{D1}(x_i) + \min_{x_n:x_n \leqslant SI} f_{D2}(x_n)\right\}$$

其中，$f_{D1}(x_i)$ 和 $f_{D2}(x_n)$ 是在之前步骤中已得出的成本函数。当遍历到 SL 的最后一个节点 B 时，B 没有父节点，根据 $sub(B)$ 的关系可以得出 $g_B(SI)$，如下所示：

$$g_B(SI) = \min_{S}\left\{c_B(SI,S) + \min_{x_i:x_i \leqslant SI} f_{C1}(x_i) + \min_{x_n:x_n \leqslant SI} f_{C2}(x_n) + \min_{y_j:y_j \geqslant S} g_{A1}(y_j) + \min_{y_k:y_k \geqslant S} g_{A2}(y_k)\right\}$$

$f_{C1}(S)$、$f_{C2}(S)$、$g_{A1}(SI)$ 和 $g_{A2}(SI)$ 分别表示节点 C1、C2、A1 和 A2 对应子树的成本函数之和，所以计算出 $g_B(SI)$ 等同于求出整个树的最优总成本。

根据回溯法，反向遍历 ['B','C1','A2','A1','C2','D2','D1'] 即可得到每个节点 j 的最优 S_j^* 和 SI_j^*。在求出网络的最优总成本 $g_B(SI)$ 后，节点 B 的 S_B^* 和 SI_B^* 同时可以得到。从节点 C1 开始，考虑到 $p(C1) = B$ 在 C1 的下游，则有 $S_{C1}^* \leqslant SI_B^*$，于是对可行范围内的 S_{C1} 遍历，解出 $S_{C1}^* = \mathrm{argmin}_S f_{C1}(S)$，将 S_{C1}^* 代入上面计算的 $f_{C1}(S)$ 中，得到 SI_{C1}^*。对于剩下的节点，以此类推，可以解出每个节点的最优服务时间和被服务时间。

15.3.2 基于分段线性函数近似的混合整数规划算法

对于一般的有向无环网络，由于转换成无向图后会出现环路，因此无法使用动态规划算法进行求解。原因是无法找到一组满足条件的排序来将原问题转换成一系列子树上的优化问题。Thomas L. Magnanti 等人[56]提出了使用分段线性函数近似的方法将问题转换成混合整数规划，进而利用整数规划求解器对问题进行求解。Magnanti 等人的研究中共有 3 类使用分段线性函数近似来求解非凸优化问题的方法："增量模型方法""多重选择方法"和"凸组合模型方法"。这 3 类模型本质上是等价的，感兴趣的读者可以参考文献 [57]。

接下来，采用 Magnanti 等人[56]使用的"多重选择方法"进行建模。模型的目标是最小化总成本 $\sum_{j \in \mathcal{N}} H_j\left[D_j(CT_j) - CT_j\mu_j\right]$，算法使用分段线性函数 $f_j(t)$ 来近似 $D_j(CT_j) - CT_j\mu_j$。定义 $f_j(t)$ 为

$$f_j(t) = \sum_{r=1}^{R_j} \mathrm{I}\left(t^{r-1} \leqslant t < t^r\right)\left(a_j^r t + b_j^r\right)$$

其中，$\{t^r\}(r = 0,\cdots,R_j)$ 为近似的分割点，分割得越细，即 $t^r - t^{r-1}$ 越小，近似的精度越高。每个节点的覆盖时间不会超过累计提前期，R_j 可以根据累计提前期来确定。

$a_j^r = [D_j(t^r) - D_j(t^{r-1})]/(t^r - t^{r-1}) - \mu_j$，$b_j^r = [D_j(t^{r-1})t^r - D_j(t^r)t^{r-1}]/(t^r - t^{r-1})$，分别表示每一段线性函数的斜率和截距。图 15-3 所示为分段线性近似对目标函数近似的过程。

将基于分段线性近似后的目标函数带入承诺服务模型中，得到近似后的优化模型：

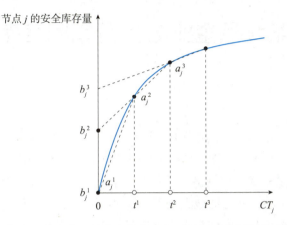

图 15-3　安全库存量的分段线性近似对目标函数近似的过程

$$\min \quad \sum_{j \in \mathcal{N}} H_j \sum_{r=1}^{R_j} (a_j^r z_j^r + b_j^r u_j^r)$$

$$\text{s.t.} \quad CT_j = \sum_{r=1}^{R_j} z_j^r, \forall j \in \mathcal{N}$$

$$t^{r-1} u_j^r \leqslant z_j^r \leqslant t^r u_j^r, \forall j \in \mathcal{N}, r=1,\cdots,R_j$$

$$\sum_{r=1}^{R} u_j^r \leqslant 1, \forall j \in \mathcal{N}, r=1,\cdots,R_j$$

$$u_j^r \in \{0,1\}, \forall j \in \mathcal{N}, r=1,\cdots,R_j$$

$$z_j^r \geqslant 0, \forall j \in \mathcal{N}, r=1,\cdots,R_j$$

$$CT_j = SI_j + L_j - S_j, \forall j \in \mathcal{N}$$

$$SI_j - S_i \geqslant 0, \forall (i,j) \in \mathcal{A}$$

$$S_j \leqslant sla_j, \forall j \in \mathcal{E}$$

$$S_j, SI_j, CT_j \geqslant 0, \forall j \in \mathcal{N}$$

对于每个节点 j 来说，通过引入 0-1 变量 u_j^r 和约束 3，模型只会在分段线性函数中选择其中一段。约束 1 和约束 2 保证了节点 j 的覆盖时间 CT_j 的取值在被选择的时间段上。也因此，在目标函数中，每个节点 j 只有一组 z_j^r 与 u_j^r 会大于 0，通过已预先计算好的近似的斜率 a_j^r 和截距 b_j^r，即可近似出 $D_j(CT_j) - CT_j\mu_j$ 的取值。结合承诺服务模型的原有约束 6～约束 9，最终得到分段线性函数近似版本的优化问题。由于引入了 0-1 变量 u_j^r，优化问题是一个混合整数规划，可以通过调用整数规划求解器进行求解。

第16章 某食品企业 Z 的分销网络库存优化实战

Z 公司是一家大型国际食品制造商。近年来，为了适应我国市场的飞速发展，以及应对日益激烈的市场竞争，Z 公司逐步在我国建成了一个由工厂、区域大仓（RDC）、分销中心（DC）组成的三级供应网络。其中有一个工厂，南、北两个区域大仓，北方区域大仓下辖 3 个分销中心，南方区域大仓下辖 5 个分销中心，由分销中心向各区域的客户进行履约。这为公司更及时的产品供应奠定了基础，但也对公司的库存管理提出了新的挑战。

过去几年，由于 Z 公司的供应网络一直处于逐步扩张的阶段，为了让各仓的库存管理可以充分地解耦，以更快地适应仓网结构的动态变化，Z 公司供应网络的库存管理主要以单级的策略为主。由于库存的运输与配送由 Z 公司的自建物流体系来完成，仓间的补货提前期基本稳定。每个仓采用覆盖自身提前期的目标库存策略来管理库存。现如今，Z 公司供应网络的规模与运营体系已经基本稳定下来。

Z 公司的供应链管理部门（之后简称为部门）认为，之前采用的单级库存策略并没有从总体上优化网络中的安全库存，供应网络的库存管理效率还有较大的提升空间。因此，部门搭建了一套智慧供应链管理系统，由供应链控制塔将数据、算法和人工协作有机结合，加强供应网络的全局协同能力。这也为部门更加系统地规划与管理供应网络中的库存提供了平台基础。

目前部门启动了一个概念验证（Proof Of Concept，POC）项目，旨在研发一套分销网络的全局安全库存优化模型与算法，嵌入其供应链控制塔中。项目挑选了公司旗下的 7 个核心 SKU，准备先以这 7 个 SKU 的数据来探究如下两个问题：

1）从全局优化的角度，这 7 个 SKU 的安全库存应该分别布局在哪些仓？以及相应的量应该是多少？

2）全局优化后的安全库存策略相比于当前策略，能否显著降低总安全库存成本？

要回答以上两个问题，首先将 Z 公司的分销网络构建成一个树网络，其中的每个节点代表一个工厂、RDC 或者 DC，每一条有向边都代表上游节点向下游节点的供应关系。然后，对网络进行分析并建立相应的承诺服务模型。最后，利用 15.3.1 小节介绍的动态规划算法求解最优的安全库存策略并分析其价值。

第 16 章 某食品企业 Z 的分销网络库存优化实战

16.1 数据导入及预处理

```python
# 导入网络分析包
import networkx as nx
# 导入数据分析包
import numpy as np
import pandas as pd
import matplotlib.pyplot as plt
from collections import defaultdict
# 导入第14章介绍过的几个算法
from chapter14_network_basic import find_predecessors_dict, find_successors_dict, \
    cal_cum_lt, cal_demand_bound
import warnings
warnings.filterwarnings('ignore')

# 定义数据路径
data_dir = '../../data/food/'
# 读取分销网络的边数据
edge_df = pd.read_csv(data_dir + 'edge_data.csv')
# 读取各SKU的生产时间数据
production_time_df = pd.read_csv(data_dir + 'production_time_data.csv')
# 读取各节点的特征数据
feature_df = pd.read_csv(data_dir + 'feature_data.csv')
# 读取需求节点(DC)的需求数据
demand_df = pd.read_csv(data_dir + 'demand_data.csv')
```

edge_df 为分销网络的边信息表；predecessor 表示上游节点；successor 表示下游节点；transport_time 表示从上游节点运输到下游节点所需的运输时间；quantity 表示配比，在分销网络中，上下游只是运输传送关系，配比均为 1。

```
print(edge_df)
```

	predecessor	successor	transport_time	quantity
0	F000	RDC001	3	1
1	F000	RDC002	2	1
2	RDC001	DC004	1	1
3	RDC001	DC008	2	1
4	RDC001	DC010	3	1
5	RDC002	DC003	1	1
6	RDC002	DC005	2	1
7	RDC002	DC007	1	1
8	RDC002	DC006	3	1
9	RDC002	DC009	2	1

利用 NetworkX，对 Z 公司的分销网络进行可视化展示：

```python
# 建立空图
graph = nx.DiGraph()
# 在图中添加边，每条边上的权重为运输时间
graph.add_weighted_edges_from(
    edge_df[['predecessor', 'successor', 'transport_time']].values)
```

```
# 定义绘图参数
pos = {'F000': (0, 1), 'RDC001': (-10, 0), 'RDC002': (14, 0),
       'DC004': (-19, -1), 'DC008': (-12, -1), 'DC010': (-5, -1),
       'DC003': (2, -1), 'DC005': (9, -1), 'DC007': (16, -1),
       'DC006': (23, -1), 'DC009': (30, -1)}
options = {
        'font_size': 10,
        'node_size': 1500,
        'node_color': 'white',
        'edgecolors': 'black',
}
plt.rcParams['figure.figsize'] = (8, 8)
labels = nx.get_edge_attributes(graph, 'weight')
nx.draw_networkx(graph, pos, **options)
nx.draw_networkx_edge_labels(graph, pos, edge_labels=labels)
ax = plt.gca()
ax.margins(0.20)
plt.axis('off')
plt.show()
```

Z 公司的分销网络图如图 16-1 所示。

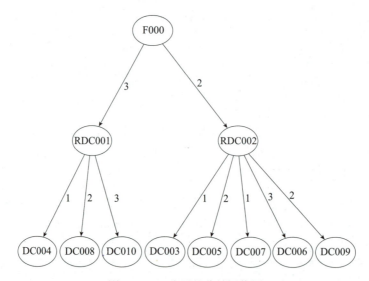

图 16-1　Z 公司的分销网络图

production_time_df 为 7 个 SKU 的生产时间表。

```
print(production_time_df)
```

	sku_id	production_time
0	SKU000	3
1	SKU001	3
2	SKU002	1
3	SKU003	1
4	SKU004	2
5	SKU005	3
6	SKU006	3

feature_df 展示了各个 SKU 在各节点（工厂、RDC 和 DC）的持货成本（字段为 hc）及对客户承诺的服务时间（字段为 sla）。为了方便对每个节点的每种 SKU 进行管理，定义 unit 为一个节点与一个 SKU 的组合，用 unit_id 表示。在库存网络中，一般库存越前置，持货的成本越高，即工厂的持货成本比 RDC 低，RDC 的持货成本较 DC 低。通常，一线城市的 DC 履约时效要求较高。

```
feature_df['unit_id'] = feature_df['node_id'] + '_' + feature_df['sku_id']
print(feature_df.head())
```

```
   node_id  sku_id   hc   sla      unit_id
0   DC003   SKU000  0.84  1.0   DC003_SKU000
1   DC004   SKU000  0.87  1.0   DC004_SKU000
2   DC005   SKU000  0.88  1.0   DC005_SKU000
3   DC006   SKU000  0.88  4.0   DC006_SKU000
4   DC007   SKU000  0.89  4.0   DC007_SKU000
```

demand_df 是从历史销量数据中统计得到的各 SKU 在各个需求节点（各个 DC）的需求均值和标准差。同样，使用 unit_id 标记一个节点与一种 SKU 的组合。

```
demand_df['unit_id'] = demand_df['node_id'] + '_' + demand_df['sku_id']
print(demand_df.head())
```

```
   node_id  sku_id       mean         std       unit_id
0   DC003   SKU000  108.767138  146.382985  DC003_SKU000
1   DC003   SKU001   91.416757  142.366810  DC003_SKU001
2   DC003   SKU002  129.607221  209.291639  DC003_SKU002
3   DC003   SKU003   97.410929  174.465898  DC003_SKU003
4   DC003   SKU004   92.281828  139.159005  DC003_SKU004
```

由于加工工艺不同，各 SKU 生产加工时间有所不同。并且由于各分销中心的物理距离不同，导致仓间的运输时间不同。因此，不同的 SKU 在不同 DC 的累计提前期不一样。不同 DC、SKU 的承诺服务时间也有差异，例如，一线城市的 DC 履约时效要求较高。因此，需要对每个 SKU 分别进行决策。接下来，以 SKU000 为例，搭建承诺服务模型及其求解算法。

首先，将 SKU000 的相关数据提取出来，并进行预处理，计算出每个节点的累计提前期。

```
sku = 'SKU000'
# 将SKU对应的需求信息提取出来
sku_demand_df = demand_df[demand_df['sku_id'] == sku]
# 分销网络的配比均为1
qty_dict = {(pred, succ): q for pred, succ, q in
            edge_df[['predecessor', 'successor', 'quantity']].values}
# 根据SKU对应的生产加工时间，计算每个节点的累计提前期
sku_production_time = int(production_time_df[
                          production_time_df['sku_id'] == sku][
                          'production_time'])
lt_dict = dict(zip(edge_df['successor'], edge_df['transport_time']))
lt_dict.update({'F000': sku_production_time})
lt_df = pd.DataFrame.from_dict(
```

```
        lt_dict, orient='index').reset_index().rename(
        columns={'index': 'node_id', 0: 'lt'})
cum_lt_dict = cal_cum_lt(edge_df[['predecessor', 'successor']].values, lt_dict)
cum_lt_df = pd.DataFrame.from_dict(
        cum_lt_dict, orient='index').reset_index().rename(
        columns={'index': 'node_id', 0: 'cum_lt'})
# 将SKU对应的节点属性表读取出来，并将提前期与累计提前期合并到一张表上，方便分析
sku_node_df = feature_df[feature_df['sku_id'] == sku]
sku_node_df = sku_node_df.merge(lt_df, on='node_id', how='left')
sku_node_df = sku_node_df.merge(cum_lt_df, on='node_id', how='left')
print(sku_node_df)
```

```
    node_id  sku_id    hc  sla         unit_id  lt  cum_lt
0    DC003  SKU000  0.84  1.0   DC003_SKU000   1       6
1    DC004  SKU000  0.87  1.0   DC004_SKU000   1       7
2    DC005  SKU000  0.88  1.0   DC005_SKU000   2       7
3    DC006  SKU000  0.88  4.0   DC006_SKU000   3       8
4    DC007  SKU000  0.89  4.0   DC007_SKU000   1       6
5    DC008  SKU000  0.85  3.0   DC008_SKU000   2       8
6    DC009  SKU000  0.81  3.0   DC009_SKU000   2       7
7    DC010  SKU000  0.81  3.0   DC010_SKU000   3       9
8   RDC001  SKU000  0.71  NaN  RDC001_SKU000   3       6
9   RDC002  SKU000  0.74  NaN  RDC002_SKU000   2       5
10    F000  SKU000  0.65  NaN    F000_SKU000   3       3
```

接下来，计算每个节点覆盖时间的需求上界及安全库存量。对于需求上界的计算，第15章通过一个生产装配网络的案例介绍过。这里将需求上界的计算打包成函数cal_demand_bound()，方便计算不同SKU的需求上界。这里直接调用该函数，计算周期服务水平为0.95对应的需求上界。

```
sku_demand_bound_df = cal_demand_bound(sku_node_df, sku_demand_df, edge_df,
                                       tau=0.95)
print(sku_demand_bound_df.head())
```

```
   node_id  time  volatility_constant        mean     ss_qty  demand_bound
0   DC003     0           240.778584   108.767138    0.000000     0.000000
1   DC003     1           240.778584   108.767138  240.778584   349.545723
2   DC003     2           240.778584   108.767138  340.512340   558.046616
3   DC003     3           240.778584   108.767138  417.040741   743.342156
4   DC003     4           240.778584   108.767138  481.557169   916.625721
```

最后，将后续要反复使用的数据转换成字典格式，方便调用。

```
# 累计提前期
cum_lt_dict = dict(zip(sku_node_df['node_id'], sku_node_df['cum_lt']))
# 提前期
lt_dict = dict(zip(sku_node_df['node_id'], sku_node_df['lt']))
# 每个节点对应覆盖时间的安全库存量
ss_ct_dict = {(node, time): ss for node, time, ss in
              sku_demand_bound_df[['node_id', 'time', 'ss_qty']].values}
# 持货成本
hc_dict = dict(zip(sku_node_df['node_id'], sku_node_df['hc']))
# sla
```

```
sla_df = sku_node_df[sku_node_df['sla'].notna()]
sla_dict = dict(zip(sla_df['node_id'], sla_df['sla']))
```

16.2 应用动态规划算法求解最优策略

本节将利用动态规划算法求解最优的安全库存策略。回顾一下该算法：首先对节点进行排序，找到在排序中排在节点 j 之后且与节点 j 相邻的节点集合 $p(j)$；然后将节点 j 与 $p(j)$ 的连接断开，得到节点 j 所在的子树 $sub(j)$，根据 j 与 $p(j)$ 的关系定义子树 $sub(j)$ 的两类成本函数，即 $f_j(S)$ 和 $g_j(SI)$，根据排序，遍历节点，得到全网络的最小成本；最后通过回溯法，得到每个节点最优的 S 与 SI。

16.2.1 对网络中的节点进行排序

排序的目的是找到满足除了根节点之外的每个节点都至多有一个相邻节点在该节点之后的序列。在进行排序时，需要在未被加入已排序列的节点中找到一个最多只有一个节点与其相邻的节点。如果将图转换为无向图，那么这个被选中的节点的度数应当为 1。为了简化分析，可以调用 NetworkX 计算节点的度数。

```
def sort(graph):
    # 将图转换成无向图
    un_di_graph = graph.to_undirected()
    # 计算图中的节点总数
    nodes_num = len(un_di_graph.nodes())
    sorted_list = []
    # 如果还有节点未被加入排序，则继续
    while len(sorted_list) < nodes_num:
        # 调用NetworkX计算节点的度数
        degree_dict = {node: v for node, v in un_di_graph.degree()}
        # 将最多只有一个节点与其相邻的节点加入排序
        border_nodes = [node for node, degree in degree_dict.items() if
                        degree <= 1]
        sorted_list.extend(border_nodes)
        # 从图中移除已排序的节点
        un_di_graph.remove_nodes_from(border_nodes)
    return sorted_list


sorted_list = sort(graph)
print(sorted_list)
```

```
['DC004', 'DC008', 'DC010', 'DC003', 'DC005', 'DC007', 'DC006', 'DC009',
'RDC001', 'RDC002', 'F000']
```

接下来对上述排序进行检查，判断是否满足除了一个根节点之外的每个节点都至多有一个相邻节点在该节点之后，并找到集合 $p(j)(j \in N)$。

```python
def get_parent_dict(graph, sorted_list):
    un_di_graph = graph.to_undirected()
    # 找到每个节点相邻的节点集合
    neighbors_dict = {node: list(un_di_graph.neighbors(node))
                      for node in un_di_graph.nodes()}
    # 对节点进行标号,方便查询排序
    labeled_dict = {node: i for i, node in enumerate(sorted_list)}
    parent_dict = {}
    for node in sorted_list:
        # 对于每个节点,用c表示在该节点之后的相邻节点
        c = 0
        for neighbor in neighbors_dict[node]:
            if labeled_dict[neighbor] > labeled_dict[node]:
                c += 1
                # 找到该节点之后的相邻节点后,将其记录
                parent_dict[node] = neighbor
        # 如果超过1,则说明排序有误
        if c > 1:
            raise Exception('wrong label')
    return parent_dict


parent_dict = get_parent_dict(graph, sorted_list)
```

运行 get_parent_dict() 函数,如果没有报错,则说明得到的排序满足要求。

16.2.2 判断每个节点应该使用哪一类成本函数

定义函数 classify_node() 来判断节点应当使用哪种成本函数,并记录每个节点的子树信息。

```python
def classify_node(graph, edge_df, sorted_list):
    # 定义上下游字典
    pred_dict = find_predecessors_dict(
        edges=edge_df[['predecessor', 'successor']].values)
    succ_dict = find_successors_dict(
        edges=edge_df[['predecessor', 'successor']].values)

    un_di_graph = graph.to_undirected()
    neighbors_dict = {node: list(un_di_graph.neighbors(node))
                      for node in un_di_graph.nodes()}
    labeled_dict = {node: i for i, node in enumerate(sorted_list)}
    to_eva_f_list = []
    to_eva_g_list = []
    for node in sorted_list:
        for neighbor in neighbors_dict[node]:
            if labeled_dict[neighbor] > labeled_dict[node]:
                if neighbor in succ_dict[node]:
                    # 如果p(j)在节点j下游,则将节点标记为使用f成本函数
                    to_eva_f_list.append(node)
                elif neighbor in pred_dict[node]:
                    # 如果p(j)在节点j上游,则将节点标记为使用g成本函数
                    to_eva_g_list.append(node)
```

```
            else:
                raise Exception('wrong')
    # 记录子树信息
    sub_pred_dict = {node: [p for p in pred_dict[node]
                            if labeled_dict[p] < labeled_dict[node]]
                     for node in sorted_list}
    sub_succ_dict = {node: [s for s in succ_dict[node]
                            if labeled_dict[s] < labeled_dict[node]]
                     for node in sorted_list}
    return to_eva_f_list, to_eva_g_list, sub_pred_dict, sub_succ_dict

to_eva_f_list, to_eva_g_list, sub_pred_dict, sub_succ_dict = classify_node(
    graph, edge_df, sorted_list)
```

16.2.3 数据准备并初始化动态规划表

动态规划算法需要验证多个可行策略，因此需要定义对象，记录验证过的策略，方便反复调用。

为每个节点找到全部可能的变量取值，方便后续调用。每个节点的服务时间 S 一定小于其 sla，且不会超过累计提前期；每个节点的服务时间 SI 不会超过其所有上游节点累计提前期的最大值，即其累计提前期减去自身提前期；每个节点的 CT 不会超过其累计提前期。

```
S_index = {
    node: np.arange(0, min(sla_dict.get(node, 9999), cum_lt_dict[node]) + 1)
    for node in sorted_list}
SI_index = {node: np.arange(0, cum_lt_dict[node] - lt_dict[node] + 1)
            for node in sorted_list}
CT_index = {node: np.arange(0, cum_lt_dict[node] + 1) for node in sorted_list}
```

根据每个节点可能的覆盖时间，计算出每个节点对应的库存成本：

```
on_hand_cost = {(node, CT): hc_dict[node] * ss_ct_dict[node, CT]
                for node in sorted_list for CT in CT_index[node]}
```

初始化一些用于记录过程信息的字典：

```
# cost_record记录每个节点在每种策略组合(S, SI)下的成本
cost_record = defaultdict(dict)
#在给定S的情况下，f_cost记录p(j)在节点下游的节点子树上的最小库存成本
f_cost = {(node, S): -float('inf') for node in to_eva_f_list for S in
          S_index[node]}
# f_argmin记录f_cost的最小库存成本所对应的SI
f_argmin = {(node, S): -float('inf') for node in to_eva_f_list for S in
            S_index[node]}
#在给定SI的情况下，g_cost记录p(j)在节点上游的节点子树上的最小库存成本
g_cost = {(node, SI): -float('inf') for node in to_eva_g_list for SI in
          SI_index[node]}
# g_argmin记录g_cost的最小库存成本所对应的S
g_argmin = {(node, SI): -float('inf') for node in to_eva_g_list for SI in
            SI_index[node]}
```

16.2.4 定义计算 $f_j(S)$ 和 $g_j(SI)$ 的函数

$f_j(S)$ 的计算公式为

$$f_j(S) = \min_{SI:(S-L_j)^+ \leq SI \leq ML_j - L_j} \left\{ c_j(SI, S) + \sum_{i:(i,j) \in \mathcal{A} \& i < j} \min_{x_i:x_i \leq SI} f_i(x_i) + \sum_{k:(j,k) \in \mathcal{A} \& k < j} \min_{y_k:y_k \geq S} g_k(y_k) \right\}$$

```python
def evaluate_f(node, S):
    # 测试全部可能的SI
    to_test_SI = np.arange(max(0, S - lt_dict[node]),
                            cum_lt_dict[node] - lt_dict[node] + 1)
    for SI in to_test_SI:
        # 计算当前策略组合下的覆盖时间
        CT = SI + lt_dict[node] - S
        # 计算当前策略组合下的库存成本
        # 首先是自身库存成本
        cost_record[node][S, SI] = on_hand_cost[node, CT]
        # 如果节点有上游节点,那么需要加总上游节点子树对应的成本
        if len(sub_pred_dict[node]) > 0:
            for pred in sub_pred_dict[node]:
                cost_record[node][S, SI] += min(
                    [f_cost[pred, s] for s in S_index[pred] if s <= SI])
        # 如果节点有下游节点,那么需要加总下游节点子树对应的成本
        if len(sub_succ_dict[node]) > 0:
            for succ in sub_succ_dict[node]:
                cost_record[node][S, SI] += min(
                    [g_cost[succ, si] for si in SI_index[succ] if si >= S])
    # 找到给定S情况下的最优的SI
    cost_SI_dict = {si: cost_record[node][S, si] for si in to_test_SI}
    best_SI = min(cost_SI_dict, key=cost_SI_dict.get)
    # 将成本记录到f_cost,将最优的SI记录到f_argmin
    f_cost[node, S] = cost_SI_dict[best_SI]
    f_argmin[node, S] = best_SI
```

$g_j(SI)$ 的计算公式为

$$g_j(SI) = \min_{S:0 \leq S \leq \min(SI + L_j, sla_j)} \left\{ c_j(SI, S) + \sum_{i:(i,j) \in \mathcal{A} \& i < j} \min_{x_i:x_i \leq SI} f_i(x_i) + \sum_{k:(j,k) \in \mathcal{A} \& k < j} \min_{y_k:y_k \geq S} g_k(y_k) \right\}$$

```python
def evaluate_g(node, SI):
    # 测试全部可能的S
    to_test_S = np.arange(0, min(sla_dict.get(node, 9999),
                                  SI + lt_dict[node]) + 1)
    for S in to_test_S:
        # 计算当前策略组合下的覆盖时间
        CT = SI + lt_dict[node] - S
        # 计算当前策略组合下的库存成本
        # 首先是自身库存成本
        cost_record[node][S, SI] = on_hand_cost[node, CT]
        # 如果节点有上游节点,那么需要加总上游节点子树对应的成本
        if len(sub_pred_dict[node]) > 0:
            for pred in sub_pred_dict[node]:
```

```
            cost_record[node][S, SI] += min(
                [f_cost[pred, s] for s in S_index[pred] if s <= SI])
        # 如果节点有下游节点，那么需要加总下游节点子树对应的成本
        if len(sub_succ_dict[node]) > 0:
            for succ in sub_succ_dict[node]:
                cost_record[node][S, SI] += min(
                    [g_cost[succ, si] for si in SI_index[succ] if si >= S])
    # 找到给定SI情况下的最优的S
    cost_S_dict = {s: cost_record[node][s, SI] for s in to_test_S}
    best_S = min(cost_S_dict, key=cost_S_dict.get)
    # 将成本记录到g_cost，将最优的S记录到g_argmin
    g_cost[node, SI] = cost_S_dict[best_S]
    g_argmin[node, SI] = best_S
```

16.2.5 根据排序遍历计算最优成本

```
# 遍历节点，除了最后一个节点外
for node in sorted_list[:-1]:
    # 如果p(j)在节点下游，则对于所有可能的S，计算f函数
    if node in to_eva_f_list:
        for S in S_index[node]:
            evaluate_f(node, S)
    # 如果p(j)在节点上游，则对于所有可能的S，计算g函数
    if node in to_eva_g_list:
        for SI in SI_index[node]:
            evaluate_g(node, SI)
# 对于排序中的最后一个节点，对于所有可能的SI，计算g函数
end_node = sorted_list[-1]
for SI in SI_index[end_node]:
    evaluate_g(end_node, SI)
```

16.2.6 使用回溯法找到最优策略

在完成最优成本的计算后，就可以得到序列中最后一个节点的最优服务时间 S 与被服务时间 SI：

```
end_g_cost_dict = {si: g_cost[end_node, si] for si in SI_index[end_node]}
end_node_SI = min(end_g_cost_dict, key=end_g_cost_dict.get)
end_node_S = g_argmin[end_node, end_node_SI]
```

接下来，使用回溯法反向遍历序列中剩余节点的最优变量：

```
# 定义最优策略字典
opt_sol = {'S': {}, 'SI': {}, 'CT': {}}
# 将最后一个节点的最优值存储在最优策略中
opt_sol['SI'][end_node] = end_node_SI
opt_sol['S'][end_node] = end_node_S
# 从序列的倒数第二个节点开始反向遍历
for node in sorted_list[-2::-1]:
    parent_node = parent_dict[node]
    # 如果p(j)在节点上游，则SI_j^* >= S_{p(j)}^*，从而得到S_j^*
    if node in sub_succ_dict[parent_node]:
```

```python
            node_g_dict = {si: g_cost[node, si] for si in SI_index[node]
                           if si >= max(opt_sol['S'][parent_node],
                                        min(SI_index[node]))}
            node_SI = min(node_g_dict, key=node_g_dict.get)
            node_S = g_argmin[node, node_SI]
        # 如果p(j)在节点下游，则S_j^* <= SI_{p(j)}^*，从而得到SI_j^*
        elif node in sub_pred_dict[parent_node]:
            node_f_dict = {s: f_cost[node, s] for s in S_index[node]
                           if s <= min(opt_sol['SI'][parent_node],
                                       max(S_index[node]))}
            node_S = min(node_f_dict, key=node_f_dict.get)
            node_SI = f_argmin[node, node_S]
        else:
            raise Exception
        opt_sol['S'][node] = node_S
        opt_sol['SI'][node] = node_SI
# 根据最优的S^*和SI^*，计算最优的CT^*
opt_sol['CT'] = {node: opt_sol['SI'][node] + lt_dict[node] -
                 opt_sol['S'][node] for node in sorted_list}
```

16.2.7 策略成本比较

本小节计算策略的安全库存成本，并与使用单级库存策略进行比较。

```python
# 计算网络最优策略的成本
opt_ss_dict = {node: ss_ct_dict.get((node, CT), 0)
               for node, CT in opt_sol['CT'].items()}
opt_ss_cost = sum([hc_dict[node] * opt_ss_dict[node]
                   for node in sku_node_df['node_id']])
# 计算单级库存策略的安全库存成本
single_ct_dict = {node: max(0, lt_dict[node] - sla_dict[node])
                  if node in sla_dict.keys() else lt_dict[node]
                  for node in sku_node_df['node_id']}
single_ss_dict = {node: ss_ct_dict.get((node, CT), 0)
                  for node, CT in single_ct_dict.items()}
single_ss_cost = sum([hc_dict[node] * single_ss_dict[node]
                      for node in sku_node_df['node_id']])
print('使用单级库存策略的安全库存成本为%.2f' % single_ss_cost)
print('使用网络最优策略的安全库存成本为%.2f，相比于单级库存策略，成本降低%.2f'
      % (opt_ss_cost, single_ss_cost - opt_ss_cost))
```

使用单级库存策略的安全库存成本为1263.35
使用网络最优策略的安全库存成本为1110.80，相比于单级库存策略，成本降低152.54

可以看出，相比于之前采用的单级库存策略，使用网络最优策略能够显著降低库存成本。

由于7个SKU的生产加工时间有所不同，因此在网络中每个节点的累计提前期会发生变化。这里分别计算得到了每个SKU在服务水平为90%和95%时的安全库存策略量：

在服务水平为90.0%时，'SKU000'的安全库存成本为865.46
在服务水平为95.0%时，'SKU000'的安全库存成本为1110.80

```
在服务水平为90.0%时, 'SKU001'的安全库存成本为1157.57
在服务水平为95.0%时, 'SKU001'的安全库存成本为1485.73
在服务水平为90.0%时, 'SKU002'的安全库存成本为1544.89
在服务水平为95.0%时, 'SKU002'的安全库存成本为1982.85
在服务水平为90.0%时, 'SKU003'的安全库存成本为706.23
在服务水平为95.0%时, 'SKU003'的安全库存成本为906.43
在服务水平为90.0%时, 'SKU004'的安全库存成本为1068.53
在服务水平为95.0%时, 'SKU004'的安全库存成本为1371.44
在服务水平为90.0%时, 'SKU005'的安全库存成本为271.36
在服务水平为95.0%时, 'SKU005'的安全库存成本为348.28
在服务水平为90.0%时, 'SKU006'的安全库存成本为758.66
在服务水平为95.0%时, 'SKU006'的安全库存成本为973.73
```

16.3 拓展思考

1）在本章案例中,工厂和 RDC 只向下游的 DC 供货,自身并不直接面向客户需求。实际中,一些企业会建立工厂直发渠道,而 RDC 需要覆盖一定区域的客户需求。此时,应该如何对模型进行改进?

2）本章案例假设同一 SKU 在不同 DC 的需求是相互独立的。如果不同 DC 的需求之间存在相关性,则应该如何将需求的相关性考虑到模型中?

3）本章案例将需求看作平稳的过程来建模,如果需求具有非平稳性(如季节性、趋势性),则安全库存又该如何优化?

第17章 某家电企业 H 的制造网络库存优化实战

H 公司是一家大型的家电制造商，旗下产品覆盖了绝大部分的家庭电器。近年来，H 公司也从传统的线下为主的零售模式转为线上与线下融合的新零售模式，产品通过各大电商平台、区域经销商、直营店等多种渠道销往市场。这极大地加剧了市场需求的波动性。工厂在制订采购与生产计划时，除了考虑已有订单和预测需求外，还需要持有一定的安全库存以应对预测需求的不确定性。由于同一种原材料一般支撑多个半成品、成品的生产，H 公司的生产计划部（简称计划部）一直以来主要在原材料上设置安全库存，这样能够在一定程度上应对成品需求的不确定性，同时也可以降低成品滞销的风险。但是，从原材料加工到成品需要较长的时间，只在原材料上设置安全库存的结果是对市场需求波动的响应较慢。

近几年，社交电商、直播电商等多种新兴零售模式层出不穷。顾客的转移成本降低，对商家响应时效的要求越来越高。为了应对激烈的市场竞争，各大渠道商对工厂的交付时间有了更高的要求。这迫使计划部将制造网络中的安全库存前置，以达到各渠道商对工厂交付时间的要求。计划部的一部分人员提出的方案是将安全库存全部前置到成品上，各个成品按照其累计提前期设置安全库存。但也有一部分人员指出，由于成品的持货成本较高，这样的方式会使得安全库存成本过高，没有很好地利用通用件的库存共享效应。但是，公司制造网络的结构十分复杂，不同组件的生产、加工时间也不相同。如何针对不同成品的不同交付时间要求制定科学的安全库存策略，从而有效协同各组件的运营库存水平，保证生产的齐套性，并尽可能最小化库存成本，是计划部面临的一个难题。于是，计划部找到一家专门从事供应链决策优化的咨询公司，希望咨询公司通过智能决策技术构建一套全网络的安全库存优化方案。

合作项目的第一阶段，计划部选择了咨询公司的两款"明星"产品以及它们的生产涉及的所有半成品和原材料，共计 392 个编码。计划部提供了它们的物料清单（Bill Of Materials，BOM）、各物料（包含原材料、半成品和成品）的持货成本、成品需求的预测均值和误差，以及工厂对客户的承诺服务时间等数据，希望咨询公司以这两款产品的制造网络为基础，搭建出全网络安全库存优化方案的原型，探究如下 3 个问题：

1）应该选择网络的哪些节点设置安全库存（位置），以及设置多少安全库存（量）？

2）与安全库存全部前置在成品的策略相比，全局最优的策略能否显著降低总安全库存成本?

3)对客户的承诺服务时间对总安全库存成本的影响有多大?

由于制造中存在很多通用件,因此制造网络通常不是有向树网络。本案例使用有向无环图对 H 公司的两个成品的制造网络进行建模,并使用 15.3.2 小节的分段线性函数近似算法,建立混合整数规划来求解相应的承诺服务模型。

17.1 数据导入及预处理

数据导入及预处理的代码如下。

```
# 导入网络分析包
import networkx as nx
# 导入数据分析包
import pandas as pd
# 导入第14章的几个算法
from chapter14_network_basic import cal_cum_lt, cal_demand_bound
# 导入COPT优化求解包
from coptpy import *
import matplotlib.pyplot as plt
import seaborn as sns
sns.set_theme(style='darkgrid')
import warnings
warnings.filterwarnings('ignore')

# 定义数据路径
data_dir = '../../data/manufacture/'
# 读取两个需求节点(成品)的需求数据
demand_df = pd.read_csv(data_dir + 'manufacture_demand_df.csv')
# 读取制造网络的节点数据
node_df = pd.read_csv(data_dir + 'manufacture_node_df.csv')
# 读取制造网络的边数据
edge_df = pd.read_csv(data_dir + 'manufacture_edge_df.csv')
```

demand_df 展示了两个成品的需求信息。

```
print(demand_df)
```

```
    node_id      mean       std
0   N001901  63.116490  1.321818
1   N001661  13.965023  9.741882
```

node_df 为 BOM 的节点信息表,共有 392 个节点。node_id、lt、hc 和 sla 分别表示节点的 id、提前期(对于采购件来说为采购周期,对于加工件来说为生产加工周期)、单位持货成本以及对客户的承诺服务时间。

```
print(node_df.head())
```

```
    node_id  lt        hc  sla
0   N001608   4  0.478034  NaN
1   N002747   4  0.860900  NaN
```

```
2   N003024   2   0.483988   NaN
3   N000968   6   0.311728   NaN
4   N000528   9   0.807896   NaN
```

edge_df 为 BOM 的边信息表。predecessor 表示上游节点；successor 表示下游节点；quantity 表示配比，即一个单位的下游节点生产需要多少个单位的上游节点。

```
print(edge_df.head())
```

```
   predecessor  successor  quantity
0    N002230    N001901    1.000
1    N001693    N001901    1.000
2    N001664    N001693    1.200
3    N000519    N001693    0.001
4    N000416    N001693    0.001
```

利用 NetworkX，对 H 公司的制造 BOM 进行可视化展示，如图 17-1 所示。

```
graph = nx.DiGraph()
graph.add_weighted_edges_from(edge_df.values)
nx.draw(graph, node_size=20)
```

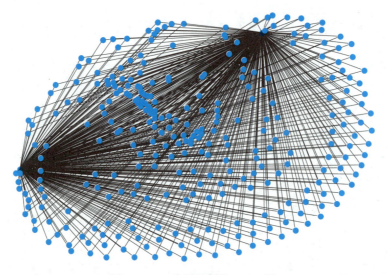

图 17-1　H 公司的制造 BOM 图

可以看出，尽管只有两款成品，但整个制造网络依然非常复杂，存在很多共享节点。将网络转换成无向图，可以发现网络中存在环路，因此不是有向树网络，无法应用动态规划算法求解。因此在本案例中，使用分段线性函数近似的方法对模型进行求解。

```
un_di_graph = graph.to_undirected()
print(nx.find_cycle(un_di_graph))
```

```
[('N001693', 'N001664'), ('N001664', 'N001273'), ('N001273', 'N000519'),
 ('N000519', 'N001693')]
```

首先，对数据进行预处理，计算出每个节点的累计提前期：

```
lt_dict = dict(zip(node_df['node_id'], node_df['lt']))
cum_lt_dict = cal_cum_lt(edge_df[['predecessor', 'successor']].values, lt_dict)
cum_lt_df = pd.DataFrame.from_dict(
    cum_lt_dict, orient='index').reset_index().rename(
        columns={'index': 'node_id', 0: 'cum_lt'})
node_df = node_df.merge(cum_lt_df, on='node_id', how='left')
print(node_df.head())
```

```
    node_id  lt        hc  sla  cum_lt
0   N001608   4  0.478034  NaN       4
1   N002747   4  0.860900  NaN       4
2   N003024   2  0.483988  NaN       2
3   N000968   6  0.311728  NaN       6
4   N000528   9  0.807896  NaN       9
```

然后，调用计算需求上界的函数 cal_demand_bound() 计算服务水平为 0.95 时的需求上界表：

```
demand_bound_df = cal_demand_bound(node_df, demand_df, edge_df)
print(demand_bound_df.head())
```

```
    node_id  time  volatility_constant     mean    ss_qty  demand_bound
0   N001608     0             0.016171  0.077082  0.000000      0.000000
1   N001608     1             0.016171  0.077082  0.016171      0.093252
2   N001608     2             0.016171  0.077082  0.022869      0.177032
3   N001608     3             0.016171  0.077082  0.028009      0.259253
4   N001608     4             0.016171  0.077082  0.032342      0.340668
```

最后，将后续反复会用到的算法转换成字典格式，方便调用：

```
all_nodes = set(node_df['node_id'])
# 提前期
lt_dict = dict(zip(node_df['node_id'], node_df['lt']))
# 累计提前期
cum_lt_dict = dict(zip(node_df['node_id'], node_df['cum_lt']))
# 单位持货成本
hc_dict = dict(zip(node_df['node_id'], node_df['hc']))
# 对客户承诺服务时间sla
sla_dict = dict(zip(node_df['node_id'], node_df['sla']))
# 每个节点对应覆盖时间的安全库存量
ss_ct_dict = {(node, time): ss for node, time, ss in
              demand_bound_df[['node_id', 'time', 'ss_qty']].values}
```

17.2 应用分段线性函数近似算法求解近似最优的策略

本节使用分段线性函数近似目标函数，建立混合整数规划问题并调用 COPT 求解器对问题进行求解。优化问题为

$$\min \sum_{j \in \mathcal{N}} H_j \sum_{r=1}^{R_j} \left(a_j^r z_j^r + b_j^r u_j^r \right)$$

$$\text{s.t.} \quad CT_j = \sum_{r=1}^{R_j} z_j^r, \forall j \in \mathcal{N}$$

$$t^{r-1} u_j^r \leq z_j^r \leq t^r u_j^r, \forall j \in \mathcal{N}, r = 1, \cdots, R_j$$

$$\sum_{r=1}^{R} u_j^r \leq 1, \forall j \in \mathcal{N}, r = 1, \cdots, R_j$$

$$u_j^r \in \{0,1\}, \forall j \in \mathcal{N}, r = 1, \cdots, R_j$$

$$z_j^r \geq 0, \forall j \in \mathcal{N}, r = 1, \cdots, R_j$$

$$CT_j = SI_j + L_j - S_j, \forall j \in \mathcal{N}$$

$$SI_j - S_i \geq 0, \forall (i, j) \in \mathcal{A}$$

$$S_j \leq sla_j, \forall j \in \mathcal{E}$$

$$S_j, SI_j, CT_j \geq 0, \forall j \in \mathcal{N}$$

首先根据需求上界表定义函数 cal_ar_br()，计算出近似参数 $a_j^r, b_j^r, j \in \mathcal{N}, r = 1, \cdots, R_j$。

```python
def cal_ar_br(demand_bound_df):
    # 对时间取差
    demand_bound_df['t_diff'] = demand_bound_df['time'].diff()
    demand_bound_df.loc[demand_bound_df['time'] == 0, 't_diff'] = 0
    # 对需求上界取差
    demand_bound_df['db_diff'] = demand_bound_df['demand_bound'].diff()
    demand_bound_df.loc[demand_bound_df['time'] == 0, 'db_diff'] = 0
    # 根据ar和br的公式，计算ar与br
    demand_bound_df['ar'] = demand_bound_df['db_diff'] / \
                           demand_bound_df['t_diff'] - \
                           demand_bound_df['mean']
    demand_bound_df['br'] = demand_bound_df['demand_bound'] - \
                           demand_bound_df['mean'] * \
                           demand_bound_df['time'] - \
                           demand_bound_df['ar'] * demand_bound_df['time']
    demand_bound_df.loc[demand_bound_df['time'] == 0, 'ar'] = 0
    demand_bound_df.loc[demand_bound_df['time'] == 0, 'br'] = 0
    # 转换成字典格式，方便读取
    ar_dict = {(node, time): ar for node, time, ar
               in demand_bound_df[['node_id', 'time', 'ar']].values}
    br_dict = {(node, time): br for node, time, br
               in demand_bound_df[['node_id', 'time', 'br']].values}
    return ar_dict, br_dict

ar_dict, br_dict = cal_ar_br(demand_bound_df)
```

为了方便建模时快速添加变量，定义两个用于记录节点与时间取值范围的列表与集合：

```
jt_list = list(ar_dict.keys())
jt_dict = {j: list(range(1, int(cum_lt_dict[j]) + 1)) for j in all_nodes}
```

接下来使用 COPT 进行建模。

第一步，建立一个空的模型：

```
# 生成COPT的环境
env = Envr()
# 建立空的模型
m = env.createModel('pwl')
Cardinal Optimizer v4.0.2. Build date Feb 23 2022
Copyright Cardinal Operations 2022. All Rights Reserved
```

第二步，向模型中添加变量：

```
# 服务响应时间
S = m.addVars(all_nodes, vtype=COPT.CONTINUOUS, lb=0, nameprefix='S')
# 被服务时间
SI = m.addVars(all_nodes, vtype=COPT.CONTINUOUS, lb=0, nameprefix='SI')
# 覆盖时间
CT = m.addVars(all_nodes, vtype=COPT.CONTINUOUS, lb=0, nameprefix='CT')
# 用来控制只选择一段的0-1变量
U = m.addVars(jt_list, vtype=COPT.BINARY, nameprefix='U')
# 用于近似覆盖时间的变量
Z = m.addVars(jt_list, vtype=COPT.CONTINUOUS, lb=0, nameprefix='Z')
```

在添加变量时，已经对变量的属性进行了定义，因此模型中的约束 4、约束 5 和约束 9 无须再次添加。

第三步，添加目标函数：

$$\min \sum_{j \in \mathcal{N}} h_j \sum_{r=1}^{R_j} \left(a_j^r z_j^r + b_j^r u_j^r \right)$$

使用 COPT 中 quicksum 功能进行求和。

```
m.setObjective(quicksum(
    hc_dict[j] * (ar_dict[j, t] * Z[j, t] + br_dict[j, t] + U[j, t]) for j, t
    in jt_list), COPT.MINIMIZE)
```

第四步，逐步添加模型中的约束。

约束 1：

$$CT_j = \sum_{r=1}^{R_j} z_j^r, \ \forall j \in \mathcal{N}$$

```
m.addConstrs(
    (CT[j] == quicksum(Z[j, t] for t in jt_dict[j]) for j in all_nodes),
    nameprefix='approx_CT')
```

约束 2：

$$t^{r-1} u_j^r \leqslant z_j^r \leqslant t^r u_j^r, \ \forall j \in \mathcal{N}, \ r=1,\cdots, R_j$$

```
m.addConstrs(((t - 1) * U[j, t] <= Z[j, t] for j, t in jt_list),
    nameprefix='time_interval_lhs')
```

```
m.addConstrs((t * U[j, t] >= Z[j, t] for j, t in jt_list),
             nameprefix='time_interval_rhs')
```

约束 3：

$$\sum_{r=1}^{R} u_j^r \leq 1, \forall j \in \mathcal{N}, \ r = 1, \cdots, R_j$$

```
m.addConstrs((quicksum(U[j, t] for t in jt_dict[j]) == 1 for j in all_nodes),
             nameprefix='choose_one')
```

接下来添加原有承诺服务模型的 3 个约束。

约束 4：

$$CT_j = SI_j + L_j - S_j, \ \forall j \in \mathcal{N}$$

```
m.addConstrs((CT[j] == SI[j] + lt_dict[j] - S[j] for j in all_nodes),
             nameprefix='covering_time')
```

约束 5：

$$SI_j - S_i \geq 0, \forall (i, j) \in \mathcal{A}$$

```
m.addConstrs((SI[succ] - S[pred] >= 0 for (pred, succ) in edge_df[[
    'predecessor', 'successor']].values), nameprefix='edge')
```

约束 6：

$$S_j \leq sla_j, \ \forall j \in \mathcal{E}$$

```
m.addConstrs((S[j] <= int(sla_dict[j]) for j in all_nodes
              if pd.notnull(sla_dict[j])), nameprefix='sla')
```

第五步，设定求解参数并求解模型，将求解结果读取出来。

```
# 整数规划启发式算法的参数
m.setParam(COPT.Param.HeurLevel, 3)
# 求解精度
m.setParam(COPT.Param.RelGap, 0.01)
m.solve()
```

```
Setting parameter 'HeurLevel' to 3
Setting parameter 'RelGap' to 0.01
Hardware has 8 cores and 8 threads. Using instruction set ARMV8 (30)
Minimizing a MIP problem

The original problem has:
    6882 rows, 6102 columns and 17120 non-zero elements
    2463 binaries

Presolving the problem

The presolved problem has:
    5425 rows, 4689 columns and 13858 non-zero elements
    1989 binaries
```

第 17 章 某家电企业 H 的制造网络库存优化实战

```
Starting the MIP solver with 8 threads and 16 tasks

    Nodes    Active    LPit/n    IntInf    BestBound      BestSolution      Gap      Time
        0         1        --         0    4.460112e+04          --         Inf     0.47s
H       0         1        --         0    4.460112e+04    4.790291e+04    6.89%    0.50s
H       0         1        --         0    4.460112e+04    4.781083e+04    6.71%    0.50s
        0         1        --       260    4.573937e+04    4.781083e+04    4.33%    0.52s
H       0         1        --       260    4.573937e+04    4.642126e+04    1.47%    0.67s
H       0         1        --       260    4.573937e+04    4.613812e+04    0.86%    0.67s
        1         1      1335       260    4.573937e+04    4.613812e+04    0.86%    2.45s
        1         1      1335       260    4.573937e+04    4.613812e+04    0.86%    2.45s

Best solution     : 46138.116379687
Best bound        : 45739.373605828
Best gap          : 0.8642%
Solve time        : 2.46
Solve node        : 1
MIP status        : solved
Solution status   : integer optimal (relative gap limit 0.01)

Violations        :      absolute        relative
  bounds          :             0               0
  rows            :             0               0
  integrality     :             0
```

```python
# 获得求解结果
opt_sol = {}
if m.status == COPT.OPTIMAL:
    opt_sol['S'] = {node: S[node].x for node in S}
    opt_sol['SI'] = {node: SI[node].x for node in SI}
    opt_sol['CT'] = {node: CT[node].x for node in CT}
else:
    raise Exception('Wrong')
```

下面计算策略的安全库存成本,并与将安全库存全部设置在成品的策略进行比较。

```python
# 计算网络最优策略的成本
opt_ss_dict = {node: ss_ct_dict.get((node, round(CT)), 0)
               for node, CT in opt_sol['CT'].items()}
opt_ss_cost = sum([hc_dict[node] * opt_ss_dict[node]
                   for node in all_nodes])
# 计算将安全库存都设置在成品的安全库存成本
product_node_df = node_df[node_df.sla.notna()]
product_node_df['CT'] = product_node_df['cum_lt'] - product_node_df['sla']
product_ct_dict = dict(zip(product_node_df['node_id'], product_node_df['CT']))
product_ss_dict = {node: ss_ct_dict.get((node, CT), 0)
                   for node, CT in product_ct_dict.items()}
product_ss_cost = sum([hc_dict[node] * product_ss_dict[node]
                       for node in product_node_df['node_id']])
print("使用安全库存全部设置在成品的策略的安全库存成本为%.2f" % product_ss_cost)
print("使用网络最优策略的安全库存成本为%.2f,相比于安全库存全部设置在成品的策略,成本降低%.2f"
      % (opt_ss_cost, product_ss_cost - opt_ss_cost))
```

```
使用安全库存全部设置在成品的策略的安全库存成本为4902.64
使用网络最优策略的安全库存成本为3236.43,相比于安全库存全部设置在成品的策略,成本降低1666.15
```

可以看出，相比于将安全库存都设置在成品上，使用全局优化的方法能够显著降低安全库存成本。

17.3 比较不同承诺服务时间和不同服务水平下的安全库存成本

首先，改变成品 N001901 对客户的承诺服务时间，观察总安全库存成本的变化。从图 17-2 可以发现，企业对客户的承诺服务时间越长，网络的总安全库存成本越低。

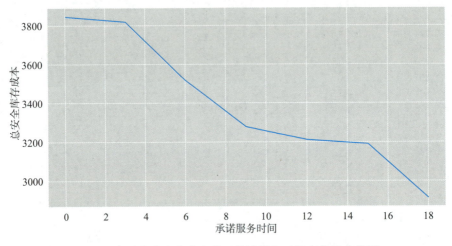

图 17-2 总安全库存成本关于承诺服务时间变化的曲线图

然后，考查不同服务水平下总安全库存成本的变化，结果如图 17-3 所示。当企业提高服务水平后，网络中相应节点的安全库存量会增加，以更好地应对需求的波动，总安全库存成本也随之增加。

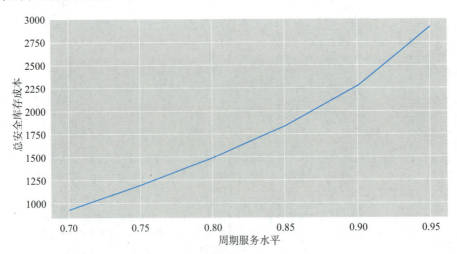

图 17-3 总安全库存成本关于服务水平变化的曲线图

17.4 拓展思考

1)如果在制造网络中存在可以相互替代的组件,那么如何处理这种情况?

2)在生产过程中,有一些半成品由于加工工艺的要求无法持有库存,如何修改模型满足该要求?

3)一些企业可能会对一些关键器件集中存储,这类器件通常库存非常充足,如何处理这种情况?

17.5 实战建议

本节给出网络库存管理实践的几点建议。

1. 结合业务场景处理网络结构

为了专注于算法的介绍,本书所使用的网络都是经过处理的。在进行网络库存优化实践时,首先需要根据业务场景处理网络结构。例如,在零售等分销场景中,同一产品在不同渠道的需求响应速度要求不同,应当被视为多个节点。在制造网络中,由于加工工艺或仓储限制等因素,一些半成品不能持有库存;一些原材料由于之前的超量采购,可被视为无限供应节点;一些半成品除了被用于下游节点的加工外,自身也可以作为产品向外销售;某些产品的生产过程中存在一种或多种可替代原材料;等等。如果不提前进行网络预处理,那么是很难将这些复杂的业务场景建模在原始网络上并优化的。

2. 库存共享中存在流动限制

实践中的库存共享问题往往面临着许多业务上的约束,库存流动限制便是其一。在实际场景中,为了减少频繁调拨、增加库存的稳定性,分给一个子节点的库存往往不能再回流至共享节点。而当系统无法做到多渠道库存信息的实时更新时,为了防止超卖风险,只有真正划归到一个子节点的库存才被视为该节点的可用库存,共享库存池中的库存不能被用于上架接单,更多的是作为没有提前期的补货储备存在于网络中。在这样的场景下,如果将共享库存直接分配给所有子节点,就起不到库存共享的作用;而如果将库存放置在共享节点,则可能因为子节点库存不足而导致订单损失。此时要制定库存共享策略和子节点补货策略,以及平衡库存共享效应和订单损失风险,就需要在实际场景中进一步评估和考虑。

3. 大规模网络下策略的可视化与可解释性

对于规模较大的库存网络,企业一般会划分出多条业务线,由各业务线人员分别进行计划、运营,这很可能导致各业务线人员缺乏全局优化的概念。网络库存优化以全局优化的方式解决库存的位置和量两个问题,应用网络优化方法得到的库存策略可能会出现与业务人员经验相悖的情况。例如,某业务人员管理的成品需要用到的5种关键通用原材料不由该业务人员管理，为了保证自身业务线的服务水平，该业务人员过去会在自己管理的成品上设置安全库存。而通过网络优化得到的策略则建议在这 5 种通用原材料上设置安全库存，这样能够实现多条业务线的风险共担，降低库存成本。为了帮助运营人员形成全局的、系统的视角，建立一套库存网络的可视化工具是必要的。此外，建立一套可解释性工具也可以帮助业务人员更好地理解网络优化的结果。该工具可以用来解释为何提升某些节点的库存水位是更优的、为何某些节点不需要持有安全库存、如果修改库存策略的位置和量会产生什么影响等问题。只有一线业务人员能够理解策略、相信策略，才能执行策略，真正实现网络策略的全局优化。

附 录

附录 A 符号表

符号	含义
P	概率
E	期望
Var	方差
μ	均值
σ	标准差
$\mathbf{I}()$	示性函数
X	学习特征
Y	预测目标
c	单位订货成本
h	持货成本率
H	持货成本
NI	净库存
IP	库存水平
ROP	再补货点
Q	补货批量
OUL	目标库存水平
T	盘货周期
D	需求
K	固定订货成本
L	提前期
$F()$	累积分布函数
$f()$	概率密度函数
$F^{-1}()$	分位数函数
Φ	标准正态分布的累积分布函数
ϕ	标准正态分布的概率密度函数
Φ^{-1}	标准正态分布的分位数函数
CSL	周期服务水平
fr	需求满足率
PE	共享效应
APE	绝对共享效应
$\mathcal{G}=(\mathcal{N},\mathcal{A})$	图，其中 $\mathcal{N}$ 表示节点的集合，$\mathcal{A}$ 表示边的集合
$\mathcal{E}$	最下游的需求节点集合

附录 B 数学规划与概率论基础知识

B.1 数学规划基础知识

B.1.1 一般形式和基本概念

一般地，一个数学规划问题可以表示为如下形式：

$$\begin{aligned} \min \quad & f_0(x) \\ \text{s.t.} \quad & f_i(x) \leqslant 0, \ i = 1, \cdots, m \\ & h_i(x) = 0, \ i = 1, \cdots, p \end{aligned}$$

式中，x 是数学规划问题的决策变量，$f_0(x)$ 称作目标函数或损失函数，$f_i(x) \leqslant 0$ 称为不等式约束，$h_i(x) = 0$ 称为等式约束。目标函数及所有约束函数的定义域的并集称为该数学规划问题的定义域，记为

$$\mathcal{D} = \bigcap_{i=0}^{m} \operatorname{dom} f_i \cap \bigcap_{i=1}^{p} \operatorname{dom} h_i$$

在定义域上满足所有约束的点的集合称为该数学规划问题的可行域：

$$\mathcal{S} = \{x \in \mathcal{D} \mid f_i(x) \leqslant 0, \ h_i(x) = 0\}$$

可以在可行域上寻找函数的最小值或下界，$p^* = \inf\{f_0(x) \mid x \in \mathcal{S}\}$，$p^*$ 表示该数学规划问题的最优值，求解这一最优值的算法称为优化算法。当 $p^* = -\infty$ 时，表明该数学规划问题是无界的。如果在定义域内存在某一 x^* 使得 $f_0(x^*) = p^*$，那么 x^* 即为该数学规划问题的最优解。

B.1.2 有约束问题和无约束问题

当数学规划问题不存在约束，即在一般形式中 $m=p=0$ 时，该问题为一个无约束数学规划问题，否则称为有约束数学规划问题。

有无约束会影响数学规划问题的求解方式与难度。一般地，对于一个无约束问题，人们只需要考虑目标函数的性质、寻找目标函数的最小值即可；而当存在约束时，则要考虑 $m+p$ 个约束条件的限制。当存在较多数量的约束时，数学规划问题的求解难度会大大提升。

B.1.3 凸规划

集合 V 是一个凸集，当且仅当集合中任意两点的连线仍在集合中，即

$$\lambda x + (1-\lambda) y \in V, \ \forall x, y \in V, \forall \lambda \in (0,1)$$

此时函数 f 是一个凸函数。当且仅当该函数的定义域为凸集，且函数上任意两点的连线都在曲线上，即

$$f(\lambda x+(1-\lambda)y) \leqslant \lambda f(x)+(1-\lambda)f(y), \forall x, y \in \mathrm{dom} f, \forall \lambda \in (0,1)$$

此时凸函数的局部极值点一定是全局最值点。对于一个数学规划问题而言，如果其目标函数是凸函数，且其可行域为凸集，则该数学规划问题是一个凸规划问题，该问题的局部最优值点一定是全局最优值点。对于无约束问题而言，只需要验证目标函数是否为凸函数即可判断数学规划问题的凸性。对于有约束问题而言，还需要验证可行域的凸性。

B.1.4 线性规划和混合整数线性规划

目标函数和所有约束都是线性的数学规划问题被称为线性规划。一般地，这一问题具有如下形式：

$$\begin{aligned} \min \quad & c^T x + d \\ \text{s.t.} \quad & Gx \leqslant h \\ & Ax = b \end{aligned}$$

不难验证，该数学规划问题的目标函数和可行域都具有凸性，因此线性规划问题是凸规划问题。

市面上主流的商用和开源求解器都能够比较好地解决一般规模的线性规划问题，如 Gurobi、CPLEX 和 COPT 等。很多问题都可以被转换为线性规划问题进行求解，或是利用线性规划进行近似。

混合整数线性规划则是在线性规划问题的基础上限制部分决策变量只能取整数。

B.1.5 动态规划

动态规划问题是一种求解有较多重复形式子问题的规划问题。有时会遇到这样的问题，它可以被分解成两个子问题，其中一个较为简单，而另一个和原问题的解具有相同的结构。在多期决策中比较容易遇到这样的问题结构，例如，在制定每天的库存策略时，便可以将其拆解为两部分，其中一部分库存可较好地满足当日需求，另一部分可较好地满足从明天开始的未来一段时间的需求，这样的结构便是一个典型的适合用动态规划求解的问题。当然，动态规划问题也不局限于多期决策问题，对于任何具有上述特征的问题，都可以采用动态规划的思想进行求解。

动态规划的一般解法是递归求解。既然可以将原问题分解为简单问题和相似的子问题，那么便可以不断重复这一过程，直至子问题的规模足够小或是形式足够简单，再从该问题的解回溯，往前递推以得到原始问题的解。本书中多次使用了这一思路来设计算法。

B.2 概率论基础知识

B.2.1 一元分布和多元分布

在概率论中，一个可重复的且在试验前不确定结果但知道其可能范围的试验称为随

机试验。一个随机试验的所有可能结果组成的集合为样本空间Ω。概率表示样本空间上每个试验结果出现的可能性。定义在Ω上的实值函数X为一个随机变量，根据值域性质的不同，随机变量可以被分为连续随机变量和离散随机变量。其主要差异是，前者的取值不能一一列举，而后者可以一一列举。

对于一个随机变量，可以定义累积分布函数（Cumulative Distribution Function，CDF）：

$$F(x) = P(X \leqslant x)$$

这一函数反映了给出的随机变量小于某个特定数值x的概率，其取值范围为0~1。进一步，若该累积分布函数的导数存在，则可以定义其概率密度函数（Probability Density Functions，PDF）：

$$f(x) = \frac{dF(x)}{dx}$$

由于离散变量的累积分布函数的导数并不存在，对于连续变量，在其有限取值点定义各点的概率质量函数（Probability Mass Function，PMF）。不论是PDF和还是PMF，都需要满足函数在随机变量的取值范围内非负，且积分或和为1。累积分布函数或是PDF（PMF）包含了一个随机变量分布的全部信息，当给出一个随机变量的累积分布函数或是PDF（PMF）时，便确定了一个随机变量。

当需要考虑多个随机变量之间的关系时，便需要考虑联合分布。类似于上述针对一元分布的定义，n个随机变量的联合累积分布函数定义为

$$F_{X_1, \cdots, X_n}(x_1, \cdots, x_n) = P(X_i \leqslant x_i, i = 1, \cdots, n)$$

当随机变量之间完全独立时，随机变量的联合累积分布函数等于各自累积分布函数的乘积。当随机变量之间存在相关性时，这一关系便不再成立。

联合累积分布函数中包含了多元分布之间的全部相关关系，通常很难得到多元随机变量的联合分布。实践中常用相关系数来衡量随机变量之间的相关关系，其定义为

$$\begin{aligned}\rho(X_1, X_2) &= \frac{\text{Cov}(X_1, X_2)}{\sqrt{\text{Var}(X_1)\text{Var}(X_2)}} \\ &= \frac{E(X_1 X_2) - E(X_1)E(X_2)}{\sqrt{\text{Var}(X_1)\text{Var}(X_2)}}\end{aligned}$$

相关系数的取值在 $-1\sim1$ 之间。相关系数越接近1，表明两个随机变量之间的正向相关性越强，反之，负向相关性越强。相关系数只能衡量随机变量之间的线性相关关系，即只能反映部分相关信息。如果相关系数接近于0，则只能表明两个随机变量之间的线性相关关系较弱，不能表明两个变量一定不相关。

B.2.2 正态分布和其他常见分布

一个均值为μ、方差为σ的正态分布概率密度函数为

$$f(x) = \frac{1}{\sqrt{2\pi}\sigma} \exp\left(-\frac{(x-\mu)^2}{2\sigma^2}\right), \quad -\infty < x < \infty$$

正态分布具有许多良好的性质，例如：

- 形式简洁，一元正态分布由其均值和方差完全确定，多元正态分布由其均值向量和协方差矩阵完全确定。
- 独立的正态分布之间具有可加性。
- 大量相互独立随机变量的均值经适当标准化后依分布收敛于标准正态分布。

除了正态分布外，在理论和实际中还经常用到泊松分布、伽马分布等概率分布，它们都具有自己的特征和适用场景，对这方面感兴趣的读者可以参考概率论相关书籍。一些常用分布总结见表 B-1。

表 B-1 常用分布总结

分布名称	概率密度函数	分布记号
正态分布	$f(x) = \frac{1}{\sqrt{2\pi}\sigma} \exp\left(-\frac{(x-\mu)^2}{2\sigma^2}\right), -\infty < x < \infty$	$N(\mu, \sigma^2)$
对数正态分布	$f(x\|\mu, \sigma^2) = \frac{1}{\sqrt{2\pi}\sigma} \frac{1}{x} e^{-\frac{(\log x - \mu)^2}{2\sigma^2}}, 0 < x < \infty$	$\log X \sim N(\mu, \sigma^2)$
均匀分布	$f(x\|a,b) = \frac{1}{b-a}, a \leq x \leq b$	$U(a,b)$
伽马分布	$f(x\|\alpha, \beta) = \frac{x^{\alpha-1} e^{-x/\beta}}{\Gamma(\alpha)\beta^\alpha}, 0 \leq x < \infty, \alpha, \beta > 0$	$\Gamma(\alpha, \beta)$
泊松分布	$P(X = x\|\lambda) = \frac{e^{-\lambda}\lambda^x}{x!}, x = 0, 1, \cdots$	$P(\lambda)$

B.2.3 经验分布和大数定律

实践中往往只能观测到随机变量 X 产生的样本（数据）$\{x_i\}_{i=1}^n$，而无法观测到 X 本身。可以使用样本经验分布作为随机变量分布的近似：

$$\hat{F}(x) = \frac{1}{n} \sum_{i=1}^n \mathrm{I}(x_i \leq x)$$

大数定律表明，如果生成的样本之间独立同分布，那么随着样本量趋向于无穷，观测到的频率将趋近于真实概率，样本均值将趋近于真实均值。

附录 C Python 基础

本书在介绍库存管理理论的同时，提供了相应的 Python 代码。C.1 介绍如何使用 Anaconda 创建 Python 环境，C.2 介绍如何配置 Python 环境以运行本书提供的代码，C.3 介绍 COPT 求解器的安装和配置。

C.1 创建 Python 环境

本书推荐读者使用 Anaconda 配置 Python 环境。Anaconda 是一个免费开源的 Python 发行版本，在数据科学和机器学习相关的应用中广泛使用，包括了数百种用于科学、数学、工程和数据分析的最常用软件包。相对于独立安装 Python，Anaconda 对新手更友好、更方便。读者可以在官方网站[58]上了解详情并选择对应版本下载。

Anaconda 使用 conda 进行环境与软件包管理。读者可以通过 conda 快速安装、运行和更新软件包及其依赖关系，也可以在本地计算上轻松创建、保存、加载和切换 Python 环境。下载并完成 Anaconda 的安装后，Anaconda 会自动创建基础环境"base"。读者可以使用 conda 创建与"base"独立的虚拟环境来运行其他版本的 Python 并进行管理。要运行本书提供的代码，需要下载 Python 3.8 并安装相关数据科学软件包。读者可使用下面的命令创建一个 Python 3.8 的虚拟环境，其中 -n 代表 name，myenv 是创建的当前环境的名称：

```
conda create -n myenv python=3.8
```

读者可使用下面的命令激活这个新配置的 Python 环境：

```
conda activate myenv
```

进入新创建的虚拟环境后，就可以在指定的环境中安装运行代码程序所依赖的软件包。读者可参考 Anaconda 官方文档[59]获取更多环境管理的相关内容。

C.2 Python 环境配置

在 conda 虚拟环境中，除了使用 conda 来安装软件包外，也可以使用 pip 工具。pip 是一款 Python 官方认可的包管理工具，常用于安装在 Python Package Index（PyPI，https://pypi.python.org）上发布的包。pip 与 conda 的最主要区别在于，pip 用来在任何 Python 环境中安装 Python 软件包，而 conda 虽然只能在 conda 环境中使用，但能下载的软件包支持包括 Python、C/C++ 在内的任何编程语言。

在实际使用过程中，通常将 pip 和 conda 工具结合起来使用，主要原因在于部分软件包不能通过 conda 安装，只能通过 pip 进行安装。需要注意的是，在创建的虚拟环境中，最佳的方法是在当前环境下安装 pip 工具进行尝试，这样通过 pip 命令下载的软件包只会安装在本环境下，而不会影响 "base" 环境的使用。如果本环境中没有安装 pip 工具，则可以输入下面的命令在当前环境下安装 pip 包。

```
conda install pip
```

确认 pip 在当前环境中安装完成后，开始介绍如何使用 pip 和 conda 安装软件包，并且安装本书代码运行所需的依赖包。

pip 作为一个 Python 包的管理工具，除了下载及安装之外，还提供了更新、卸载等基本功能。考虑到 C.2′的目标是配置可运行程序的 Python 环境，因此将主要介绍如何下载 Python 软件包，更多的功能读者可参考 pip 官方文档[60]。

这里以 Jupyter Notebook 为例，执行如下命令便可以完成安装。其中，Jupyter Notebook 是目前一种常用的 Python 代码编辑器，它的特色之一是允许把代码写入独立的代码单元并运行，还支持在页面输出打印结果。

```
pip install notebook
```

回到安装目标软件包的步骤，读者可以使用如下命令下载其他 Python 包，只需修改 "package_name" 为安装包名即可达成。此外，如果不指定包版本，则一般默认安装最新版本的包。

```
pip install [package_name]
```

除了软件包的基本安装和管理功能之外，conda 还会在下载软件包时自动解决包依赖，简化安装过程。例如，读者可使用如下命令通过 Anaconda 下载常用的 Numpy 库：

```
conda install numpy
```

同 pip 一样，对于上述命令，修改包名就可以自行下载所需软件包。在实际过程中，读者可能会发现，在尝试直接使用 "conda install" 命令下载部分包时，会报出 "无法找到包" 的错误。在解决这个问题之前先介绍一个新的概念——Channel。Channel 在 Conda 中表示存储软件包的源，相当于托管和管理软件包的仓库。通过 conda 下载包其实是从远程的源中下载，而当用户不指定源时，conda 默认从 Defaults Channel 中下载包。直接使用 "conda install" 命令时出现上述错误，说明默认源中缺少目标的包可供下载。

在下载某些软件包时，需要切换 conda 的下载源。这里以一个常用的免费源 conda-forge 为例，读者输入下面的命令可从 conda-forge 源中下载机器学习常用的 lightgbm 包，其中 "-c" 表示切换默认源到指定源中进行下载。

```
conda install -c conda-forge lightgbm
```

通过前面介绍的方式，读者可以选择合适的 Channel 下载目标软件包。考虑到本书的 Python 实现代码中调用的软件包较多，方便起见，本书提供了 requirements.txt 供读者下载，该文档中包含了运行本书代码所依赖的 Python 包和指定的版本，输入下面的命令就可以通过 pip 直接安装：

```
pip install -r requirements.txt
```

C.3　COPT 安装说明

　　COPT 求解器是杉数科技自主研发的针对大规模优化问题的高效数学规划求解器，广泛应用于供应链管理所涉及的各种复杂业务场景。本书多处内容涉及了数学规划问题的建模和求解，实战中，使用 COPT 求解器进行求解。

　　在使用 COPT 之前，读者需申请 COPT 求解器的密钥并进行激活。个人用户可访问杉数科技官方网站申请页面（https://www.shanshu.ai/copt），按照说明申请；商业用户可与 coptsales@shanshu.ai 取得联系。

　　申请通过之后，会获得 COPT 求解器的下载链接及授权通过的密钥信息，该密钥和申请信息对应，形如"19200817f147gd9f60abc791def047fb"。读者可根据计算机的操作系统类型下载并安装相应版本的 COPT 求解器。完成后还需配置必要的环境变量。对于任何系统下的用户，配置的步骤均包括如下 3 个操作。

- 修改系统环境变量"PATH"。
- 新建系统环境变量"COPT_HOME"。
- 新建系统环境变量"COPT_LICENSE_DIR"。

　　此外，对于 Linux 和 Mac OS 用户来说，还需修改环境变量"LD_LIBRARY_PATH"，用于设置动态库的查找路径。以上配置的详细过程和环境变量的值，读者可参考 COPT 求解器用户手册。

　　完成 COPT 的安装与环境变量的配置之后，需使用获得的密钥进行激活并生成许可文件。首先通过终端访问 COPT 安装目录，假如读者获得的"key"为"19200817f147gd9f60abc791def047fb"，则可以在终端通过下述命令获取杉数 COPT 的许可文件：

```
copt_licgen -key 19200817f147gd9f60abc791def047fb
```

　　如果授权服务器验证和用户注册凭证关联的注册信息通过，则会生成 license.dat 和 license.key 许可文件并下载到本地计算机，默认下载目录为当前工作目录。需要特别提醒的是，用户需保持两个许可文件的文件路径与环境变量"COPT_LICENSE_DIR"所指向的路径始终一致。

　　接着，用户可以通过下述命令验证当前许可文件是否支持当前安装的 COPT 版本：

```
copt_licgen -v
```

　　如果显示如下日志信息，则表明许可文件可以正常使用：

```
[Info] Cardinal Optimizer COPT v5.0.1 20220620
[Info] Use specific key 19200817f147gd9f60abc791def047fb
[Info] * get new COPT license from licensing server *
[Info] Write to license.dat
```

```
[Info] Write to license.key
[Info] Received new license files from server
```

这样就完成了 COPT 的安装与激活，读者可以尝试使用 COPT 运行本书中相关的代码。

参考文献

[1] ZIPKIN P H. Foundations of inventory management[M]. Boston: McGraw-Hill/Irwin, 2000.

[2] AXSATER S. Inventory control[M]. Cham: Springer, 2006.

[3] CHASE C W. Demand-driven forecasting: a structured approach to forecasting[M]. New York: John Wiley & Sons, 2013.

[4] 陈毅恒. 时间序列与金融数据分析[M]. 北京：中国统计出版社, 2004.

[5] 周志华. 机器学习[M]. 北京：清华大学出版社, 2016.

[6] SHIH H, RAJENDRAN S. Comparison of time series methods and machine learning algorithms for forecasting taiwan blood services foundation's blood supply[J/OL]. Journal of Healthcare Engineering, 2019(9): 1-6. DOI:10.1155/2019/6123745.

[7] LI N, CHIANG F, DOWN D G, et al. A decision integration strategy for short-term demand forecasting and ordering for red blood cell components[J]. Operations Research for Health Care, 2021, 29: 100290.

[8] User Guide [EB/OL]. [2022-07-25]. https://pandas.pydata.org/docs/user_guide/.

[9] Quick Start [EB/OL]. [2022-07-25]. https://facebook.github.io/prophet/docs/quick_start.html.

[10] Source code for hts. core.regressor[EB/OL]. [2022-07-25]. https://scikit-hts.readthedocs.io/en/latest/_modules/hts/core/regressor.html.

[11] 杰龙. 机器学习实战：基于 Scikit-Learn、Keras 和 TensorFlow 原书第 2 版 [M]. 王静源, 贾玮, 边蕤, 等译. 北京：机械工业出版社, 2020.

[12] tsfresh [EB/OL]. [2022-07-25]. https://tsfresh.readthedocs.io/en/latest/.

[13] BERGSTRA J, BENGIO Y. Random search for hyper-parameter optimization[J]. Journal of Machine Learning Research, 2012, 13(2): 785-794.

[14] HORNIK K, STINCHCOMBE M, WHITE H. Multilayer feedforward networks are universal approximators[J]. Neural Networks, 1989, 2(5): 359-366.

[15] BREIMAN L. Bagging predictors[J/OL]. Machine Learning, 1996, 24(2): 123-140. DOI:10.1007/BF00058655.

[16] SCHAPIRE R E. The strength of weak learnability[J]. Machine Learning, 1990, 5(2): 197-227.

[17] FREUND Y, SCHAPIRE R E. A Decision-theoretic generalization of on-line learning and an application to boosting[J/OL]. Journal of Computer and System Sciences, 1997, 55(1): 119-139. DOI:10.1006/jcss.1997.1504.

[18] CHEN T, GUESTRIN C. XGBoost: a scalable tree boosting system[C]//Proceedings of the 22nd acm

sigkdd international conference on knowledge discovery and data mining. New York: Association for Computing Machinery, 2016: 785-794.

[19] KE G, MENG Q, FINLEY T, et al. LightGBM: a highly efficient gradient boosting decision tree[C/OL]// Advances in Neural Information Processing Systems: Volume 30. New York: Curran Associates, Inc., 2017[2022-04-22]. https://proceedings.neurips.cc/paper/2017/hash/6449f44a102fde848669bdd9eb6b76fa-Abstract.html.

[20] VRAT P. Selective inventory management[J/OL]. Materials Management. Springer, New Delhi, 2014: 37-49. DOI:10.1007/978-81-322-1970-5_3.

[21] LU L, QIU Y. Worst-case performance of a power-of-two policy for the quantity discount model[J/OL]. Journal of the Operational Research Society, 1994, 45(10): 1206-1210. DOI:10.1057/jors.1994.190.

[22] WAGNER H M, WHITIN T M. Dynamic version of the economic lot size model[J]. Management Science, 1958, 5(1): 89-96.

[23] Statistical functions (scipy.stats) [EB/OL]. [2022-07-28]. https://docs.scipy.org/doc/scipy/reference/stats.html.

[24] NUEL G. Cumulative distribution function of a geometric Poisson distribution[J/OL]. Journal of Statistical Computation and Simulation, 2008, 78(3): 385-394. DOI:10.1080/10629360600997371.

[25] ÖZEL G, İNAL C. The probability function of a geometric Poisson distribution[J/OL]. Journal of Statistical Computation and Simulation, 2010, 80(5): 479-487. DOI:10.1080/00949650802711925.

[26] TSYBAKOV A B. Introduction to nonparametric estimation[M]. New York: Springer, 2009.

[27] HASTIE T, TIBSHIRANI R, FRIEDMAN J H, et al. The elements of statistical learning: Data mining, inference, and prediction: Volume 2[M]. New York: Springer, 2009.

[28] KORN R, KORN E, KROISANDT G. Monte Carlo methods and models in finance and insurance[M]. Boca Raton: CRC Press, 2010.

[29] TAYLOR C J. The application of the negative binomial distribution to stock control problems[J/OL]. orientalia (pontificio istituto biblico), 1961, 12(2): 81-88. DOI:10.2307/3007410.

[30] TADIKAMALLA P R. A comparison of several approximations to the lead time demand distribution[J/OL]. Omega, 1984, 12(6): 575-581. DOI:10.1016/0305-0483(84)90060-4.

[31] TYWORTH J E, GUO Y, GANESHAN R. Inventory control under gamma demand and random lead time[J]. Journal of Business Logistics, 1996, 17(1): 291-304.

[32] EFRON B, TIBSHIRANI R J. An introduction to the bootstrap[M/OL]. Boston: Springer US, 1993. DOI:10.1007/978-1-4899-4541-9.

[33] ROSLING K. Inventory cost rate functions with nonlinear shortage costs[J]. Operations Research, 2002(50): 1007-1017.

[34] SUNIL C, PETER M. Supply chain management: Strategy, planning & operation[M]. Wiesbaden: Gabler, 2016.

[35] CHEN F, ZHENG Y S. Inventory models with general backorder costs[J]. European Journal of Operational Research, 1993(65): 175-186.

[36] JIANG Y, XU J, SHEN S, et al. Production planning problems with joint service-level guarantee: a computational study[J/OL]. International Journal of Production Research, 2017, 55(1): 38-58. DOI:10.10

80/00207543.2016.1193245.

[37] Aberdeen Group. Inventory optimization impact of multi echelon approach[R]. Austin: Spiceworks Ziff Davis, 2011: 1-12.

[38] BIMPIKIS K, MARKAKIS M G. Inventory pooling under heavy-tailed demand[J/OL]. Management Science, 2015, 62(6): 1800-1813. DOI:10.1287/mnsc.2015.2204.

[39] NELSEN R B. An introduction to copulas[M]. 2nd edition. New York: Springer, 2006.

[40] MACKENZIE D, SPEARS T. The formula that killed Wall Street: The Gaussian copula and modelling practices in investment banking[J/OL]. Social Studies of Science, 2014, 44(3): 393-417. DOI:10.1177/0306312713517157.

[41] 艳琳. 沃尔玛供应链管理分析[J]. 科学大观园, 2013(24): 77-78.

[42] 楼彩霞, 王陆歌. 盒马鲜生: 新零售模式下的"万能超市"[J]. 杭州（党政刊）, 2019(39): 29-32.

[43] NetworkX [EB/OL]. [2022-03-09]. https://networkx.org/.

[44] SEDGEWICK R, WAYNE K. Algorithms[M]. 4th ed. Upper Saddle River: Addison-Wesley Professional, 2011.

[45] CLARK A, SCARF H. Optimal policies for a multi-echelon inventory problem[J]. Management Science, 1960, 6(4): 475-490.

[46] LEE H L, BILLINGTON C. Material management in decentralized supply chains[J/OL]. Operations Research, 1993, 41(5): 835-847. DOI:10.1287/opre.41.5.835.

[47] ETTL M, FEIGIN G E, LIN G Y, et al. A supply network model with base-stock control and service requirements[J/OL]. Operations Research, 2000, 48(2): 216-232. DOI:10.1287/opre.48.2.216.12376.

[48] SIMPSON K F, Jr. In-process inventories[J]. Operations Research, 1958, 6(6): 863-873.

[49] GRAVES S C, WILLEMS S P. Supply chain design: Safety stock placement and supply chain configuration[M/OL]//Handbooks in Operations Research and Management Science: Volume 11. Amsterdam: Elsevier, 2003,11: 95-132[2020-02-22]. http://www.sciencedirect.com/science/article/pii/S0927050703110031. DOI:10.1016/S0927-0507(03)11003-1.

[50] FARASYN I, HUMAIR S, KAHN J I, et al. Inventory optimization at Procter & Gamble: Achieving Real Benefits Through User Adoption of Inventory Tools[J/OL]. INFORMS Journal on Applied Analytics, 2011, 41(1): 66-78. DOI:10.1287/inte.1100.0546.

[51] WIELAND B, MASTRANTONIO P, WILLEMS S P, et al. Optimizing inventory levels within intel's channel supply demand operations[J/OL]. INFORMS Journal on Applied Analytics, 2012, 42(6): 517-527. DOI:10.1287/inte.1120.0637.

[52] GRAVES S C, WILLEMS S P. Optimizing strategic safety stock placement in supply chains[J/OL]. Manufacturing & Service Operations Management, 2000, 2(1): 68-83. DOI:10.1287/msom.2.1.68.23267.

[53] SCHOENMEYR T, GRAVES S C. Strategic safety stocks in supply chains with evolving forecasts[J/OL]. Manufacturing & Service Operations Management, 2009, 11(4): 657-673. DOI:10.1287/msom.1080.0245.

[54] HUMAIR S, WILLEMS S P. TECHNICAL nOTE—optimizing strategic safety stock placement in general acyclic networks[J/OL]. Operations Research, 2011, 59(3): 781-787. DOI:10.1287/opre.1100.0913.

[55] HUMAIR S, WILLEMS S P. Optimizing strategic safety stock placement in supply chains with clusters of commonality[J/OL]. Operations Research, 2006, 54(4): 725-742. DOI:10.1287/opre.1060.0313.

[56] MAGNANTI T L, SHEN Z J M, SHU J, et al. Inventory placement in acyclic supply chain networks[J]. Operations Research Letters, 2006, 34(2): 228-238.

[57] CROXTON K L, GENDRON B, MAGNANTI T L. A comparison of mixed-integer programming models for nonconvex piecewise linear cost minimization problems[J]. Management Science, 2003, 49(9): 1268-1273.

[58] Anaconda: The world's most popular data science platform[EB/OL]. [2022-09-29]. https://www.anaconda.com/.

[59] Getting started with conda[EB/OL]. [2022-09-29]. https://conda.io/projects/conda/en/latest/user-guide/getting-started.html#managing-environments.

[60] Commands: pip documentation v22.2.2[EB/OL]. [2022-09-29]. https://pip.pypa.io/en/stable/cli/.